国家社科基金项目研究成果（项目批准号12CJY005）

军工上市企业
控制权代理与投资行为研究

向先登 著

·广州·

图书在版编目（CIP）数据

军工上市企业控制权代理与投资行为研究／向先登著. —广州：华南理工大学出版社，2019.6
 ISBN 978-7-5623-5980-7

Ⅰ. ①军… Ⅱ. ①向… Ⅲ. ①军工企业-上市企业-工业企业管理-研究-中国　Ⅳ. ①F426.48

中国版本图书馆 CIP 数据核字（2019）第 082278 号

军工上市企业控制权代理与投资行为研究
向先登　著

出 版 人：卢家明
出版发行：华南理工大学出版社
　　　　　（广州五山华南理工大学 17 号楼，邮编 510640）
　　　　　http://www.scutpress.com.cn　　E-mail：scutc13@scut.edu.cn
　　　　　营销部电话：020-87113487　87111048（传真）
责任编辑：黄冰莹
印 刷 者：佛山市浩文彩色印刷有限公司
开　　本：787mm×1092mm　1/16　印张：12.25　字数：269 千
版　　次：2019 年 6 月第 1 版　2019 年 6 月第 1 次印刷
定　　价：45.00 元

版权所有　盗版必究　　印装差错　负责调换

前　言

　　自 1993 年 10 月 "广船国际"（现为 "中船防务"）作为第一家军工上市企业进入中国资本市场以来，经过多年的市场化改革，以价值驱动为核心的企业发展理念正逐渐形成，军工企业的投融资决策也正朝规范化和理性化迈进。但是，军工上市企业有着极强的行政粘性，特殊的制度安排使得上市企业在治理结构上存在着先天的体制性缺陷，其结果除了资源配置效率的耗损外，自然还包括较高的交易成本和代理成本，企业的经营绩效和盈利水平也将打折扣。与此同时，军工上市企业中普遍存在的金字塔股权结构，使得位于金字塔顶端的终极控制人能够利用控制权对上市企业进行干预。随着 2007 年中国军工产权市场化改革 "政策年" 的开启，一系列重大举措的推出引发了骨牌效应，带动了军工上市企业在资本结构、投融资体制、企业治理、经营管理等层面的深刻变革。当前，以股份制改革为主线的军工产权改革正深度推进，但多年来因股权分置（人为将股份分割为流通股和非流通股）所积累形成的 "一股独大" 等体制性问题，已严重束缚军工企业的经营绩效和军工行业的整体发展。这样一种 "市场—行政" 混元调控模式，使得中国军工上市企业具备了较之一般上市企业更为特殊的股权结构和治理结构。在这一模式下，军工上市企业控制权代理行为发生的机理是什么？这一行为本身对企业的投资决策、企业经营绩效和企业价值会产生怎样的影响？对控制权代理的规制，军工上市企业应如何从内外部的综合治理层面进行制度创新？本书尝试在 "问题意识" 的牵引下，对上述疑问逐一进行观察、思考、设计和分析，以期能够对相关领域的理论研究和实践发展有所裨益。

　　本书介绍了当前中国军工上市企业投资经营所处的国际和国内背景，描述了军工上市企业市场化进程、股权结构、治理结构、投资行为的基本轮廓，梳理了控制权和企业投资领域内国内外理论研究的重要文献，比较了军工所有权合约中剩余索取权和剩余控制权的配置性态及作用机理，指出了军工上市企业金字塔股权结构和控制权 "超常控制" 的存在性及其经济后果，分析了金字塔结构下军工管理层控制权代理和控股股东控制权代理与军工上市企业资本结构、薪酬体系、融资约束、企业投资、经营绩效、企业价值等关键变量之间的深刻关系，剖析了控制权配置市场化的基本理念、途径和具体举措，提出了面向军工产权改革的国家 "有限控股"、军工业务结构扁平化、军民 "两栖" 战略推进以及 "大资本" "大融合" 战略思维等若干具有针对性、建设性和实践价值的观点。

（1）从学术价值层面看，一是丰富了军工企业所有权问题的研究。目前理论界尚缺乏对军工所有权合约中剩余控制权与索取权配置性态及效果的具体研究。尤其是，考虑到军工上市企业与控股股东直至终极控制人之间所形成的独特的金字塔股权控制链，在控制权与现金流权相分离的情形下，控股股东如何利用金字塔结构实施控制权代理，这一行为对企业的市场价值会产生怎样的影响，目前几乎没有任何文献对此给予关注。本书研究发现，由于十大军工集团公司集团化运作与军工上市企业在资本市场平台化运作的结合，军工上市企业金字塔股权结构不仅隐性存在，而且通过更为隐蔽的方式使控股股东能够实现对企业的重大影响。这一发现无疑对更为客观全面地理解当前军工企业的产权改革和整体上市问题，提供了一个新的观察视角。二是丰富了军工企业投资问题的研究。已有的研究尚未论及与军工上市企业投资相关的两个维度：投资因果论和投资效果论。目前，军工上市企业中存在投资不足和投资过度等非效率问题，这一情况与融资约束、资本结构、企业治理等均存在一定关联性。本书的研究，拓展了军工企业投资决策问题的研究边界。

（2）从应用价值层面看，一是有助于深化对军工企业综合治理的理解。与一般研究军工上市企业治理层面的文献不同在于，本书不仅设计了军工上市企业内部治理和外部治理的分析框架，更从所有权合约安排这一维度深入探究剩余控制权和剩余索取权的内在作用机理及其对企业治理的交互影响，从而为政府相关部门的政策制定提供了有力的实证支撑。二是有助于消除对军工股权分置改革的疑虑。一直以来，有观点认为对军工行业实行股权分置改革，容易导致国家对军工企业的"分权""失权"，从而无法有效控制企业的发展战略和经营管理。本书立足于当前军工产权改革正深度推进的实际，从理论和实证的角度分析认为，国家对军工的"有限控股"和军工行业的"两栖"战略，是军工股权分置改革和组织机制改革的基本内涵之一。

本书难免存在一定缺陷，在此恳请各位读者提出中肯的指导意见和建议，诚挚希望就本书尚未论及的相关研究内容，与各位专家共同探究。

作　者
2019 年 4 月

目 录

第一章 导 论 …… 1
- 第一节 选题背景 …… 1
- 第二节 研究意义 …… 13
- 第三节 概念界定 …… 16

第二章 控制权代理与企业投资文献综述 …… 30
- 第一节 企业投资理论 …… 30
- 第二节 控制权理论 …… 38

第三章 军工所有权合约安排 …… 58
- 第一节 军工所有权合约 …… 58
- 第二节 军工所有权性态 …… 61
- 第三节 军工所有权合约安排 …… 67

第四章 军工上市企业投融资 …… 74
- 第一节 军工企业投融资体制的演变 …… 74
- 第二节 军工上市企业融资结构特征 …… 77
- 第三节 军工上市企业治理结构特征 …… 81
- 第四节 军工上市企业投资特征 …… 83

第五章 控制权、退出权与军工上市企业资本结构 …… 86
- 第一节 理论分析 …… 86
- 第二节 实证分析 …… 90

第六章 控制权、管理层薪酬与军工上市企业治理 …… 101
- 第一节 管理层控制权代理的模拟分析 …… 101
- 第二节 管理层控制权代理的经验分析 …… 104
- 第三节 管理层控制权代理的实证分析 …… 108

第七章　控制权、金字塔结构与军工上市企业投资行为 ········· 120
　　第一节　军工上市企业金字塔股权结构 ························· 120
　　第二节　金字塔结构、控制权代理与企业价值 ················· 123
　　第三节　融资约束、控制权代理与投资效率 ···················· 130

第八章　军工上市企业控制权的市场化 ···························· 142
　　第一节　军工产权改革与"两栖"战略 ···························· 142
　　第二节　军工控制权规制与企业治理 ····························· 146
　　第三节　军工控制权边界与投资人保护 ·························· 149

第九章　研究结论与研究展望 ·· 152

参考文献 ··· 158

附录 ··· 175
　　附录1　中国十大军工集团上市企业一览表 ···················· 175
　　附录2　中国军工股上市企业（非十大军工集团）一览表 ···· 181
　　附录3　国防军工板块和国防军工相关板块 ···················· 186

第一章 导 论

第一节 选题背景

自 1993 年 10 月广船国际（现为"中船防务"，600685）作为第一家军工上市企业进入资本市场以来，经过多年的市场化改革，以价值驱动为核心的企业发展理念正逐渐形成，军工企业的投融资决策也正朝规范化和理性化迈进。但是，中国军工上市企业有着较强的行政黏性，特殊的制度安排使得上市企业在治理结构上存在某些体制性缺漏，其结果除了资源配置效率的损耗外，还包括一定的交易成本和代理成本。行政主导一个突出的情形就是，在军工上市企业中普遍存在着金字塔股权结构，位于金字塔顶端的终极控制人能够利用控制权对上市企业进行干预。这一特殊的股权结构形态，并非以军工企业为代表的中国国有企业所独有，而是普遍存在于世界范围内不同业态的企业中，与之相关的控制权代理、企业治理、利益分配等问题也正日益引起学术界和业界的广泛关注。

一、国际背景

在企业治理和企业投资领域，企业所有权结构和由此产生的代理成本一直备受研究者关注。按照经典的 MM 定理，在完美的资本市场条件下，企业的投资决策与资本结构不相关（Modigliani & Miller, 1958）。但是，正如 Jensen 和 Meckling（1976）指出的，由于存在信息和激励上的缺陷，企业的管理层将直接影响到投资决策，从而导致企业内部管理层与外部投资者之间的代理冲突，而 MM 定理无法合理解释这一经验现象。后续研究逐步放宽其基本假设和适用范围，将信息不对称、代理成本、企业治理等相关理论引入企业投资领域。

（一）欧美国家上市企业股权结构与代理

与此同时，Jensen & Meckling（1976）基于分散所有权结构的分析越来越受到普遍质疑。近年来的经验研究发现，世界多数国家的上市企业，其股权结构并非分散的，而是高度或相对集中。在欧洲和东亚许多国家和地区，大量存在着控制性股东（家族控制的比重相当高），并通过金字塔结构、交叉持股或复式投票权的所有权结构强化对上市企业的控制权，使控制性股东的控制权与所有权发生分离（La Porta et al., 1999; Claessens et al., 2000; Becht F. & Becht M., 2001; Faccio & Lang, 2002）。尤其在金字塔型公司中，位于顶端的终极控制人实际所享有的控制权（投票权，voting rights），一般会超过相应的所有权（现金流权，cash flow rights），其所行使的对企业管理决策的权力将超出所承受的责任范围,从而产生所谓的对中小股东的代理成本(La Porta et al.,1999)。Bebchuk 将这种利用少数股权控制多家公司或多数股东的所有权体系定义为"控制性少数股权结构"(controlling minority structure, CMS),体系中的控股股东被定义为"控制性少数股东"(controlling minority shareholders, CMSs. Bebchuk et al.,1999)。CMSs 采用金字塔股权结构实现控制权与所有权的分离,将产生另一类代理问题(Wolfenzon,1999;Bebchuk et al.,2000;Attig et al.,2003;Mock et al.,2004;Almeida & Wolfenzon,2005):少量现金流权使得 CMSs 有足够的动机掏空(tunnelling)企业资产和侵占中小股东的权益,以此获得控制性私人收益(Johnson et al.,2003)。

La Porta et al.(1999)开创性研究了终极所有者主导下上市企业股权结构与企业治理的内在关系。La Porta et al. 发现,在27个发达经济体的上市企业中,如以20%投票权为终极控制形态划分的标准,除去美国、英国、日本少数几个国家外,其他国家大多都存在终极控股股东(其中有17个国家的上市企业为家族控股),且通常采取金字塔结构来实现对企业的控制。此外,La Porta et al.(1998)还检验了49个国家法律对投资者的保护程度,旨在判断这种保护程度是否及多大概率与上市企业治理结构体系中融资和所有权结构的差异相关。他发现,一国资本市场的法律保护程度越低,上市企业越呈现出高度的股权集中性。因此,法律机制和市场信用体系对保护外部投资者非常关键(La Porta et al.,2000)。在 La Porta et al.(1999)看来,所有权越集中的国家,上市企业的控制权越集中于控制性股东,这一结论无疑对 Berle & Means(1932)关于所有权分散的相关结论提出了挑战。

在 La Porta et al.(1999)研究范式的基础上,Faccio 和 Lang(2002)进一步考察了13个西欧国家总共5232家上市企业的股权结构,发现除了英国和爱尔兰外,其他国家的上市企业都存在着终极控股股东且以家族控股为主要形态,而复式投票权和金字塔控股则是这些家族企业所普遍采取的控制方式。进一步研究还发现,在股权集中的上市企业中,来自控股股东的管理层所占整个管理层的比重达到了均值的68.45%,这表明管理层与控股股东在利益取向上是趋于一致的,企业的代理问题更多来自控股股东与外部中小股东之间的利益冲突。持有少数股份就能够实现对上市企业的控制,低现金流权与高控制权搭配造成了非对称性所有权结构,也就是 Bebchuk et al.(1999)所界定的"控制性少数股权结构"。较低现金流权意味着控股股东只须承担部分代理成本,而较高控制权则能够确保其充分享有代理行为所带来的收益。而且,代理程度与现金流权和控制权的分离程度呈正相关:两权的分离程度越大,控股股东越有动力和条件进行控制权代理行为。因此,相当多的研究将两权的分离度作为测度控股股东实施控制权侵害行为的替代性指标(Claessens et al.,2002;Lins,2003)。

一般认为,股权分散的上市企业是指不存在持有超过10%及20%投票权的大股东，最大股东成为控制性股东则指的是在给定的控制权基准上，直接或间接持有的控制权能达到这一标准（Gadhoum，Lang and Young，2005）。表1-1列出了在10%、20%投票权基准下，美国以及西欧、东亚国家上市企业所有权与控制权状况。

表1-1　美国、西欧以及东亚国家上市企业所有权与控制权（%）

	10%投票权基准			20%投票权基准		
	美国	西欧国家	东亚国家	美国	西欧国家	东亚国家
1. 拥有控制性股东的企业（股权集中）	59.74	86.28	79.73	28.11	63.07	56.40
2. 仅有一个控制性股东，其控制权超过10%	62.92	55.17	62.26	93.12	53.99	67.80
3. 仅由一个控制权超过10%的股东所控制	37.59	47.60	49.63	26.18	34.05	38.24
4. 家族控制	36.60	55.87	45.05	19.82	44.29	37.86
5. 家族控制并参与管理	67.12	66.79	54.55	76.22	68.45	57.10
6. 家族控制并管理	24.57	37.32	24.57	15.11	30.32	21.62
7. 股权分散的金融机构	16.33	18.14	17.80	4.66	8.73	4.94
8. 股权分散的企业	3.91	1.32	10.61	2.41	1.97	9.02
9. 国有	0.17	4.12	6.26	0.00	4.14	4.58
10. 其他	2.72	6.08	0.00	1.22	3.43	0.00
11. 股权分散（股权分散）	40.26	13.72	20.28	71.89	36.93	43.60

数据来源：Gadhoum，Lang and Young（2005）对由Worldscope Golbal 1996披露的美国3607家企业的数据加工整理；东亚国家数据引自Claessens et al.（2000），西欧国家数据引自Faccio & Lang（2002）。

（二）东亚国家上市企业股权结构与代理

近年来，亚洲特别是东亚国家的资本市场发展蓬勃，以家族（集团化）企业为代表的上市企业更多地利用股票市场募集资金。企业族系的治理样态，使得家族企业掌控着上市企业的控制权。Claessans（2002）的研究显示，如以20%的投票权作为控制权的分界标准，则家族或个人控制的上市企业最高比例可高达70%（印度尼西亚和马来西亚），最低为45%（菲律宾）；东亚8个主要国家，60%的上市企业为家族所控制，远远高于发达国家的48.15%。不同于西欧国家，东亚国家上市企业偏好金字塔股权控制，38.7%的家族企业选择金字塔股权结构（Claessans，2000）。进而，金字塔控股和交叉持股使得这些家族企业由集中的所有权结构演化为CMS。此外，由于东亚金融自由化的持续推进，企业的市场化程度日益提高，无论是政府还是金融机构层面，都无法对上市企业进行有效地监督和制约，企业内部治理危机加重。同时，族系企业多元化经营的冲动，进一步加深了控股股东与非控股股东的代理冲突。特别地，东亚国家上市企业的现金流权和控制权分离严重，控制权呈现出高度集中化，企业在经营战略上信奉多元化，导致经营绩效下滑。这一结果又引发骨牌效应，控制性股东预期未来市场的可投资机会减少，势必加大对上市企业的即期资源掠夺（Lemmon & Lins，2003）。一方面是企业经营绩效的持续恶化，另一方面是市场投资信心的严重不足，最终结果是东亚市场资本大规模逃逸，进而引发横扫东亚的金融危机。

东亚国家和地区上市企业的治理结构与其特殊的股权结构密切相关，自亚洲金融危机以来得到越来越普遍的关注。表1-2显示了在以10%、20%终极投票权基准下，东亚国家和地区上市企业的所有权集中度。

表1-2 东亚国家和地区上市企业所有权集中度（%）

国家	内部人持有股份比重	第一大股东持有股份比重	前五大股东持有股份比重
印度尼西亚	67.80	48.60	68.90
马来西亚	49.70	30.00	59.00
菲律宾	54.50	40.80*	65.30*
新加坡	55.10	NA	NA
泰国	44.80	28.90	57.50
日本	40.80	NA	NA
韩国	29.00	20.40	38.50

①数据来源：Charles, Himmelberg P., R. Glenn Hubbard and Inessa Love, 2000, Investor protection, ownership and investment, Columbia University, working paper.

Capulong, Ma. Virginita, David Edwards and Juzhong Zhuang, 2001, Corporate governance and finance in East Asia, Volume 2.0, Asian Development Bank.

②*：非金融类上市企业。

由表1-2可以看出，东亚几个主要国家和地区上市企业的控制权集中度较高（日本除外）。此外，从控股类型看，家族是东亚国家和地区上市企业的主要控股股东，具体情况见表1-3所示。

表1-3 东亚国家和地区上市企业控股类型和程度（%）

国家或地区	企业数量	分散持股比重		家族控股企业比重		国家控股企业比重		分散持股金融企业比重		分散持股企业比重	
中国香港	330	0.6*	7.0#	64.7	66.7	3.7	1.4	7.1	5.2	23.9	19.8
中国台湾	141	2.9	26.2	65.6	48.2	3.0	2.8	10.4	5.3	18.1	17.4
印度尼西亚	178	0.6	5.1	68.6	71.5	10.2	8.2	3.8	2.0	16.8	13.2
马来西亚	238	1.0	10.3	57.5	67.2	18.2	13.4	12.1	2.3	11.2	6.7
菲律宾	120	1.7	19.2	42.1	44.6	3.6	2.1	16.8	7.5	35.9	26.7
新加坡	221	1.4	5.4	52.0	55.4	23.6	23.5	10.8	4.1	12.2	11.5
泰国	167	2.2	6.6	56.5	61.6	7.5	8.0	12.8	8.6	21.1	15.3
日本	1240	42.0	79.8	13.1	9.7	1.1	0.8	38.5	6.5	5.3	3.2
韩国	345	14.3	43.2	67.9	48.4	5.1	1.6	3.5	0.7	9.2	6.1

①数据来源：Claessens, S. Djankov, S. and Lang, Larry H. P., 2000, The separation of ownership and control in East Asian Corporations, Journal of Financial Economics, vol. 58, 81-112.

②说明：* 以10%最终投票权为基准（数据部分第2、4、6、8、10列），# 以20%最终投票权为基准（数据部分第3列），其他数据基准一致（数据部分第1、5、7、9、11列）。

由表1-3可见，按照所有权结构类型（金字塔型、交叉持股型、单一控制性股东型、终极控制性股东出任管理层型）进行统计，在东亚9个国家和地区的2980家上市企业中，平均83.40%的公众企业拥有控制性股东，58.70%的公众企业为家族所控制（日本除外），并且属于单一控制性股东型的比重达到了67.80%（Claessens, Djankov and Lang, 2000）。

二、国内背景

（一）中国军工企业的市场化进程

自中华人民共和国成立后，中国军工发展就一直在艰难波折中前行。这种艰难性体现的是企业与政府、市场三者之间在资源配置、职能定位、权利归属、产权边界等方面的相对变化。

封闭期。在1978年之前的计划经济体制下，面对复杂的国内外形势，当时的主要做法就是一、二、三线的布局建设，整体上贯彻"山、洞、藏"的方针。加之国防工业采取"大规划"战略，高投资、高速度的激进式发展思维，导致国防工业背负上沉重的包袱。这一时期，军工行业普遍存在产业布局分散、项目重复建设、资源浪费严重、整体技术低下、政企职能模糊等问题，军工体系呈现出一种明显的封闭化、孤岛化的状态，无法有效地纳入国民经济体制之内。

破茧期。从1979年开始，中国军工行业掀开市场化的序幕。大体而言，经历了启动期、对接期和融合期三个阶段。20世纪80年代，军工行业处于改革的艰难摸索阶段。首先是通过一系列改革来理顺体制问题，打破部门、地区界限，实行权、责、利相统一，有效聚合工业与贸易、军品与民品、科研与生产，将军工企业打造成面向国际国内市场、走联合发展之路的经济实体。从宏观政策环境看，中央政府先后对国企实行扩权让利、股份制（1984）、承包经营责任制（1987）、建立现代企业制度（1993）、国企战略改组、国民经济战略调整等层面的改革，军品供求关系相应地由高度集中统管转为合同制订货方式。然而，军工产业长期积累下来的深层次体制机制问题，并未随着市场化启动而得以有效消化和解决，军品任务锐减、民品开发困难、市场竞争加剧、行业亏损严重，成为困扰军工企业持续发展的突出难题。

阵痛期。20世纪90年代，伴随着军工部门的编制调整和归口管理，集团化、专业化、国际化的组织架构初步形成，军工行业逐渐摸索出一条依靠集团化经营实现规模化增效的民品发展的新路。但在这10年间，由于总体上政企切割无法严格落实，加之市场无法有效消化军工行业过剩产能，体制不顺、职责不清、渠道不畅、处断不力、经营不善等诸多问题始终无法得以解决，整个军工行业的发展处于异常艰难的局面。截至1999年底，约三分之一军工企业处于停产或半停产状态，另有三分之一处于维持状态；产品结构失调，老产品生产过剩，高新武器生产严重不足；全行业连续10多年巨额亏损，亏损面高达49.8%，成为同时期全国最为困难的行业之一①。

整合期。2000年至今，中国军工产业在"分工协作、发挥优势、各有侧重、有序竞争"的战略规划下，朝向"集中化、市场化、融合化、国际化"的目标迈开了坚实的步伐。通过改革、改组、改造，实现军工企业的经营管理切实转向现代企业制

---

① 白万纲. 军工企业：战略、管控与发展 [M]. 北京：中国社会出版社，2010.

度的轨道。一方面，随着《全国政策性关闭破产建议名单》（1998）、《兵器工业能力结构调整方案》（1999）和《军工企业改革脱困方案》（2002）相继推出，以核、航天、航空、船舶为主体的军事工业能力结构调整和改革脱困开始有序展开。至2005年，基本完成关、停、并、转任务；至2007年底，累计关闭破产军工企业达到221家，保军单位完成能力调整并且80%通过验收①。另一方面，军工企业不断强化与资本市场的融合程度。通过民用航空制造、军民两用航天配套系统等行业的改制上市，借力资本市场进行产业整合②，如航天电子（600879）、洪都航空（600316）等；以股改为契机，通过军工上市企业"点"的示范效应带动全行业"面"的联动，以此不断推进国防资产证券化，如中国船舶（600150）、西飞国际（000768）、新华光（600184）等。

转轨期。在经历了被迫推向市场、纳入国家计划和追求规模经济与高附加值三个历史阶段后，中国军工行业的市场化已经步入股份制深度改革的轨道。以股改为契机，中国军工在资本市场上逐步走向"平台化运作，专业化重组、市场化调控"。在股权分置完成尤其是十八届三中全会吹响"全面深化改革"的号角后，利益的一致性、军工市值预期的高涨以及利好政策的进一步松绑，使得军工集团有非常强烈的动力进行资本的注入，并由此带动整个行业的产业整合和投资运营。伴随着资本市场上一批核心军品资产注入所引发的示范效应，国防科技工业体制改革和军工资产证券化的概念再度浮出水面，受到资本市场投资主体的极大关注。截至2017年，军工企业直接融资3401亿元，占总融资额的57.28%。在直接融资中，股权再融资成为企业的主要融资方式。如航空领域，以高达964亿元的直接融资高居榜首，股权融资所占比重达到88.31%。目前，中国A股军工上市企业的总体规模已大体和申万行业分类的电子或传媒板块规模相当。同期，美国市场最大的军工ETF（ITA）所跟踪的Dow Jones U. S. Select Aerospace & Defense Index 指数成分股有100只，是中证军工指数成分股数的1.5倍。另据相关统计，美国军工企业板块市值是中国的7~8倍。考虑到美国的国防工业规模远大于中国（从军费预算规模看，美国是中国的4~5倍），仅从数字上看，就可见中国军工上市企业已经具有一定规模。

---

①白万纲. 军工企业：战略、管控与发展 [M]. 北京：中国社会出版社，2010.
②近年来，国际范围内的竞争日趋激烈，产业内大企业和特大企业之间的重组日趋频繁，导致产业结构变动剧烈。提高国际竞争力是产业整合的根本原因。这方面代表性的例子包括波音兼并麦道、花旗公司和旅行者集团合并等。产业整合主要通过企业之间的重组来完成，主要的方式有并购，分立、破产等。无论是哪一种方法，都需要金融支撑，即股票市场、债券市场、中长期信贷市场、投资银行和产权交易市场等的支撑（林伟艺，2006）。目前，学术界对产业整合的研究主要有 Krugman（1996）、Martin（1996）、Kennedy（1997）、Ragunathan（1999）、Lafferty（2001）、Woodruff（2002），以及中国学者的研究如王小强（1997）、胡正荣（1999）、吕拉昌和许学强（1999）、吕福新（2000）、王贻志等（2000）、王秋丽和齐敏（2001）、李庭辉（2002）、张远鹏（2002）、郑胜华（2003）、朱瑞博（2004）等。

(二) 中国军工上市企业股权结构

中国上市企业股权结构具有三个非常显著的特征：一是股权分置，也就是非流通股与流通股并存；二是非流通股占总股本的比重达到60%以上，其中国家股与法人股在非流通股中又占据多数；三是上市企业第一大股东平均直接控股比重超过40%，成为控制性股东，所有权集中的特点尤为突出（马忠，2007）。虽然中国军工产业实现了高速发展，但一直存在着结构性问题，其中一点就是国有资本占比过大。国有股在军工集团尤其是军工上市企业的地位不可撼摇，"一股独大"的产权结构极易削弱行业的整体竞争性，对军工企业的投融资活动和管理创新也都将产生一定程度的制约。尤其是考虑到军工行业特殊的行政隶属关系，在多层产权控制体制下，作为军工上市企业的终极控股股东（国务院国有资产监督管理委员会及十大军工集团），存在一定的动机和条件通过行使控制权来影响企业融资决策和投资行为。

中国资本市场上，金字塔股权结构具有相当的普遍性。刘芍佳（2003）在 La Porta et al. (1999) 提出的"终极产权论"的基础上，从"控制权"维度重新划分了中国上市企业股权结构，认为构成中国式金字塔控股体系的市场主体包括国有独资公司、政府控股的上市企业、政府控股的非上市企业和国有专业机构等四种类型。中国军工上市企业的一个突出特征，就是其出资人是军工集团公司。军工集团公司通过金字塔结构（pyramidal structure）① 实现对集团内部上市企业的控制，这里主要有两种情况：一是军工集团公司以一部分军工企业为基础改组设立股份公司，或以其控制的国有资产投资设立，或通过并购建立股份公司；二是军工企业实行股份制改造时，将其核心或主体部分剥离出来，改组为股份公司，而将剩余部分改组为集团公司，再由政府授权该集团公司代表国家持有股份公司的国有股。

从资本市场表现来看，在形成一定规模效应的同时，中国军工上市企业投资主体多元化程度不高、股权分散度低等问题依然存在。从投资主体结构看，国有军工集团旗下的上市企业共占总市值的77.84%，民营企业只占9.73%。在军工属性更强的中航军工指数中，40只成分股有2只属于民营企业，仅占5%（2014年数据，下同）。对于国有十大军工集团而言，旗下军品资产注入可利用的壳资源数量也分布不均。中国航空工业集团公司最多，有20多家（另外少部分属于港股和境外股），中国核工业建设集团公司旗下目前则没有上市企业。从股权分散度看，中航军工指数成分股中大股东持股比例在40%以上的超过一半，持股比例最少的也达到了18.17%。与同期美国资本市场上市企业比较，中航飞机（000768）大股东持股比例为47.36%，是波音的4.15倍；成飞集成（002190）为51.33%，是洛克希德－马丁的2.85倍。国外

---

①所谓"金字塔"股权结构，是指A公司拥有B公司的多数股份，而B公司又拥有C公司的多数股份……。依此类推，从而形成"股权链"。与"金字塔"股权结构相对的是"平行"股权结构，其内涵是A公司同时拥有B公司、C公司……的股份，而B公司、C公司……之间不再拥有其他公司股份。

大型军工集团的资产证券化率可达到 70%~80% 的水平,而中国国防科技工业局的最新统计数据则显示,中国军工资产证券化率平均水平仅为 37% (袁舒,2015)。军工股投资主体多元化程度偏低、股权集中度明显的现象,在核心军工上市企业中表现得尤为突出,这与中国以资本控制保持对军工企业的管控有密切关系。

从实证角度看,根据色诺芬数据库系统 (CCER) 相关信息以及整理各军工上市企业公布的年报,我们考察 2004—2009 年军工上市企业金字塔股权结构 (表 1-4)。我们考察同期国有上市企业和民营上市企业股权结构情况 (上市企业数量按年末值计)。

表 1-4　中国军工上市企业金字塔股权结构 (2004—2009 年)

年度	上市企业数量			金字塔股权结构上市企业数量 (占同类型上市企业比例,%)		
	①	②	③	①	②	③
2004	1002	48	336	857 (85.53)	48 (100)	306 (91.07)
2005	890	48	396	763 (82.70)	48 (100)	354 (89.39)
2006	801	48	434	654 (81.65)	48 (100)	412 (94.93)
2007	966	51	460	743 (76.92)	51 (100)	423 (91.96)
2008	993	54	497	767 (77.24)	54 (100)	451 (90.74)
2009	1027	54	503	856 (83.35)	54 (100)	469 (93.24)

注:①代表国有上市企业;②代表军工上市企业;③代表民营上市企业。
数据来源:根据色诺芬数据库系统 (CCER) 及各公司年报计算所得。

通过金字塔股权结构来实现控制权与现金流量权的分离,是终极控股股东行使控制权的最常使用的一种方式。早在改革开放初期,中国政府就倡导发展国有控股公司,目前国有控股公司通过间接持股控制上市企业已成为大多数国有上市企业的普遍现象。中国国防军工资本化运作的基本模式,即是终极控制人 (国务院国有资产监督管理委员会) 通过组建控股公司 (十大军工集团) 的方式来实施对其下属军工上市企业的间接管控。通过这种金字塔式的逐层持股,位于塔顶的终极控制人只通过少量的现金流量权即可获致对军工上市企业的绝对控制权。在这里,金字塔股权结构发挥了杠杆效应或乘数效应,这也是一般平行股权结构所不具备的功能。

表 1-5 显示,国有企业的所有权终极人身份主要是国有资产监督管理委员会,这一比例高达 71.47%,而军工上市企业的这一比例则为 100%。因此,国家行使对军工上市企业的控制与表决权,是一种间接控制,两者之间存在第一级代理人——军工集团公司。从金字塔层级来看,终极控股股东对军工上市企业的控制链,最长为 5

表1-5　中国军工上市企业金字塔股权控制链层级（2007年）

终极控股股东所有权性质	上市企业数量（金字塔公司比例,%）		终极控股股东平均控股层级		终极控股股东最低控股层级		终极控股股东最高控股层级	
	①	②	①	②	①	②	①	②
国有资产监督管理委员会	531（71.47）	51（100）	1.66	4.36	1	2	5	5
国有资产经营公司	19（2.56）	—	1.13		1		2	
国有独资公司	80（10.77）	—	1.36		1		3	
政府机构	100（13.46）	—	1.26		1		2	
高等院校	13（1.75）	—	1.89		1		4	

注：①代表国有上市企业；②代表军工上市企业。

数据来源：根据色诺芬数据库系统（CCER）及各公司年报计算所得。表中国有上市企业的四项指标的数值，是将"中央政府"和"地方政府"两级合并计算所得。

级，最短为2级，这一比例要略高于一般国有企业。此外，平均层级军工上市企业为3.36级，要显著高于一般国有企业。这说明，军工上市企业股权结构的金字塔化程度相对较高。一方面，反映在整体数量上的绝对金字塔化，即所有军工上市企业的股权结构都呈现为金字塔化；另一方面，还表现在控制权代理链的相对金字塔化，不同军工上市企业的金字塔股权层级有别，这取决于其本身的行业属性、市场规模、投资战略等变量的影响程度。

（三）中国军工上市企业投资行为

企业投资，一直以来都是资本市场关注和研究的热点。军工行业处于国防经济与国民经济的交叉地带，对两大经济部门都能够形成很强的联动作用和溢出效应。军工企业投资所产生的未来现金流，构成了微观市场主体的成长性驱动要素，并在一定程度上影响着宏观经济的增长速度及其波动。对于企业而言，投资规模、投资结构、投资区位和投资方式的决策，是链接企业融资和资源配置的重要中介。作为企业财务决策三驾马车（融资、投资、股利分配）之一的投资活动，不仅影响到企业的融资规模、结构和股利政策的执行，还直接关系到企业经营风险、财务风险和市场风险，乃至决定着未来利润和价值的整体水平。从军工上市企业自身的市场行为来看，采取什么方式融资、融多少资、如何进行投资、投资效果怎样，不仅涉及融资结构选择、融资规模确定、投资战略实施等问题，更与企业资本结构、公司治理、经营绩效、市场价值等层面密切相关。

目前，军工上市企业投资和治理中较为常见的利益输送（tunneling）方式有以下

五种:

（1）利用关联交易向母企业或子企业转移资产和利润。近年来，控股股东借公平交易之名而行关联交易之实，以此转移上市企业利润或资产的现象可谓屡见不鲜。关联交易所采取的具体形式也是名目繁多，如股东投资与转让、资产与债务重组以及商品服务的采购和销售等。其中，股权投资与转让通常采取高估关联方股权价值甚至包装伪劣资产的方式购入股权，而资产与债务重组大多围绕资产质量状况较差、现金流动性较低的企业进行，一般有自我交易、非等价交易和内部交易等，一段时期ST、PT企业板块资产重组特别频繁即是例证。而商品服务的采购（销售）也常常高于（低于）市场均价成交，从而将上市企业利润或资产"合法"地输送到控股股东手里。

（2）非法占用上市企业资金。控股股东占用上市企业资金主要表现为通过关联交易对上市企业欠款延期返还，或以质量低劣的资产抵偿债务等。上市企业将欠款大幅计提呆账损失，使上市企业财务杠杆过大、利润下滑，市场股价随之受挫，从而严重削弱了本应归属全体股东享有的资本利得。自2001年1月1日开始，上市企业根据《企业会计准则》的相关要求，开始计提应收账款等8项资产减值准备。为数不少的上市企业通过对关联企业应收款的坏账计提，轻松地免除了控股股东的巨额欠款。如军工上市企业ST轻骑（600698）2002年公布的年报显示，其为控股股东（兵器装备集团公司）及关联方的欠款和担保计提高达42亿元的坏账准备和或有损失，由此亏损34亿元。此举虽在一定程度上挤占了上市企业（济南轻骑摩托车股份有限公司）的业绩，但由于计提方式的相对自由而且隐蔽，以及相关议案表决程序的不完善，这种计提亦演化为关联企业尤其是上市企业控股股东逃避债务的杠杆工具，最终遭受损失的是上市企业以及市场中小股东。

（3）利用上市企业名义进行担保。中国上市企业对外担保现象极为普遍，而且其担保对象绝大多数是控股股东或大股东关联的银行贷款。虽然2000年6月证监会发文明确规定，上市企业不得以其资产为本公司的股东、股东的控制性子公司、股东的附属企业或个人提供担保，但这并未彻底阻止和根除上市企业控股股东利用担保手段攫取控制权私人收益的现状，甚至出现了控制股东利用盘亘交错的关联关系网操纵上市企业相互担保的情况。目前，中国军工企业的上市方式主要是分拆（部分）上市和重组上市，一个通行的做法就是军工集团公司将资产品质、员工素质、经营绩效、市场价值较好而且历史债务负担较小的下属企业包装上市，而将低（甚至是负）盈利项目、累计性巨额负债等"次资产"留驻原有企业，并使上市企业成为原有企业的控制性子企业。一旦控股股东的资金链出现断裂，融资渠道相对顺畅的军工上市企业就成为控股股东自由现金流源源不绝的"超级提款机"（Super ATM）。如果控股股东无力偿还，必然会对上市企业的资产运营造成相当严重的负面影响。如在股权分置改革中，ST轻骑（600698）的控股股东中国兵器装备集团公司为取得贷款，将ST轻骑的资产进行质押，而在当年年报中并未就此重大事项按时进行披露，属于"信息披露重大遗漏和虚假陈述"。依据《中华人民共和国公司法》第59条和《中华人民共和国证券法》第177条的规定，证监会对济南轻骑摩托车股份有限公司上述行为处以40万元罚款，并对负有直接责任的企业主管人员处以"严重警告"。

（4）改变募集资金投向。中国特有的二元股权结构，使得控股股东持有的股份多数为非流通股，在流通股和非流通股存在巨大的市价落差的情况下，控股股东能以远高于每股净资产的配股价或增发价来进行权益融资，从而攫取巨额的权益增值。比如，上市企业以IPO方式融资，以高溢价发行股票，最大限度地募集资金；尔后，利用盈余管理以及制度"缺口"（融资合约本身的不完全性），尽可能地争取再融资资格，出现大批上市企业"保配"行为和无度增发现象。无论是IPO还是再融资（配股或增发），控股股东获得了大量资金的调度权和支配权，更享有了因发行溢价而资本公积增加所带来的摊余收益。由于初始募资动机不纯，这些资金被误投滥用的现象屡屡发生；而另一方面，上市企业又出现不同程度的"资本饥渴症"，一旦机会允许便伺机发动新一轮的资本"圈地运动"。上市企业变更募集资金的投资项目，或将闲置资金转投于委托理财和证券投资，导致过多的拟投向实体的资金流入股票市场，既加重了证券市场的投机性泡沫，又导致了投资实体的虚拟化。如中国航空工业集团公司下属的深圳天马微电子股份有限公司（深天马A：000050）存在如下违法行为：深天马A于2001年2月27日与大连证券有限责任公司签订《购买国债协议》，将募集资金1.5亿元（占上一年度经审计净资产的43.4%）委托大连证券购买国债，固定收益率为11.5%，期限为一年。在2002年3月7日发布的上年公司年报里，没有披露这一重大融资变更事项。根据《深圳证券交易所股票上市规则》12.1条的规定，深圳证券交易所决定对深天马A予以"公开谴责"处分。

（5）委任上市企业高管人员。中国上市企业控股股东一般可分为两类：一是私人企业主转化而来的控股股东，通过改制上市或买壳上市的方式转变为上市企业的控股股东；二是国有或国有控股的发起人以改制或重组方式获得上市地位并成为控股股东。与私人控股股东所有权和经营权合一的运作方式不同，国有性质的控股股东通常以授权经营的方式指派董事长或总经理实现对上市企业资产的托管。在中国上市企业中，董事会权力过于集中于少数人甚至是个人（如董事长）的现象十分严重。绝大多数董事不是对股东大会负责，而是直接受制于内部家长——控股股东（张宪初，2003）。而且，董事长的薪酬支付一般挂靠在派出单位，通常与所在上市企业脱节，这一方面使得董事长与控股股东的"利益同盟"关系更加牢固，另一方面也加大了前者攫取控制权私人收益的概率。以军工上市企业为例，通过对2011—2013年间各公司年报披露的信息进行计算汇总发现，在上市企业领取薪酬的董事人数占董事会总人数比重的平均值，2011 年为 43.50%，2012 年为 46.62%，2013 年为 44.33%，三年均值为 44.82%。由此可见，这一时期军工上市企业董事会每 10 人中，仅有 4.5 人在所在上市企业领取薪酬（没有相关数据证实这 4.5 人还在派出单位另外领取一份薪水），而其余 5.5 人的薪酬则由控股股东单位支付。初步数据分析显示，2013 年有高达 90.22% 的军工上市企业，其董事长或经理人职位直接由控股股东行政安排。

第二节 研究意义

本课题研究了存在于中国军工上市企业的两类控制权代理现象：股东与管理层的代理，以及控股股东与外部分散股东的代理。主流观点认为，在股权具有一定集中度的上市企业中，控制权代理更多发生于控股股东与中小股东之间。由于中国军工上市企业比较特殊的股权结构和治理结构，以上两种代理问题都不同程度地出现。军工上市企业控制权代理行为发生的机理是什么？这一行为本身对企业的投融资决策、企业经营绩效和企业价值会产生怎样的影响？对控制权代理的规制，军工上市企业应如何从内外部的综合治理层面进行制度创新？笔者尝试在"问题意识"的牵引下，对上述疑问逐一进行观察、思考、设计和分析，以期能够对相关领域的理论研究和实践发展有所裨益。

一、理论意义

在理论层面，企业投资是现代金融理论研究的核心问题之一。本课题从中国军工上市企业特有的股权结构切入，研究了终极控制人视域下，金字塔结构中控股股东控制权与企业现金流权的偏离对企业投资效率的影响，以及军工所有权合约安排（剩余控制权与剩余索取权的配置）框架内军工管理层的控制权代理行为对企业投融资、企业治理、企业绩效和企业价值的影响。本课题相关研究及其结论，在一定程度上丰富了现有控制权代理与上市企业（尤其是军工上市企业）投融资决策关系的研究。

（一）丰富了军工企业所有权问题的研究

目前，世界上除美、英等少数国家的上市企业呈现出所有权相对分散外，大部分国家或地区的上市企业，其股权结构不是分散而是相对集中（Demsetz，1983；Morck et al.，1988；La Porta et al.，1999；Claessens et al.，2000；Faccio & Lang，2002）。尤其是当对分散股东的法律保护不健全时，股权集中的特征更为显著（Shleifer & Vishny，1997）。在所有权集中的情况下，会出现控股股东，控股股东能够利用上市企业特殊的股权结构（如金字塔控股型、交叉控股型等）来行使控制权私利行为（Johnson et al.，2000；Gilson & Gordon，2003；Friedman et al.，2003；Riyanto & Toolsema，2004；Atanasov et al.，2006）。

部分研究文献关注了中国军工上市企业所有权问题，如股权结构与经营绩效（章波，2006；梅锦萍，2007；罗群英，2009；刘楠，2009；吴少华和徐学文，2010；刘炜玮，2010；林心武，2011；周炯，2012）、企业治理与经营绩效（李晶，2008；孟俊婷，2012）、经营绩效评价（刘智超，2015；刘智超、张立芳，2015）、企业治理与技术进步（杨凌霄，2012）等，但缺乏对军工所有权合约中剩余控制权与索取权配置性态及效果的具体研究。尤其是考虑到军工上市企业与控股股东直至终极控制人之间所形成的独特的金字塔股权控制链，在控制权与现金流权相分离的情形下，控股股东如何利用金字塔结构实施控制权代理，这一行为对企业的市场价值会产生怎样的影响，目前几乎没有任何文献对此给予关注。

本课题研究发现，由于十大军工集团公司集团化运作与军工上市企业在资本市场平台化运作的结合，军工上市企业金字塔股权结构不仅隐性存在，而且通过更为隐蔽的方式，控股股东能够实现对企业的重大影响。这一发现无疑对更为客观全面地理解当前军工企业的产权改革和整体上市问题，提供了一个新的观察视角。

（二）丰富了军工企业投资问题的研究

基于完美资本市场的 MM 理论（1958）认为，企业投资与资本结构、企业价值无关。但现实中，信息不对称以及代理冲突的存在，使得企业投资问题变得异常复杂（Jensen & Meckling，1976；Myers & Majluf，1984）。目前，主流的观点认为，信息不对称影响着投资支出，导致了企业投资行为的非效率（Fazzari et al.，1988；童盼和陆正飞，2005；刘星和杨亦民，2008）；股东与管理层的代理冲突影响着投资支出，导致了企业投资不足或投资过度（Jensen，1986；Bertrand & Mullainathan，2003；Aggarwal & Samwick，2006；郝颖，2007）。以上两种观点虽然尚未达成一致，但都同时强调企业投资的效率问题与所有权结构及企业治理存在密切关系。

目前，中国学者对军工企业投资研究主要集中于国防工业发展与军工企业改制等宏观层面。部分学者研究了军事工业与产业组织（罗仲伟，2003）、国防工业市场结构和产权制度（苗建军，2005）、军工企业金融支撑（林伟艺，2006）等问题，更多学者研究了军工企业的资本运作问题，如罗开元（1999）提出了股份制改造是军工企业中民品部分和第三产业经营机制改革的必然途径；李树贤（1994）认为中国军工企业要建立现代企业制度的关键是资产所有权问题；李书勤（1996）认为中外合资是中国军工企业改制的有效途径，并总结了中外合资军工企业的基本规律和模式；赵文胜等（1997）总结了中国军工企业产权改革的基本方案；张建华等（1997）提出财务管理在中国军工企业管理中的作用；许冰梅等（2003）讨论了中国军工企业进行资本运作所受的限制及其规避；喻丽心（2005）、赵燕（2010）、杨少鲜和王秀素（2013）、刘建昌（2015）从一般性融资视角分析了中国军工企业融资模式问题及其综合评价（张旭等，2013；贾小漫和王春青，2013）；吴迪（2005）认为中国军工企业上市融资是实现国防科技工业产权多元化的重要途径。此外，部分文献探讨了军工企业的资本重组与绩效（阮晓萌，2011）、整体上市与盈利能力（田宛毅，2014）、企业财务（马伟伟，2011；钟强和刘雪飞，2015）等。

显然，已有的研究尚未论及与军工上市企业投资相关的两个维度：一是投资因果论。哪些关键因素促使军工上市企业进行投资并采取何种投资策略？我们发现，在军工上市企业中不仅存在两种控制权代理问题，而且基于管理层控制权私利和控股股东控制权私利的控制权寻租都可能触发企业采取相应的投资策略；二是投资效果论。已有研究主要聚焦在军工上市企业股权结构或企业治理与经营绩效的关系之上，但从投资行为尤其是投资效果的角度展开非常之少。目前，军工上市企业中存在投资不足和投资过度等非效率问题，这一情况与融资约束、资本结构、企业治理等均存在一定关联性。本课题的研究，拓展了军工企业投资决策问题的研究边界。

二、实践意义

在实践层面，企业投资是中国宏观经济平衡运行中非常重要的问题之一。本课题研究了在军工上市企业金字塔股权链下控制权与现金流权分离、管理层控制权代理等对企业投资行为的影响，从而为理解军工上市企业投资效率问题和资本市场监管效率问题提供了政策借鉴。

（一）有助于深化对军工企业综合治理的理解

企业治理是企业经营与发展的支柱，直接影响到企业战略实施的整体效果。按盛光华和于桂兰（2003）的界定，企业治理中的剩余控制权，一般包括经营决策权、决策约束权、咨询顾问权、独立董事监督咨询权、职工董事监督参与权、研发设计与市场开发权、现场管理相机处理权等；企业治理中的剩余索取权则包括利润分享、员工持股、管理层收购、管理层持股、管理层薪酬等。本研究以军工所有权合约安排为逻辑起点、以剩余控制权和剩余索取权的配置为基本轴线展开分析。因此，与一般研究军工上市企业治理层面的文献不同在于，本课题不仅设计了军工上市企业内部治理和外部治理的分析框架，更从所有权合约安排这一维度深入探究剩余控制权和剩余索取权的内在作用机理及其对企业治理的交互影响，从而为政府相关部门的政策制定提供了有力的实证支撑。

（二）有助于消除对军工股权分置改革的疑虑

当前，以股份制改革为主线的军工产权改革正深度推进。要突破传统意义上的"军转民""民进军"思路，必须积极地融技、融资、融智、融制，大胆采取"纳入式"资本运作战略，通过资本的扩张实现技术的扩容。一直以来，有观点认为对军工行业实行股权分置改革，容易导致国家对军工企业的"分权""失权"，从而无法有效控制企业的发展战略和经营管理。显然，多年来因股权分置（人为将股份分割为流通股和非流通股）所积累下来的体制性问题已严重束缚了军工行业的持续发展。问题的关键不在于该不该改革，而是如何把握合理的限度，通过大胆的制度创新和机制创设，实现军工产权改革稳步、持续地推进。本课题在理论和实证两个层面的分析表明，国家对军工的"有限控股"和军工行业的"两栖"战略，是军工股权分置改革和组织机制改革的基本内涵之一。

第三节 概念界定

一、国防工业

一般来说，军工企业与国防工业、国防科技工业、军工产业之间在概念内涵上存在交叉性，这里将国防工业视为研究军工企业上市融资和投资的一种制度性背景。中国国防工业作为国家战略性高技术产业，涵盖核、航天、航空、船舶、兵器、电子六大行业。目前，中国国防工业格局分布是由十大军工集团公司组成，分别是中国核工业集团公司、中国核工业建设集团公司、中国航天科技集团公司、中国航天科工集团公司、中国航空工业集团公司、中国船舶重工集团公司、中国船舶工业集团公司、中国兵器工业集团公司、中国兵器装备集团公司、中国电子科技集团公司（表1-6）。

表1-6 中国十大军工集团公司基本情况

指标 名称	主要产品	人员规模（万人）	资产规模（亿元）	营业收入（亿元）	上市企业（家）	市场份额
中国兵器工业集团公司	装甲战车、防务导弹、远程火箭炮、重型车辆	28	3261	4042	14	世界500强第144位
中国兵器装备集团公司	枪械、高炮、战车、无人机	21	3551	4259	12	世界500强第169位
中国航空工业集团公司	运输机、直升机、发动机、机载设备与系统	50	4055	5578	34	世界500强第178位
中国航天科工集团公司	巡航、洲际、防空、地空导弹、航空子母炸弹	14	2884	1700	7	中国500强第100位
中国航天科技集团公司	运载火箭、导弹、卫星、无人机	46	3398	1681	14	不详
中国电子科技集团公司	雷达、电子对抗、通信、公共安全	11	2665	1270	7	不详

续上表

指标名称	主要产品	人员规模（万人）	资产规模（亿元）	营业收入（亿元）	上市企业（家）	市场份额
中国船舶工业集团公司	驱逐舰、油轮、补给船、导弹艇	12	2907	1350	3	不详
中国船舶重工集团公司	潜艇、航母、驱逐舰、鱼雷、补给船、舟桥	15	3840	1444	4	世界500强
中国核工业集团公司	核电、核仪器仪表、非标设备	10	3118	1210	2	不详
中国核工业建设集团公司	核电、核工程、核仪器仪表	11	2777	1336	0	不详

①资料来源：根据国防科学技术工业委员会网站（http://www.costind.gov.cn/n435777/index.html.）和十大军工集团公司门户网站整理而得。

②数据截至2014年底。

1997年以来，十大军工集团公司相继从行政机制中脱钩，但仍属寡头垄断的市场格局，高集中度与低效运行同时存在。目前，中国国防工业存在四种特殊性。

一是军工生产的特殊性。由于军品的政治属性和保密要求，不同武器系统在标准、制式上存在显著差异，军品系列间互换性、通用性程度极低，市场上表现出较强的选择刚性和锁定效应（locking effect）。与此同时，军品研发和生产技术含量高，投入端的固定成本和资金总额一般都高于产出，出于巨额成本分摊的要求，由此形成军品生产显著的规模经济特征（罗仲伟，2003）。

二是市场结构的特殊性。从市场结构上来看，目前中国国防工业的结构特点与世界主流趋势基本吻合。1997年以来，十大军工集团公司改组预期中的规模效应并未出现，这与改制过程中较强的行政主导密不可分。国防工业的市场结构及其特殊性，决定了该产业的进出壁垒都很高（苗建军，2005）。

三是产权安排的特殊性。国防工业作为关乎国家安全的特殊产业，领域内军工企业的国有化色彩非常突出。十大军工集团公司均为国有独资公司，集团公司所属一级公司的产权构成95%为国有的，二级公司的产权结构70%以上为国有的，大部分民品公司也是以国有为主体，军品股份制改造仅有少数试点。一部分国有控股企业实现了上市融资，但是不能流通的国有股和法人股占很大比重。

四是产业整合的特殊性。国防工业中的军品部分涉密性强，关乎国家战略安全，很难做到整体上市，这就使得在整合过程中，更多是通过产权交易市场进行，且公开发行股票的融资方式对于部分军工企业而言无法行得通。实施产业整合，是造就和扩张国防工业生存空间的必要前提。产业整合的本质是以企业为主体，以产业为框架的市场整合。通过产业整合，可以降低企业成本，提高资产运作效率。依托股票市场、债券市场、中长期信贷市场、投资银行和产权交易市场等金融支撑（林伟艺，2006），通过分立、合并、兼并、收购、破产等重组方式，实现军工集团企业之间的产业整合。此外，一个很重要的思路就是积极引入民间资本甚至是境外资本，多元化投资主体，从资本结构和治理结构上优化军工企业的投融资环境。

二、军工上市企业

典型的"国防工业"或"军工企业"，一般是指"能为军事力量和国家安全提供关键要素的工业资产"。在中国，传统上军工企业特指十大军工集团及其下属企事业单位。但近年来，随着军民融合发展战略的不断推进，国防领域与民用领域在诸多层面展开了广泛深入的对接和合作，民营企业逐步参与到国防建设中来。在此背景下，中国国防工业的概念得以扩展，军工上市企业的身份属性也不再局限于传统意义上的十大军工集团这一范畴。

总体而言，中国军工上市企业可以划分为四个群落：一是十大军工集团下属的90多家上市企业（A股），这是"中央军"；二是其他央企下属的涉军上市企业，这是"央协军"，有10多家；三是地方国企的涉军企业，这是"地方军"，有20多家；四是若干民企参军的"民军"，有代表性的有10多家。可以预见，随着军民融合的深入，未来将有更多的民企上市，"民军"队伍将更具规模。目前整个军工股板块大约有130多家上市企业，总市值约为3000亿元。扣除控股股东以及一致行动人的持股，实际在资本市场上的流通市值约有1200亿元。据不完全统计，截至2014年12月31日，A股中至少有103家企业为十大军工集团所控股或涉及军品生产（所谓的"军工概念上市企业"）。上市企业数量占同期A股的4.06%，总市值达到9852.5亿元，流通市值4085.2亿元，分别占同期A股的3.63%和4.51%，销售额和净利润则分别占1.85%和0.85%。若剔除军工集团旗下无军品生产的上市企业，以被军工主题基金跟踪最多的中证军工指数成分股为例，企业数量达到71家[①]，占同期A股的2.83%，总市值高达6221.07亿元，流通市值2874.49亿元，分别占同期A股的2.30%和2.93%，销售额和净利润则分别占0.94%和0.51%。

三、军工板块

中国军工产业可分为航天、航空、兵器、船舶、核工业以及军事电子六个方向，

[①] 同期（数据截至2014年12月），中国十大军工集团控股的上市企业共有97家（参见附录1）。

这也构成了国防工业的子系统。军工板块①股份中，基本可分为三类股票，即"纯正军工股""民营军工股"和"概念军工股"，划分的依据是综合考虑"军工业务占比"和"控股股东背景"两个因素。

"纯正军工股"主营军品业务，涉及的业务主要集中在军用船舶、战机、航电和航控系统、军事卫星、军用光电和导航系统、导弹及雷达和陆战机动平台等领域，上市企业涵盖了海、陆、空打击和防御方面的战略和战术两个层面的军品资产。

"民营军工股"即引入民营资本参与军备建设、走军民融合发展道路，是国内军工产业发展的大趋势，也是中国《军事白皮书》里提及的重点。有时候"民营军工股"被市场用"民参军"来代替，这一分支是未来军工股的大亮点，也是军工成长股的沃土。

"概念军工股"是指控股股东属于十大军工集团之一，但是主营业务并非军品，这是历史和现实条件的产物。比如，中国航空工业集团公司的中航三鑫、飞亚达等，中国兵器装备集团公司的中国嘉陵、西仪股份等，这些企业没有核心盈利的军品业务，民用业务竞争力很弱，长期挣扎在亏损的边缘。通常为了"保壳"，集团公司通过资产注入手段，将部分军品资产打包注入上市企业，从而使得企业"乌鸡变凤凰"，这也是资本市场将军工股定性为"题材炒作"的重要原因。

四、控制权与现金流权

（一）控制权

控制权是企业治理的核心内容之一，是指控股股东按其持有股份所代表的投票权比例，对企业重大事项进行投票表决的权利。这一概念源于企业股权结构，一般包括长期战略决定、企业经营与决策、联盟、并购、董事会聘用和解聘、管理层任用及企业日常管理等。从现有经典文献来看，对控制权的理解主要涵盖如下层面：控制权是指行使法定权力，以此决定董事会组成和调整（Berle & Means，1932）；控制权决定着企业各项政策的产生和实施，比如管理层任免、投融资行为、企业并购重组、企业章程修改等重大事项（Loss，1988）；控制权是一种投票权，是终极所有者对目标企业重大决策的表决权（La Porta et al.，1999）。企业的控制权是不可分割的整体，可以通过投票权、董事会席位、合约条款、清算权等不同方式实现对企业的管理。主流文献一般采用控制源法测度控制权的大小，具体而言，如果终极控制人仅通过单一控制链控制上市企业，则控制权为各层控制链上最小值控制权比重；如果控制链不止一

---

①板块是指股票市场中具有某种共同特征的股票的集合，主要有三种划分方法：行业，地域，概念。以行业划分，如金融板块、建材板块、农林渔牧板块等；以地域划分，如西藏板块、海南板块、广东板块等；以概念划分，如沪深300概念、整体上市概念、低碳经济概念等。军工板块是指股票市场中众多具备军工概念的股票的集合，这类上市企业主要从事军工产品制造、研发或销售。

条,则控制权即为各条控制链最小值控制权比重加总。

（二）现金流权

所谓现金流权,是指控股股东持有股份能够享有的对企业未来收益的支配权利,亦称所有权或财产分红权。现金流权由每一控制链的持股比例的乘积所得,考虑一致行动人时,将其各自的现金流权进行加总。

（三）两权分离

控制权与现金流权发生偏离,简称两权分离,指的是终极控股股东的实际控制权与其应享有的所有权比重之间的分离程度。目前,对刻画两权分离度主要有绝对值法和相对值法两种方式。所谓绝对值法,是指控制权与现金流权之差;所谓相对值法,则是两者之比。假设各级控制链的持股比例为 S_i,则终极控股股东的控制权为 Min $(S_1, S_2, \cdots, S_n)$,其现金流权为 $\prod_{i=1}^{n} S_i$①,随着控制链的延伸（n 增加）,相对于控制权而言,现金流权逐渐减小,也即出现了两权分离的情况。举例说明,如果终极控股股东拥有 A 企业 60% 的股权,而 A 企业同时拥有 B 企业 30% 的股权,后者又拥有 C 企业 20% 的股权,再如果大于 20% 的股权比重就足以控制企业,则该终极控股股东只以 60% ×30% ×20% =3.6% 的现金流权（所有权）就实现了对末端 C 企业 20% 的控制权（表决权）。绝对值法测算的两权分离度为 SQ =20% -3.6% =16.4%,相对值法测算的结果为 sep =3.6% ÷20% =0.18 或者 sep =20% ÷3.6% =5.56。

（四）控制权收益

上市企业控制权的分配对股东利益产生影响,控制权收益机制反映的正是控股股东与中小股东之间的利益冲突。顾名思义,控制权收益是特指企业控制权所带来的收益。一般而言,包括控制权共享收益（shared benefits of control）② 和控制权私人收益（private benefits of control）。

所谓控制权共享收益,是指经由控股股东行使控制权而增加企业价值,从而包括控股股东在内的企业利益相关者共同分享的收益。控制权共享收益既来自于管理层出色的经营或监控,又来自于股东大宗持股所带来的决策权集中和财富效应,从而较好地解决外部股东与管理层之间在投资机会、业绩表现等方面的"信息失衡"问题。同时,还可能避免股权高度分散下的"免费搭车"现象,其结果是上市企业整体价值得以提升。在其他因素不变情况下,随着实际控制人在公司中所占股权份额的增大,其拥有现金流量权和投票权也随之增加,控股股东通过行使控制权来增加企业价

---

① 控股股东控股权（实际投票权）等于"直接持股"与"间接持股"之和,而现金流量权（实际持股）等于"直接持股现金流量"与"间接持股现金流量"之和。所谓"直接持股",简单地说,就是直接登记在控股人名下的股份;所谓"间接持股",就是登记在第三人名下、其本质也是归于同一控股人的股份。需要指出的是,这里计算控制权和现金流量权所采用的是 La Porta et al. (1998) 以及 Bebchuk et al. (1999) 提出的方法。

② 也有文献称之为控制权公共收益（public benefits of control）。

值的内在动力。如果增加的价值能由公司所有股东对等按持股比例分享,这部分新增价值就构成了公司控制权的共享收益部分。当然,包括债权人在内的利益相关者的利益也得到相应保障。

所谓控制权私人收益,是指控股股东借助于其所拥有的处于控制地位的投票权,以牺牲其他中小股东利益为代价获取的不可能与其他股东共享的收益(Dyck,2001)。简言之,是一种利用控制权攫取的排他性的独占收益。控股股东由于享有企业经营管理的话语权,因此有动力和能力通过行使控制权来侵占企业资源,从而产生控制权私人收益。进一步讲,控制权私人收益又可分为非货币性私人收益(non-pecuniary benefits)和货币性私人收益(pecuniary benefits)。前者主要包括控制企业经营管理所带来的心理满足和社会效应等[1],后者主要包括自利性关联方交易(尤其是集团内部交易)、盈余管理、为高级经营劳动者支付超标准报酬[2],以及持有大宗股份的实际控制股东在生产上获得的协同效应等。

五、控制权代理

当控制权私人收益存在并且能够被获得时,控制方就倾向于通过各种手段攫取私利,由此形成了所谓的控制权代理冲突问题(Fama & Jensen, 1983; Grossman & Hart, 1988)。控制权私人收益的规模,是影响企业所有权结构安排的主要因素,而且是导致大多数上市企业普遍存在一个控制性股东的根本原因(Bebchuk, 1999)。当私人收益规模过大时,控股股东将选择掌控企业的控制权,采用能使控制权和现金流权相分离的结构安排。其原因在于,仅仅拥有企业的小部分所有权,即可控制住整个企业的各项资源。如果这种私利行为导致企业的市场价值下降,控股股东只须承担与自身所有权比重相匹配的损失,却能够独自享有控制权所带来的全部收益。显然,控股股东有足够的动力和能力去掠夺企业资源,从而攫取控制权私人收益。La Porta et al.(2000)列举了数种控股股东有可能侵占中小股东利益的手段,比如支付给管理层过高的薪酬(很多时候管理层由控股股东担任或委派人员担任),内部人(包括控股股东和管理层)直接占有利润,担保贷款从而稀释股权,将企业资产、利润或增资的证券以非常规价出售给其名下的其他关联企业,迫使企业投资有利于控股股东的项目,等等。

Johnsen et al.(2000)使用"掏空"(tunneling)[3]一词,用来形容控股股东的这

---

[1] 在Jensen & Meckling(1976)的研究中,列举了各类形式的非货币性私人收益,比如办公室职务任命、下属人员的个人魅力、雇员纪律的层次、慈善捐助的类型和数量、上下级之间的关系(威严、尊重、关爱的等)、超标装配的个人办公设备(计算机等)、从亲朋处购置的生产性投入等。
[2] 很多时候,这些高级经营劳动者同时也是企业的控股股东,或由控股股东选派担任,从而成为事实上的控股股东的代言人。
[3] 有的文献将其翻译为"隧道效应"。

种转移企业资源的行为。中国上市企业非流通股控股股东的控制权私人收益正是通过以上这种"掏空"行为（tunneling behavior）来实现的。当前中国上市企业（包括军工上市企业）非流通股控股股东剥夺流通股的中小股东的主要的"自利性"行为，包括"利益输入"和"利益输出"两种方式。在日常经营过程中，控股股东通过利益输送获取了对上市企业经济资源的剩余索取。一方面，非流通股控股股东可能为了再融资等需要，将优质资产或其他资源输入到上市企业，对上市企业进行"包装"；另一方面，非流通股控股股东可以利用非平等商品交易、资金借贷等手段将原本属于上市企业的优质资产或资源转移出上市企业，从而据为己有。

除了以上内部控股股东与外部中小股东的控制权代理问题，另一种控制权代理则来自企业内部所有者与管理层之间。早期文献（Berle & Means，1932）关注的是两权分离下，管理层可能为谋取自身私人收益而损害股东权益。一方面，外部分散股东虽然拥有企业所有权，但由于信息不对称，即便他们拥有控制权，也很难真正行使，再加上普遍存在的搭便车心态，这些中小股东更缺乏兴趣参与企业的日常运作和投资活动。另一方面，管理层与股东签订的合约本身是不完备的（如专业知识和企业经营信息等），使得管理层掌控了企业合约的大部分剩余控制权，从而能够决定资金的具体分配和使用。在这种情形下，管理层具备良好的条件侵占股东的权益。比如，管理层能够直接抽走股东的资金，或进行更为隐蔽的价格转移（以低价卖给与自己利益相关联的企业或出卖资产给第三方）（Jensen & Meckling，1976）。

由于此类控制权代理问题的根源在于股东与管理层所签订合约存在的不完备性，因此解决的一个自然思路是与管理层重新订立一份更为灵活、长期且具有激励效应的合约（如管理层持股、优先认股权、严苛的解约机制等），使管理层利益与股东利益捆绑在一起。事实上，Agrawal & Knoeber（1996）在研究股东与管理层之间的控制权代理问题时，就提出了多种控制权代理的对冲机制，如内部股份、机构及大宗股份持有者的所有权集中、外部董事、财务政策、经理人市场、控制权市场等。而对于外部中小股东而言，在资本市场信用体系和法律体系无法提供有效保护的情况下，制约管理层的一个行之有效的策略就是提高持股比重，从而加大参与企业经营决策活动的话语权。Shleifer & Vishny（1986）的研究也显示，外部股东拥有足够的控制权，能够对管理层实施压力，必要时甚至可以取而代之。

六、金字塔控股

这种控股模式类似于金字塔式的沿纵向层级的控制，终极控股股东位于塔顶，其直接控股第一层级企业，再由第一层级企业控股第二层级，第二层级控股第三层级，以此类推。通过金字塔控股，终极控股股东对下端尤其是末端企业的实际控制权得以几何级数的当量放大（安青松，2004）。

(一) 单链条金字塔控股

图 1-1 是典型的金字塔股权结构，显而易见，顶端企业对末端企业的所有权和控制权发生了分离。

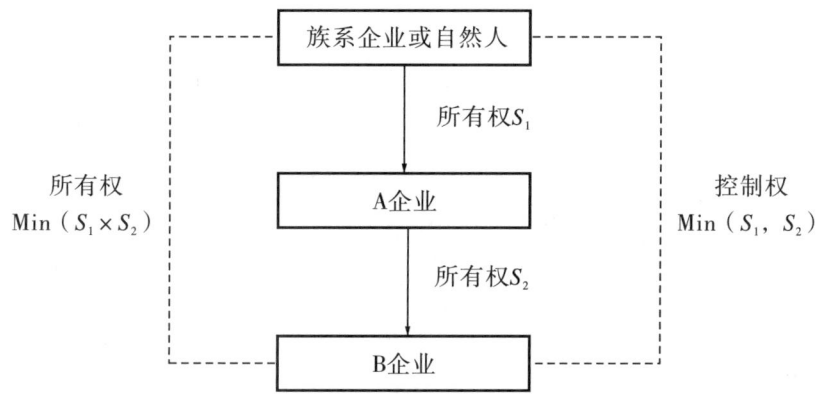

图 1-1 金字塔股权结构示意

假设终极控股股东拥有企业 A 的所有权（现金流权）为 S_1，企业 A 拥有企业 B 的所有权为 S_2，企业 A 和企业 B 的收益现金流分别为 C_1、C_2，则终极控股股东按其所拥有的所有权取得的收益为 $R_0 = S_1 C_1 + S_1 S_2 C_2$。我们再假设，终极控股股东从底层企业 B 所攫取（经由企业 A）的控制权私人收益为 d（>0），则其最终收益为 $R_d = S_1 (C_1 + d) + S_1 S_2 (C_2 - d)$。显然有 $R_d > R_0$，这一结论意味着通过金字塔股权控制链（实现利益侵占），终极控股股东获得了更大的收益。

(二) 多链金字塔控股

以上示例是单条控制链情形。在现实世界中，终极控股股东对底端企业的控制，更多和更复杂的是通过多条控制链实现的。多条控制链常见于由关联企业组成的族系集团（affiliated business group），如家族控制的若干家上市企业构成的族系企业集团，或某个超级组织掌控下的多家上市企业组成的联合式集团（十大军工集团公司即属于此类）。部分学者（Claessens et al., 2000）也将金字塔股权控制下的这种多层级控制链定义为交叉持股模式，认为这是金字塔股权控制结构的一种市场衍生品。

比如，终极控股股东拥有下游企业 A 的所有权为 S_1，拥有下游企业 B 的所有权为 S_2，而企业 A 同时还拥有企业 B 的所有权为 S_3，则顶端控制人对企业 B 所拥有的实际所有权比重为 $\alpha = S_2 + S_1 S_3$，所拥有的对企业 B 的实际控制权比重为 $\beta = S_2 + \text{Min}(S_1, S_3)$。一般情况下，我们总会有 $\beta > \alpha$。由此，可以计算得到在金字塔股权结构下两权分离度为 $\text{Sep} = \beta - \alpha = \text{Min}(S_1, S_3) - S_1 S_3$（绝对值法），或者 $\text{Sep} = \beta/\alpha = S_2 + \text{Min}(S_1, S_3)/S_2 + S_1 S_3$（相对值法）。

金字塔族系企业的一个具有代表性的例子来自中国家族"希望系"，图 1-2 给出了其金字塔股权结构示意图①。

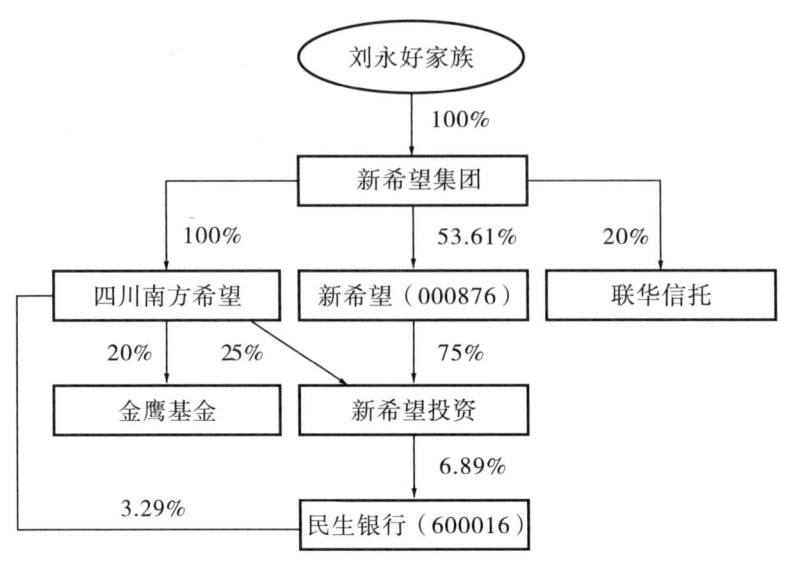

图 1-2 "希望系"金字塔所有权结构

刘永好家族控制两家上市企业：新希望（000876）和民生银行（600016）。采取直接控制方式控股新希望，其控制权和所有权均为53.61%，两权未发生分离。采取金字塔控制方式控股民生银行。新希望集团通过新希望—新希望投资—民生银行这条股权链，持有民生银行所有权为2.77%（53.61%×75%×6.89%），控制权为6.89%（Min[53.61%，75%，6.89%]）；新希望集团通过四川南方希望—新希望投资—民生银行这条股权链，持有民生银行所有权为5.01%（3.29%+25%×6.89%），控制权为3.29%（Min[3.29%，25%，6.89%]）。因此，终极控股股东刘永好家族总共持有民生银行的终极所有权为7.78%（2.77%+5.01%），终极控制权为10.18%（6.89%+3.29%），绝对值法计算出的两权分离度为2.4（10.18%-7.78%），或相对值法计算出的两权分离度为1.31（10.18%÷7.78%）。

此外，就军工上市企业而言，这些上市企业所隶属的军工集团公司独特的股权结构特征，使得上市军工企业与整个上溯控股人之间表现出强烈的金字塔股权控制关系。这里，我们以中国航天科技集团公司下属的上市企业航天机电（600151）为例

---

① 马忠. 金字塔结构对自愿性信息披露程度的影响——来自家族控股上市公司的经验验证[J]. 会计研究，2007（1）.

进行说明①（图1-3）。

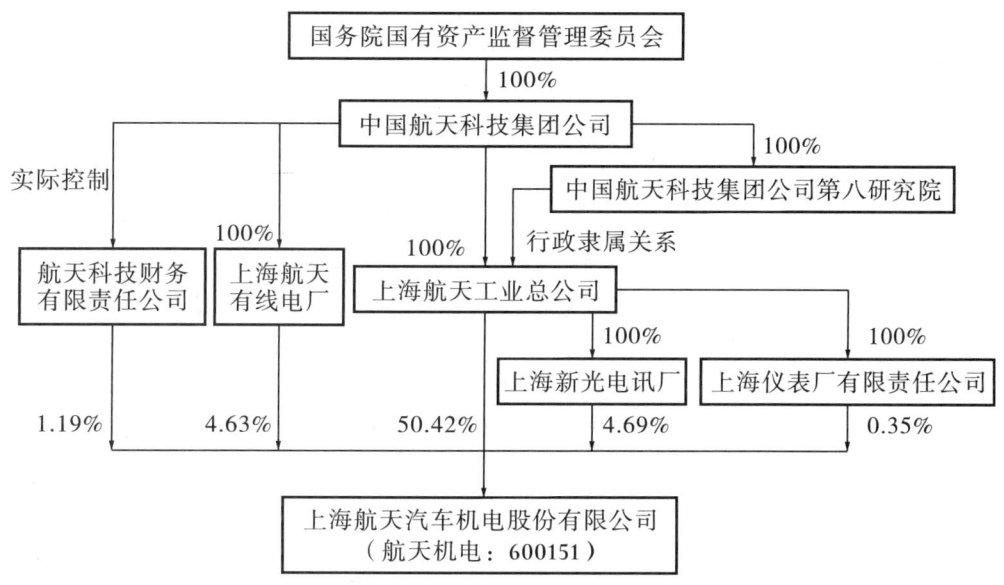

图1-3 国防军工金字塔股权体系：航天机电

上海航天工业总公司、上海航天有线电厂是中国航天科技集团公司的全资企业，中国航天科技集团公司是航天科技财务有限责任公司的实际控制人，上海新光电讯厂、上海仪表厂有限责任公司是上海航天工业总公司的全资企业，上海航天工业总公司、上海航天有线电厂、上海新光电讯厂、上海仪表厂有限责任公司的行政关系隶属于中国航天科技集团公司第八研究院，以上五家股东间存在关联关系，为一致行动人。按照 Fan et al. (2005) 的研究方法，航天机电的金字塔股权结构层级应该是5，其股权代理层级：国务院国有资产监督管理委员会→中国航天科技集团公司→中国航天科技集团公司第八研究院→上海航天工业总公司→上海新光电讯厂（或上海仪表厂有限责任公司）→上海航天汽车机电股份有限公司。国务院国有资产监督管理委员会对位于金字塔底层的上海航天汽车机电股份有限公司的实际控制权为：

Min(100%, 100%, 50.42%) + Min(100%, 100%, 100%, 100%, 4.69%) + Min(100%, 100%, 100%, 100%, 0.35%) + Min(100%, 100%, 4.63%) + Min(100%, 30%, 1.19%) = 61.28%

---

① 在航天机电（600151）的金字塔股权结构体系中，中国航天科技集团公司与航天科技财务有限责任公司是一种"实际控制"关系，中国航天科技集团公司第八研究院与上海航天工业总公司是一种"行政隶属"关系，由于企业年报中没有提供相关数据，我们这里暂以30%的比例描述"实际控制"的程度（这样选择显然将承担风险）。我们的研究中，将类似"行政隶属关系""下属事业单位"等情况看作金字塔上级拥有对下级100%的控制权。

实际现金流量权：

100% × 100% × 50.42% + 100% × 100% × 100% × 100% × 4.69% + 100% × 100% × 100% × 100% × 0.35% + 100% × 100% × 4.63% + 100% × 30% × 1.19% = 60.45%

控制权与现金流量权的分离度为 1.01 （61.28% ÷60.45%）。

七、盘踞效应

所谓盘踞效应（entrenchment effect），最初是指当企业管理层所有权增加到一定程度时，同时几乎将拥有企业的全部控制权，从而在更大概率上获取外部股东无法享有的控制权私人收益。在此情形下，管理层级难以被变更，即使企业的经营绩效并未达到股东的预期。当管理层的控制权不受约束时，管理层的盘踞现象[①]意味着企业资产价值将受损，这是在管理层利用企业资源获取私利后，外部股东因无法有效制止这种非价值最大化行为所产生的管理层盘踞的代理成本。将这种代理成本"内部化"的一个思路，可以考虑提高管理层的所有权份额，因为较高的所有权比重表明管理层将承担非价值最大化的成本，从而有利于降低管理层的代理成本（Jensen & Meckling，1976）。由此可见，增加管理层的权益比重，能够激励其与外部中小股东利益实现趋同，同时也能够强化对企业董事会的制衡能力。但另一方面，相当比重的权益所有权使得管理层拥有充分的投票权，很容易导致管理层"居其位而不谋其政"，无法受到来自内部的接管威胁或外部经理人市场的约束（Demsetz，1983；Fama & Jensen，1983；Morck et al.，1988）。因此，管理层的权力配置将导致完全不同的效果：拥有现金流权（所有权）的正向激励效应，和拥有控制权的负向盘踞效应。如果后一效应超过前一效应，则将对企业经营绩效和市场价值产生消极的影响。从这个角度看，我们可以将管理层的盘踞效应视为因增加管理层权益比重而引入激励作用的一种反冲机制。

从控制权代理来看，除了管理层盘踞，还存在着控制性股东的盘踞，这是在金字塔股权结构下具有代表性的一种现象。在金字塔控制链层级中，处于顶端的控股股东仅需较小比重的现金流权就能够维持对底层企业的控制权，这种"以小搏大"的效果是通过控制链各层级的所有权集中得以实现的。而控股股东的所有权集中，意味着其对底层企业具有盘踞能力。由于金字塔股权链上上层对下层的控制权一般都超过所有权，各层企业对底层企业也将产生盘踞，而这种效应将随着控制权与现金流权两者之间分离程度的加剧而得以强化。最终，终极控制性股东（以及金字塔股权链上各

[①] 具体表现为：管理层无职业之虞（Fama，1980；Holmstrom，1999）、不受产品市场的牵制（Hart，1983）、不受控制性股东的监督和干扰（Shleifer & Vishny，1986）、避免了内外部接管（Jensen & Ruback，1983；Franks & Mayer，1990）等。

层间接控股股东）对底层企业盘踞所产生的控制权代理成本（意味着企业价值受损），将取决于所有权的正向激励与控制权的负向盘踞之间的对冲效果。事实上，Claessens et al.（2002）、Lins（2003）、Lemmon & Lins（2003）、Cronqvist & Nilsson（2003）等学者的研究表明，金字塔股权结构下两权分离不仅会产生控股股东的盘踞现象，而且分离度越大，企业的市场价值将越低。一旦最终控制权的盘踞效应超过最终所有权的激励效应，控股股东就极有可能通过攫取控制权私人收益而侵害外部分散中小股东的权益。

八、企业投资

一般而言，企业投资是指企业对未来市场价值回报的某种预期而承受成本支出的行为。实践中，企业投资主要通过两种方式进行，即内部投资和外部投资。内部投资主要是指企业自行投资，而外部投资指的是并购活动。这两种投资方式的区别之处在于，内部投资是在企业内部进行投资购买新设备、新厂房或新建企业等，外部投资则是从企业外购已有的企业。此外，还有一种更为常见的划分企业投资的角度，就是将投资分为实物投资和金融投资两大类。广义而言，实物投资亦称为直接投资，是指为形成企业生产经营能力而将企业资源用于企业从事相关活动所发生的支出，如购建厂房、设备和存货等固定资产或流动资产，并购、研发等活动发生的相关支出等。狭义而言，实物投资主要是指企业为获得、建造和更新固定资产或取得无形资产而发生的支出，具有投资回收期长、资金变现速度慢、流通性差等特征。金融投资则一般指的是通过购买证券类产品以及金融衍生品，以此形成金融资产，属于一种间接性投资。

企业投资作为金融领域中重要的内容之一，与企业融资、资本结构、企业治理、股利政策等都密切相关。由于企业投资涉及的层面较宽泛，如何进行合理预测就显得非常关键，目前国内外学者通常使用的替代变量可归纳如表 1–7 所示。

表 1–7　部分文献对企业投资支出的替代变量描述

文献出处	企业投资的替代变量
Jorgenson（1963）	实际资本存量 – 最优资本存量
Hennessy & Levy（2002）	资本支出/固定资产
Gompers et al.（2003）	资本支出/总资产
Gugler et al.（2004）	（税后利润 + 折旧 – 股利 + 债务变化 + 权益变化 + 研发费用 + 广告支出）/前一期市场价值
Richardson（2006）	（支付的构建固定资产、无形资产等的现金 – 出售固定资产、无形资产等收回的净现金 – 当年折旧额）/年初总资产 ×100%

续上表

文献出处	企业投资的替代变量
周杰（2005）	本年固定资产净值增加额+本年固定资产折旧
饶育蕾和汪玉英（2006）	长期资产的增加额/总资产
魏锋和冉光和（2006）	固定资产原值、工程物资与在建工程的增加额/期初固定资产
陆正飞等（2006）	固定资产原值、工程物资与在建工程的增加额/期初总资产
辛清泉、林斌、杨德明（2007）；支晓强、童盼（2007）；罗琦、夏新平（2007）	本年度购建固定资产、无形资产和其他资产支付的现金/期初总资产的账面价值
李金、李仕明、熊小舟（2007）	长期投资、固定资产原值和在建工程之和的增加额/年初总资产
安灵、刘星、白艺昕（2008）	固定资产原值、工程物资与在建工程的变化值/期初资本存量
张功富、宋献中（2009）	购建固定资产、无形资产和其他长期资产的支出/期初固定资产净额
郭岚、张祥建（2010）	总投资支出=固定资产存量增加额+新增折旧额和摊销+长期投资增加额+运营资本追加
冯宝军、陈艳、孙丕海（2013）	购建固定资产、无形资产与其他长期资产所支付的现金、购买和处置子公司等所支付的现金、权益性和债权性投资支出所支付的现金之和/年初资产总额

资料来源：根据相关文献整理而得。

在现实世界中，信息不对称、交易成本、代理冲突、税收政策、信用体系、法制环境等问题，都将使得 Modigniani & Miller（1958）意义上的完美资本市场不复存在，资源无法得到有效配置和使用，因此企业在经营管理中常出现非效率的投资行为，一般包括投资不足和投资过度两种情况。

所谓投资不足，是指对于那些净现值不小于零的投资项目，企业管理层选择放弃投资的现象。其产生的原因，一是融资约束（外部融资成本要高于内部融资成本）导致决策者不得不放弃正净现值的投资项目；二是债务杠杆（流动性风险过大）使得管理层面临来自偿债的压力，从而有意识地选择放弃具有良好前景的投资项目；三是管理层风险规避意识（担心因经营不善可能会带来的经济利益、社会地位、职务声誉、晋升机会等方面的损失）将使得他们会考虑放弃好的投资项目。

所谓投资过度，是指对于那些净现值小于零的投资项目，企业管理层依然选择实施的现象。管理层发生控制权代理行为最为常见的方式是扩大企业规模，而利用自由现金流进行投资，无疑是一种方便可行的考虑，即便投资项目的净现值小于零也在所不惜。企业自由现金流越充裕，企业投资于负净现值项目的可能性就越大，企业管理层谋取控制权私人收益也就越多。对于管理层过度投资的动机，一种观点认为，管理层具有先天的"商业帝国建造倾向"，通过不断投资新项目，管理层能够掌控更多的企业资源（Murphy，1990）；一种观点认为，通过投资于净现值为负的项目，管理层可以调度企业的相关资源，以此获得更多的隐性在职消费。从控制权角度而言，过度投资本质上是企业管理层与股东之间的代理冲突。过度投资使得管理层能够获取更多的控制权私人收益，并降低了企业的市场价值（因为投资了负的净现值项目），损害了股东的利益。

第二章 控制权代理与企业投资文献综述

第一节 企业投资理论

投资是公司金融和企业治理中非常引人注目的研究热点之一。经过长期的理论发展，西方主流经济学对企业投资的研究已取得比较丰富的成果。梳理西方金融理论演化的历史，大体上可以将投资理论划分为传统企业投资理论、新古典企业投资理论和现代企业投资理论，通常是以 MM 定理作为理论演化阶段的分界点。早期的企业投资理论主要包括 Clark（1917）、Samuelson（1939）、Koyck（1954）的加速器投资理论，Dusenbery 的流动性投资理论等。这些理论假定企业投资是可逆的，并能够自由借贷资金，也就是不存在市场的不确定性和融资约束。新古典企业投资理论则主要是指以 MM 定理为代表的强调"投融资无关"的理论学派。现代企业投资理论则是在产权理论、信息不对称、委托代理理论、契约理论、新制度经济学基础上逐渐发展并成熟起来的。自 20 世纪 70 年代开始，资本结构理论、代理成本理论、企业治理理论、融资约束理论等开始引入企业投资研究之中，为投资理论的进一步发展提供了新的研究视角和工具，同时也为分析上市企业的投资行为提供了强有力的理论支撑。鉴于本课题的研究框架，仅对以 MM 定理为逻辑起点的新古典企业投资理论和现代企业投资理论的相关学术思想和研究文献予以述评，而忽略传统企业投资理论。

一、新古典企业投资理论

（一）MM 理论

自 1958 年开始，Modigliani 和 Miller 在《资本成本、公司财务和投资理论》《资本成本、公司财务和投资理论：回复》《企业所得税和资本成本：一项修正》等系列文章中，深入探讨了企业融资决策对企业价值影响问题，并提出了两项不相关命题，即著名的 MM 定理[1]。第一项不相关命题主要观点包括：①股权融资和借款之间的选择不影响一个企业的市场价值和资本的平均成本；②企业股份的预期收益（即股权资本的成本）随企业的负债和股权之间的比率线性地增加，即杠杆效应。第二项不相关命题为：在同样假设下，一个企业的红利政策不影响它的市场价值。MM 定理包括四个部分：无公司税模型、公司税模型和米勒模型及其派生的权衡及后权衡理论。

---

[1] F. Modigliani and M. H. Miller, The Cost of Capital, Corporation Finance and The Investment, *American Economic Review*, 6: 56–68, 1958.

在这些被视为现代金融理论开山之作的文献中,MM(1958)认为,如果假设资本市场是充分竞争和完美的,这意味着市场参与者能够自由套利、个人融资成本与市场预期收益率相同、企业所得税和交易成本为零。此时,企业资本结构将与企业市场价值无关,也就是企业的融资结构不会影响到企业的投资行为。一个自然的推论是,企业的资本结构无论是权益融资还是负债融资或者是任何其他组合形式,总的资本成本都将相等,对未来投资现金流不会产生任何影响。为更好契合现实世界,MM(1963)对理论模型的假设条件进行放松,嵌入所得税和负债等变量。他们发现,在所得税约束下,企业负债的利息将降低所得税额,增加企业的税后利润,这说明负债对企业所有者而言存在税盾效应(tax shield)。从这一点考虑,企业投资的资金来源应通过举债获得。

在MM的开创性研究工作的基础上,部分学者对理论模型进一步放松约束,如引入破产变量(Baxter,1967;Scott,1972;Stigliz,1972),认为企业以负债的方式进行融资和投资时,要综合权衡负债的税盾效应和破产成本。此外,Miller(1977)从个人所得税和企业债券收益率的视角分析了负债的所得税效应。他认为,基于税收规避而发行企业债券,会产生另一种方向相反的效果:债券的增发将导致债券收益率提升,企业融资成本增大,反过来会抵消负债所带来的税盾效应。Miller研究的一个重要结论是,负债融资与权益融资不会产生实质性的差异,从而企业融资结构与投资决策无关。显然,这一结论又回到MM命题的框架之中。

(二)Jorgensen 投资理论

Jorgensen(1963,1971)构造了一个动态的最优化模型,并将新古典生产函数引入进来,用以描述企业的投资行为。该模型综合考虑了要素的可替代性(如资本与劳动)、要素价格以及产出水平,并假定:①所有的市场是完全竞争的,在既定利率下企业的资金借贷不受任何限制;②在将既有资本存量调整为最优资本存量时无须支付任何费用;③生产函数是通常意义上的新古典生产函数。模型设定为如下求极值问题:

$$\text{Max} R_t = p_t Y_t - w_t L_t - r_1 K_t \quad (2-1)$$
$$\text{s.t. } Y_t = f(K_t, L_t)$$

这里,Y、K、L分别表示产出、资本和劳动,R、p、w、r分别表示利润、产品价格、工资水平、资本租赁价格。产出函数满足条件$f_1 > 0$,$f_2 > 0$,$f_{11} < 0$,$f_{22} < 0$。Jorgensen投资理论的基本结论包括:企业投资行为主要受要素价格和产出水平的影响,并且当资本的边际收益等于边际成本时,企业能够获得足够的资金投资于正净现值的项目。由于Jorgensen模型的条件假定忽略了企业资本存量调整的时间和成本,从而与现实环境相差较大,部分学者在此基础上将资本劳动替代率、规模收益、投资分布滞后等因素都引进模型中来。

（三）Q 理论

1969 年，Tobin 针对 Jorgensen 投资模型的理论缺陷，提出了一个全新的企业投资理论，即 Tobin – Q 理论。Tobin 将 Q 定义为企业资产的市场价值与重置成本的比值。Q 理论的一大理论贡献是将资本市场因素引入到微观的企业固定资产投资决策中，认为企业通过发行证券尤其是发行股票上市筹资时，股价是市场对企业价值的评估和预期，也是对企业资本存量和管理层运用资本存量能力的综合评价。因此，资本市场为企业所面临的投资激励提供了一个完美的指标，股票的市场价格能够充分反映出企业的各项信息。Q 理论假定如下模型：

$$\frac{\Delta I}{I} = f(Q - \overline{Q}) + g \qquad (2-2)$$

这里，$\overline{Q}$ 为 Q 的加权平均值，g 为自然增长率，$\frac{\Delta I}{I}$ 为投资增长率，函数单调递增。当 $Q > \overline{Q}$ 时，可得 $\frac{\Delta I}{I} > g$，表明企业应增加投资；反之当 $Q < \overline{Q}$ 时，企业应减少投资。

Q 理论将新古典投资理论中一直被忽视的宏观资本市场凸显出来，在考虑股票市场的同时还考虑了利率因素，不仅弥合了新古典投资理论的内在缺陷，还为企业投资决策设立了新的标准，具有极强的理论自洽性和现实指导意义。

二、现代企业投资理论：第一类代理冲突

Jensen & Meckling（1976）首先将代理成本引入公司理财领域，认为在所有权和控制权相分离的现代公司制度下，股东与管理层之间、股东与债权人之间存在着代理冲突，试图从企业内部运行状态的角度来考察企业的投资行为。按照他们的定义，代理成本包括为设计、监督和约束相互利益冲突的代理人之间的一组契约所必须偿付的成本，以及契约执行时可能发生的剩余损失。在这个意义上，企业最优资本结构一定是代理成本最小化时的资本结构。

（一）股东—管理层代理冲突与企业投资

管理层持股比重相对较低，其所享有的企业剩余索取权份额也相对较少，但在实际投融资决策中却拥有很大的控制权。加之契约本身存在着罅漏，管理层就具备一定的动机和条件追求自我利益最大化。管理层的自利性行为就会偏离股东的目标，从而产生两者之间的代理冲突。股东与管理层冲突主要体现在企业的投资决策上，通常会导致投资不足或投资过度等非效率投资问题。

考察管理层这种自利性动机，一种观点认为，企业管理层有强烈扩张企业规模的倾向，而并不特别强调投资项目本身的盈利与否。构造商业帝国的梦想，使得企业管理层将资源用于投资项目上。并且当企业存在大量自由现金流时，如果将这些现金流

投放到投资项目上,能够为管理层带来隐性的非货币性收益(Jensen,1986、1993)。所以,建立超级商业帝国的个人偏好,可能会导致企业投资规模随着内部自由现金流同步变化。Strong & Meyer(1990)分析了股票市场价格对企业任意投资公告的反应,发现呈现下降趋势,这表明市场认为管理层会将现金流用于负净现值的投资项目,证实了自由现金流与企业任意投资存在着明显的正相关关系。Devereux(1990)的实证研究表明,相对于小规模企业,大企业的现金流对投资的影响效果更大,从而股东与管理层之间的代理冲突更为严重。此外,还有学者 Richardson(2006)、Verdi(2006)构建了会计模型,分析和估算企业正常的资本投资水平(计量模型的残差用来刻画企业投资不足或投资过度),进而考察企业自由现金流对非效率投资的影响。

Jensen(1986)最早研究了负债融资对股东—管理层代理冲突的影响,指出企业负债具有相机治理的作用,能够抑制管理层为谋取私人收益而导致的过度投资行为。其原因在于,一是用于偿付负债本息的资金将减少企业持有的自由现金流,从而弱化了管理层构建商业帝国的资源条件;二是债权人的引入将使得企业控制权受到更严密的监督。还有学者(Stulz,1990)注意到,在企业股权分散的情形下,管理层为了攫取私人收益而进行非效率投资,而负债融资恰好充当了必要的制衡机制。Hart & Moore(1995)、Zwiebel(1996)等学者从价值最大化的角度,研究了诸如长期负债、债务比重、债务优先权等对企业投资项目回报率的影响,也证实了负债对抑制管理层非效率投资行为的积极作用。Ross(2004)、Parrino et al.(2005)等学者,从另一个视角即管理层效用最大化,探讨了负债融资中税盾、债务期限等因素对管理层投资决策的影响。Grossman & Hart(1982)在 J-M 模型的基础上研究了债务的担保机制问题。他们认为,管理层会在私人收益和因破产可能丧失所有在职好处的风险之间进行权衡。债务使得管理层增加个人努力,做出更优的投资决策,从而降低控制权代理成本,增加企业市场价值。

此外,也有部分学者从职业声誉的角度探究了股东—管理层代理冲突问题。他们认为,管理层的当期投资决策及其产生的效果,将影响到后期在市场中的声誉和职业发展。因此,对自身荣誉感和职业设计的现实考虑,直接影响着企业的投资决策。Narayanan(1985)建立分析模型发现,对职业声誉的关注会促使管理层选择产生短期绩效的投资项目,那些能够带来长期价值的项目将被放弃,这种投资的短视行为将导致企业在部分项目上投资不足。Loughran & Ritter(1997)、Teoh et al.(1998)考察了股票发行前后企业经营绩效的变化,发现在股票发行前的一年或二年,企业的业绩表现突出,而发行股票后业绩呈现出明显的回落。这一结论在某种程度上表明,考虑到股票发行时存在的股价溢价动机,管理层可能会为了眼前短期利益而牺牲企业长期价值。Bebchuk(1993)的实证研究也显示,迎合即期股价的心理导致管理层做出了过度投资的决策。

此外,管理层对风险的态度也影响到企业的投资。Holmstrom & Costa(1986)、

Scharf & Stein（1990）等学者研究发现，保守型管理层偏向于选择相对安全的投资项目。企业投资中盲目跟风、过于谨慎等投资保守主义，导致投资项目的同质化现象严重，股东价值无法得到有效保证，企业投资将出现不足。Hirshleifer & Thakor（1992）、Chevalier & Ellison（1999）、Baker（2000）等学者，则从管理层年龄、风格、经验等角度研究了保守型投资策略问题。

（二）股东—债权人代理冲突与企业投资

对于企业的债权人而言，在保证债务本金安全的条件下获得稳定的债务利息，是其个人利益最大化目标。由于管理层通常代表了股东的意志和利益，管理层的投资决策会以最大化股东利益为出发点，这样就产生了债权人与股东在利益取向上的分歧。同样地，债务合约存在不完备性，无法保证股东（管理层）采取债权人预期的利益标准进行投资，双方的代理冲突将引致企业的非效率性投资。

Fama & Miller（1972）最早将股东与债权人之间的冲突引入企业资本结构的研究之中，指出风险负债能够促使企业价值最大化，但不能同时确保股东和债权人的利益也达到最大化。Myers（1977）提出了负债的"悬挂"作用假说，认为股东控制下的管理层拥有企业未来投资机会的买方期权，但如果大部分投资收益流向债权人，则股东因无法获得足够的利益而导致投资不足。成长性期权提高了企业短期债务的使用规模，意味着用更低的财务杠杆。Myer 给出了解决冲突的方案，就是企业减少负债比重，或拥有更多的短期负债，或在债务合约中加入限制性条款等。Hart & Moore（1989）、Chang（1989）、Stulz（1990）、Mitchell（1991）等学者也认为，更短的债务期限有利于减少代理成本。Jensen（1986）指出，短期债务冲减了企业自由现金流，但同时增加了企业发生财务危机的可能性，这就要求企业管理层必须更加有效地使用投资资金，从而在一定程度上可以抑制企业的过度投资行为。

Jensen & Meckling（1976）认为，由于股东和债权人在收益与风险方面存在差异，对企业承担的有限责任会促发股东将负债融资筹集的资金用于高风险、高收益的投资项目上去。股东能够获得高风险投资的风险超额收益，而债权人只能获得正常的债务合约条款规定的固定收益率，但却要承受一旦高风险投资项目失败可能造成的损失。显然，这种资产替代（风险转移）行为是企业债权融资的一种代理成本。理性的债权人会预期到股东（管理层）采取的资产替代的道德风险行为，因此将对其进行折现，提高负债成本；或者增设限制性债务条款，其目的在于以此提高股东投资决策的成本。也有部分实证研究显示，股东的资产替代行为导致了企业投资过度。Lyandres & Zhdanov（2003）建立了负债期限结构模型，认为执行增长期权将增加企业的即期现金流，减少财务破产的概率，从而提升了未来投资期权的市场价值，这就激励股东加快加大进行投资。

负债的增加加大了债权人与股东和管理层之间的代理冲突。一方面，拥有较高负债水平的企业，其新债权人可能选择不注资，故而企业投资规模也将压缩；另一方面，较大的负债比重对管理层将产生偿付本息的压力，一些投资项目会被放弃，从而约束了企业的盲目投资。Mills et al.（1994）发现，负债融资与企业投资规模之间存在负相关关系；Lang et al.（1996）也证实了这一点。Kovenock & Phillips（1997）发现，在那些集中度高的行业里，负债与投资也呈现出反向关系。Seoungpil & Ahn（2004）的经验研究表明，对于多元化发展的企业，高财务杠杆的企业其投资规模和投资频率都处于较低水平。对于中国资本市场，部分学者研究发现，企业负债融资与投资规模之间存在显著负相关关系（童盼、陆正飞，2005；范从来、王海龙，2006），也存在正相关关系（王艳辉、杨帆，2007；赵红梅、蒲蓉，2008）。

综上可以发现，债务融资比重的增加对股东—债权人之间的代理成本会产生两种不同方向的影响。一方面，由于管理层的机会主义行为，企业实际价值将小于两权合一时的预期价值，产生了股权代理成本。此时，债权人会要求获得更高的收益率，结果导致股票市价下挫，股权代理成本进一步增加。提高债务融资的比重，有利于减少企业的自由现金流，从而降低股权代理成本。另一方面，由于管理层的有限责任，股东偏好高投资高风险高收益的项目，但企业投资失败的经济后果则主要是由债权人来承受。因此，债权人将理性地预期到股东这一投机性的资产替代行为，要求更高的利率作为补偿，从而使得企业债务融资成本增加，产生了所谓的债权代理成本。由此可见，代理成本的存在，使得企业将在股权融资和债权融资两者之间进行权衡。当两种代理成本相等时，企业综合成本最小，这样的融资合约安排就是最优资本结构。图2-1给出了企业债务规模（负债率）与代理成本（股权代理成本和债权代理成本）之间的动态关系。

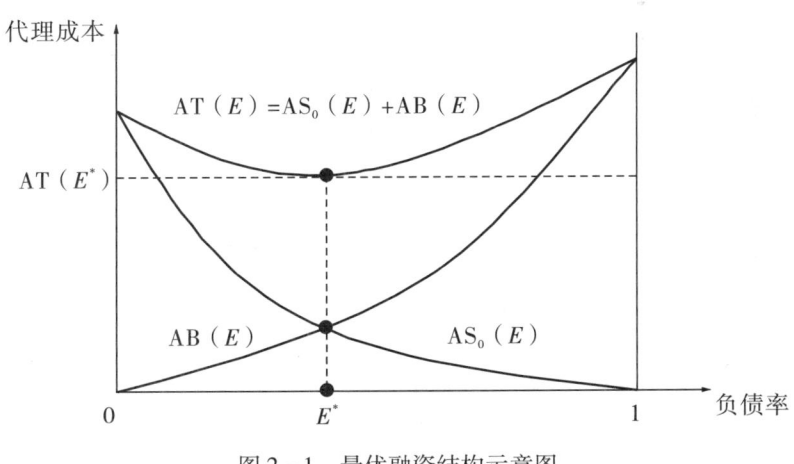

图2-1 最优融资结构示意图

（注：图中 $AS_0(E)$ 表示股权代理成本，$AB(E)$ 表示债权代理成本）

三、现代企业投资理论：第二类代理冲突

（一）股权集中与股东代理冲突

Jensen & Meckling（1976）的经典文献，研究的是现代企业最重要的代理问题之一——股东与管理层之间的代理冲突。股东通过提高持股比重来加强对管理层的监督，以实现自身利益最大化。这一结论，对于那些股权高度分散的企业而言无疑是合理的。然而，越来越多的观察和研究表明，绝大部分国家和地区的上市企业，其股权是高度集中而非分散的。比如美、英等国，企业所有权呈现出某种集中趋势（Demsetz, 1983; Shleifer & Vishny, 1986; Morck et al., 1988），出现了大股东与中小股东的分化。此时，企业的代理问题将不再是传统意义上第一类，而是转化为第二类——控股股东与外部股东之间的代理冲突（Shleifer & Vishny, 1997）。La Porta et al.（1999）进行了开创性的研究，发现股权集中的企业，普遍存在终极控制人，并采用金字塔股权链实现对上市企业的控制。金字塔股权结构，造成了控制权与所有权的分离。后续研究进一步证实，金字塔结构遮盖了控股股东对外部股东的利益侵占行为，产生了第二类代理成本（Claessens et al., 2000; Faccio et al., 2002; Claessens et al., 2002; Lin, 2003; Cronqvist & Nilsson, 2003; Joh, 2003; Yin, 2005; Villalonga & Amit, 2005; Maury, 2006），并显著削弱了企业的市场价值（Wolfenzon, 1999; Johnson et al., 2000; Attig et al., 2003; Morck et al., 2004）。

在股权集中的上市企业中，控股股东的存在，在一定程度上消除了分散化股东搭便车的投机现象，改善了企业的治理环境。但同时，又将出现大股东与中小股东的代理冲突问题。尤其是在两权分离的金字塔结构下，控股股东侵占中小股东利益的代理行为会更严重。其原因在于，金字塔股权结构偏离了传统"同股同权"的原则，控股股东具有控制权杠杆效应（Grossman & Hart, 1988）。需要强调的是，我们这里界定的两类代理问题——股东与管理层代理冲突以及控股股东与中小股东代理冲突，其发生的机理稍有所差异。第一类代理冲突是源自剩余索取权与控制权的分离，第二类代理冲突则是因为因持股比重不同导致的所有权（现金流权）与控制权相分离。

现有的研究文献对企业所有权和控制权安排与企业治理间的关系提供了具有启发性的经验结论。部分学者试图通过研究股权结构与企业业绩的关系，从而为控股股东的利益侵占行为提供证据。国外相关研究包括：企业价值与控股股东的现金流权正相关，与控制权负相关，并且两权分离度越大，企业价值越小（Claessens et al., 2002; Lemmon & Lins, 2003）。中国学者的研究也取得了显著进展，如孙永祥（1999）、徐晓东（2003）、宋敏（2004）、Bai（2004）、田利辉（2005）、Wei（2005）、徐莉萍（2006）等。在中国上市企业中，普遍存在终极控股股东（刘芍佳等，2003; 郑志刚，2005; Fan et al., 2005），族系企业普遍采用金字塔股权结构控制企业（苏启林，2003; 杨兴君等，2003; 夏立军，2005），金字塔结构导致了两权分离，并最终

降低了企业的市场价值（苏启林，2004；Chen & Song，2005；谷祺，2006）。此外，部分文献从其他角度研究了第二类代理冲突，如对大宗股权交易的分析，证实了存在控股股东的掠夺行为（Trojanowski，2003；Dyck & Zingales，2004）；从关联方交易的角度，分析了控股股东控制权代理行为的机制问题（Bertrand et al.，2002；Cheung et al.，2006、2009）。

（二）股东代理冲突与企业投资

控股股东与外部股东的代理冲突，影响到企业的投资行为。从现有文献看，学者们从信息不对称（Narayanan，1985；Lensink & Sterken，2001）、融资约束（Fazzari et al.，1988）、企业治理（Jensen & Meckling，1976、1986；Stulz，1990；Brealey & Myers，2000；Shin & Kim，2002）等角度对这一问题进行了深入探讨。

（1）信号显示假说。控股股东与中小股东尤其是潜在的未来股东之间在信息上存在着不对称。在企业投融资决策中，这种信息不对称将导致企业投资不足（Myers & Majluf，1984）。对潜在的中小股东而言，企业发行类似股票这样的证券通常是一种负面消息，意味着管理层在谋求现有大股东财富的最大化。据此，外部股东会调整对目标上市企业的估价。而如果外部潜在股东无法真实了解目标企业的价值，一旦企业通过发行证券融资，则其股价很可能被严重低估，从而损害了目前控股股东的利益。在这种情形下，作为投资决策者并代表控股股东利益的管理层，将选择放弃正净现值的投资项目，于是产生了投资不足的问题。此外，不同股东之间的信息不对称也可能导致企业投资发生过度。由于外部投资者无法通过正净现值的投资项目来甄别价值型企业，那些拥有低净现值项目的企业可以从发行被高估的证券中获益，以此弥补负净现值投资项目所造成的亏损（Narayanan，1988）。正是考虑到在信息不对称下存在这样的对冲机制，即便是净现值小于零的项目，也可能被企业纳入投资对象，这就形成了过度投资问题。

（2）融资约束假说。由于利益的趋同效应，控股股东会强化对管理层滥用自由现金流的监管，从而可以减少企业非效率投资发生的概率。部分学者沿着融资约束这条思路，从控股股东与投资自由现金流敏感性的关系展开研究。在 Fazzari et al.（1988）开创性的研究中，现金股利发放规模这一指标被用来区分企业受到的融资约束程度。实证研究表明，融资约束越大，企业投资对自由现金流的敏感性也越强。Goergen & Renneboog（2001）研究了英国上市企业所有权集中度对投资现金流敏感性的影响。Wei & Zhang（2008）则以东亚国家资本市场作为考察样本，发现随着控股股东股权比重的增加，投资现金流敏感性呈现下降趋势，而投资现金流敏感性却与控制权和现金流权的分离度同步变化。Pawlina & Renneboog（2005）、Durnev & Kim（2005）、Gugler & Peev（2006）等学者的研究也支持了投资现金流敏感性的主要原因在于自由现金流的代理问题。中国学者冯巍（1999）、郑江淮（2001）、姜秀珍（2003）、魏峰（2004）等分别从主办银行制度、股权、企业规模、股利支付率等区分融资约束程度的不同视角，研究了投资决策与现金流敏感性之间的关系。

（3）资源盘踞假说。由于世界上大多数国家和地区的上市企业，其股权结构不仅集中，而且表现为典型的金字塔结构，位于顶层的通常都有一个突出的控股性大股东（La Porta et al.，1999；Claessens et al.，2000）。控股股东利用控制权与现金流权的分离，能够实现对下游企业尤其是底层上市企业的资源侵占（Grossman & Hart，1988）。这种直接以资源的控制为利益输送方式的盘踞行为，使得控股股东倾向于进行大规模的企业投资，如低效率投资、关联交易、过度多元化等（La Porta et al.，2000；Claessens et al.，2000；Erwan & Wang，2004；Gaspar et al.，2005；Albuquerue & Wang，2008），从而导致企业的投资决策偏离理性的轨道。部分学者指出，实物资本是企业未来成长和发展的重要资源，同时也是控股股东攫取控制权私人收益的直接来源（Pagano & Roel，1998）。并且，规模越大的企业越能够为控股股东带来良好的市场信誉，控股股东也就越有动机扩大企业的投资规模（Olaf & Eric，2003）。由于管理层持股水平决定了其与控股股东利益的协同程度，因此成为影响企业投资战略的重要因素（John & Nachman，1985；Denis et al.，1997）。部分研究者发现，管理层股权对企业投资效率有一定的改善功能（Cho，1998；张翼，2005），但同时如果控股股东对外部股东具有强烈的利益侵占倾向时，股权集中并不能很好地缓解企业的非效率投资问题（Julio & Cabela，2003）。

（4）风险规避假说。控股股东在获得控制权私人收益的同时，也要承担相应的控制权维持成本。股权过于集中，可能导致外部融资成本加剧，企业抗风险能力下降，从而使得一些可行的投资项目无法推行，出现投资不足问题（Zhang，1998）。另一种情形是，当企业对外增发新股进行融资时，控股股东极有可能不愿与其他外部股东分享股票溢价带来的收益（这意味着控制权成本的增加），因此代表控股股东的管理层在进行投资决策时，会放弃正净现值的项目而导致投资不足（Gressy & Olofsson，1997；Filatotchev et al.，2007）。严格的数理分析也证明，控制权私人收益会带来投资过度，而控制权成本会导致投资不足（Aggarwal，2003）。债权人的存在，给出了控股股东进行风险规避型投资的另一个视角。部分文献注意到，企业的财务杠杆过大，将显著增加企业经营破产的风险，这就促使具有强烈风险厌恶偏好且看重控制权的控股股东，选择降低债务杠杆的策略，从而导致企业的债务规模小于最优态债务融资规模（Elisabeth，2008；Hakan & Yurtoglu，2006），进而，债务融资势必无法满足企业对外投资所需，投资不足必然出现。

第二节　控制权理论

Harris & Raviv（1988）和 Stulz（1988）的开创性工作，揭开了上市企业控制权理论研究的序幕。在此之后，Novaes & Zingales（1995）、Zwiebel（1996）相继通过

构造理论模型研究发现,管理层在面对接管威胁时,通常采用提高债权融资比例的形式,提高投票权权重,减少自由现金流量,以降低控制权变更带来的潜在威胁。而在没有受到接管威胁或其他治理机制约束时,管理层又将避免债权融资,以降低经营运作的财务风险,从而使得获取控制权收益不受外在约束。Berger et al.(1997)的实证研究支持了上述观点。在这些研究中,管理层被假定为既可从其所持有股份,又可从其控制权本身获得收益。具体而言,管理层可以通过改变股份比例,操纵或影响股权收购的能力,而且比例越大,外部股东的收益就越小,潜在股权收购成功的概率就越低。

一、控制权代理理论

(一) Harris & Raviv 模型

Harris & Raviv(1988)的研究假定,管理层收入有两种来源:持有企业股份获得的分红、行使控制权得到的私人性收益。这样,当企业面临并购且在此之后将被新的管理层替代时,一方面原有管理层失去对企业的控制权收益,从而造成收益损失;另一方面,由于通常情况下企业并购后的市场业绩会提升,则原管理层的权益性收入反而增加。这样,从管理层角度看,通过权衡收益与成本来决定决策行为,通过调整持股比例来影响企业并购的可能性,以便达到最优效果。

模型假定:上市企业最初是一个完全由股权融资支撑运作的企业,管理层持有 r_M 的股份,其余 $1-r_M$ 的股份为被动投资者(即外部中小股东),并且在外部市场上有一潜在对手(O)。如果管理层不愿意企业被收购,就需要回购企业的市场股份,增加对企业事务的表决权。为此,就需要进行债权融资来支持股权回流。假设企业的未来收益现金流为 R,高能力(θ_H)的管理层和低能力(θ_L)的管理层所导致的未来收益分别为 R_H 和 R_L($R_H > R_L$),对应的成功概率分别为 p 和 $1-p$。如果企业仍然置于原管理层控制之下,则企业未来收入流为 $R_M = pR_H + (1-p)R_L$;如果潜在对手成为企业的控制者,则企业未来收入流变为 $R_O = (1-p)R_H + pR_L$。管理层通过改变企业的资本结构来改变自身所拥有的权益份额,从而争取在收购战中享有话语权。在 Harris & Raviv(1988)的研究中,r_M 由企业的资本结构间接决定。特别地,假定在位者拥有固有数量的财富,以其原始股票 r_{M0} 表示,他可以通过让企业从分散股东手中回购股票来增加其股权份额,回购资金来源于发行债券。债务减少了股票的价值,使其可以用既定的财富购买更多的股份。管理层的收益最大化实际上是通过选择决定最佳份额 r_M 的债权水平来完成的,即

$$\text{Max } r_M(R-P) + P \qquad (2-3)$$

这里,我们在原文献的基础上作了局部微调,将控制权私人收益 P 单列出来,以便与后续的研究框架更好契合。在位者股权的选择目标是将其预期收益最大化,该收益是其股权价值($r_M(R-P)$)加上他保持控制权时的控制收益价值(P)。在位

者和竞争者对股票所有权的选择决定了接管竞争将得到以下三种结果之一：①要约收购（tender offer）成功。在位者股票过少，以至于即使竞争者能力比他差（$\theta_O < \theta_M$），也实现了接管。此时，竞争者和在位者的收益现金流量分别为 R_O 和 $r_M R_O$。显然较之式（2-3），管理层的控制权私人收益 P 被剥夺了。②要约收购失败。在位者股票太多，以至于即使其能力较低（$\theta_M < \theta_O$），也能继续保持控制地位。此时，在位者的收益现金流量为 $r_M(R_M - P) + P$，控制权私人收益 P 将不会失去。③代理权争夺（proxy fight）。在位者股票为中间值 r_M，他在且仅在能力较强时取胜（$\theta_O < \theta_M$）。这种情况下，最优秀的候选人将获胜。因此，企业收益现金流为 R_H。因为 $R_H > R_M$，$R_H > R_O$，如果外部投资者的目标是将现金流价值最大化，则 r_M 在"代理权争夺"范围内将最优。此时，在位者的收益流变为 $r_M(R_H - pP) + pP$，其获得控制权私人收益的概率为 p。因为 Harris & Raviv（1988）假定，预期的控制权收益 P 将随债务水平的增加而减少①，因此以上任何一种情况下，最好都要选择适合自身的最低债务水平。

（二）Stulz 模型

Stulz（1988）着眼于股东通过改变在位者所有权份额来影响接管者意图的能力。特别地，当在位者股权 r_M 增加时，收购提供的收益也将增加，但接管发生的概率和股东真正得到报酬的概率会减少。因此，在 Harris & Raviv（1988）模型的基础上，Stulz 探讨了在位者所有权份额是如何受资本结构影响的。

假定在位者在任何接管意图下都不会转让其股份。竞争者要获得控制权，必须购买超过 50% 的股份，这反映在以下基本假设：分散股东在任何接管中都将投票赞成在位者。假定分散股东出卖其股份有不同的保留价格，特别地，如果竞争者支付的全部收购溢价（高于在位者提供的价值）为 x，令供给函数 $s(x)$ 为分散股东的转让部分。假设 $\frac{\partial s}{\partial x} > 0$，那么竞争者必须出价购买 50% 选票的最低价格 $x^*(r_M)$ 应满足以下条件：

$$s(x^*(r_M))(1 - r_M) = 0.5 \qquad (2-4)$$

由于 $\frac{\partial s}{\partial x} > 0$，则由式（2-4）容易推导出 $\frac{\partial x}{\partial r_M} > 0$，即报酬 x^* 随在位者的股份 r_M 增大而增大。直观地，在位者股权份额越大，竞争者必须从分散股东那里得到的股份也越多，因而他支付的价格也就越高。且仅当 $P_O > x^*$ 时（P_O 为竞争者可从接管中获得的随机控制权收益），他才会出价 x^*。所以，分散股东真正获得转移溢价 x^* 的概率为：

---

①预期收益随债务的增加而减少，是因为出于破产机制，债务水平越高，就越受债权人监控，而且（或者）较少的自由现金流量使得管理层拥有较小的自主权。

$$Pr(P_O > x^*(r_M)) = \Delta(x^*(r_M)) \tag{2-5}$$

因为前面已推导出 $\frac{\partial x^*}{\partial r_M} > 0$，而 Δ 是减函数，接管概率随 r_M 增加而减少，分散股东的预期得利为：

$$R = x^*(r_M)\Delta(x^*(r_M)) \tag{2-6}$$

Stulz 由此得出结论：企业管理层必定选择最优的持股比例 r_M 来使分散股东的期望收益最大化，以击败潜在的控制权转移行为。他研究了几种改变 r_M 的方法，其中之一就是通过改变企业的资本结构来改变管理层的持股比例 r_M，其思路与 Harris & Raviv（1988）非常相似。

（三）简要述评

由以上解读，我们发现 Harris & Raviv（1988）与 Stulz（1988）的模型，无论是从分析视角还是在研究结论上，都有着很大的相似点，即他们都是从探讨企业在面临接管威胁的情况下，管理层为了维持对企业的控制权，通过债权融资回购股份来应对接管威胁的行为结果，得出一定的控制权结构安排，并将其与企业资本结构挂钩，解析两者之间可能存在的某种关联性。所不同的是，两个模型在因变量目标函数的选取上，Harris & Raviv（1988）是从管理层通过债权融资在反接管股权回购的收益与成本之间进行静态权衡的角度，以此确定企业最优资本结构，即是以期望收益最大化作为分析最优控制权结构的基点；而 Stulz（1988）则是从接管者支付外部性分散股东要约收购股份的收益与成本之间进行权衡，从而确定企业最优资本结构。

由于在企业控制权理论模型中，最优资本结构是对敌意接管行为的一种策略性反应，所以企业资本结构的控制权假说是企业面临来自外部市场接管威胁时资本结构的一种短期变化，这也是其被冠之以"静态权衡代理"的缘由。故而，以上理论模型并不能很好地用来分析长期性资本结构的决策问题。此外，模型变量中仅仅分析了在考虑企业控制权情况下的融资决策，而将同样在接管和反接管博弈中相当重要的现金流、指定投票权以及其他与企业控制权有关的诸多因素视为外生变量。

二、控制权配置理论

前述两个模型是控制权理论的早期文献，虽然都关注了企业控制权安排与企业资本结构安排之间的紧密关联，但也都不约而同地忽视了一个重要事实：从合约理论的角度，企业控制权问题本质上是合约的不完全性所构成的。因此，要深入研究企业控制权，就必须关涉到合约性安排。

企业控制权的核心是对"剩余"的控制权。控制权最初是伴随着资本注入而形成的，资本与控制权按某一比例均衡配置。企业在股权和债权之间筹措资本的选择，则决定了控制权在股东和债权人之间的分配格局，而债权融资和股权融资的合约条款又决定了相关利益人对企业拥有的控制权的边界和配置。从剩余控制权配置的角度看,适度负债对降低代理成本、改善治理绩效具有积极作用(Jensen,1986;Hart & Moore,1995;Zwiebel,1996;Ross,2004;Parrino et al.,2005)。在正常经营状态下,企业资产的剩余控制权首先配置给受到企业股权投资者监管的管理层;而进行债权融资时,如果能按规定偿还债务,则剩余控制权配置给企业管理层;否则,配置给外部债权人。所以,负债通过剩余控制权影响代理成本,阻止企业管理层滥用相机决策权,触发管理层付出更大的努力程度。

(一)Aghion & Bolton 模型

Aghion & Bolton(1992)认为,对于合约中没有清晰界定的场合,控制权配置尤为关键。企业治理一个重要维度即是控制权配置问题,所谓资本结构,其实就是对控制权配置规则的制订和选择。通过建立模型,Aghion & Bolton 分析了三种不同状态下的控制权安排及对应的融资合约安排形式。为与本研究的框架相吻合,在其模型基础上做了局部调整。

假设企业的利益相关者可以简化为两类人:管理层和投资者。管理层在时期 0 做出投资决策;在时期 1,自然状态 i 出现,同时投资者通过各种财务指标得到企业某种信号 s(如增发、配股、分红等)。在时期 1 和时期 2 之间,管理层采取行动 a;在时期 2,企业实现收益现金流 R。这里,给出时间序列线如图 2-2 所示。

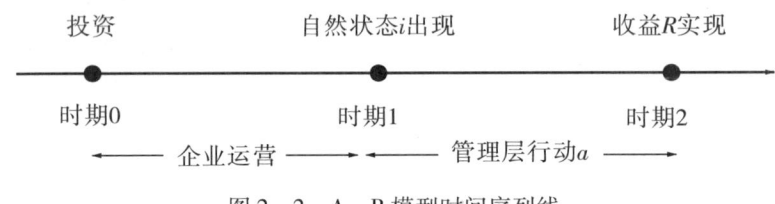

图 2-2 A-B 模型时间序列线

管理层的控制权私人收益为 $P(a,i)$,假定自然状态只有"好"与"坏"两种情况,即 $i=g,b$。$s=1$ 和 $s=0$ 分别表示"好信号"和"坏信号"。p^i 表示出现状态 i 时信号 $s=1$ 的概率,假定 $p^g>0.5$,$p^b<0.5$。投资决策产生的未来收益现金流为:

$$R_a^i = E(u \mid i,a), i=g,b \tag{2-7}$$

式(2-7)的含义是,当自然状态 i 出现并且管理层采取行动 a 时,投资能够实现的收益均值 μ。假设管理层的薪酬体系是线性的,M、S 分别为管理层和投资者的预期收益,则:

$$M = r_M(R_a^i - P_a^i) + P_a^i \tag{2-8}$$

$$S = (1 - r_M)(R_a^i - P_a^i) \tag{2-9}$$

式(2-8)和式(2-9)的表述与原模型稍有不同,这里突出了私人收益与投资收益之间的关系。经过严格而复杂的运算证明,Aghion & Bolton 得出以下重要结论:

第一,如果 $P_g^g > P_b^g$,$P_b^b > P_g^b$,则将控制权 C 赋予管理层是最优合约安排。这里,条件 $P_g^g > P_b^g$ 和 $P_b^b > P_g^b$ 意味着,在市场形势有利的情形下,如果管理层采取最优决策时,其私人收益大于管理层采取次优决策时的私人收益;或者,在市场形势不利的情形下,如果管理层采取最优决策时,其私人收益也大于管理层采取次优决策时的私人收益,则管理层私人收益与外部投资者利益的变化方向是一致的。管理层在获得效用最大化的同时,也使得企业的整体福利得到提升,为此应将控制权安排给管理层。这当然是一种理想的例外状况,此时企业应采取优先股进行融资。

第二,如果 $R_g^g > R_b^g$,$R_b^b > R_g^b$,则将控制权 C 赋予投资者是最优合约安排。这里,条件 $R_g^g > R_b^g$ 和 $R_b^b > R_g^b$ 意味着,在市场形势有利的情形下,如果管理层采取最优决策时,投资行为形成的预期收益大于管理层采取次优决策时的私人收益;或者,在市场形势不利的情形下,如果管理层采取最优决策时,投资行为形成的预期收益也大于管理层采取次优决策时的私人收益,则外部投资者的利益与管理层的私人收益的变化方向是一致的,但不一定能够使管理层的私人收益最大化,此时由投资者享有控制权能够更有效率地提升企业价值。这种情形当然也是一种特例,此时在融资方式上,企业应首先考虑发行普通股。

第三,如果 $(p^g, p^b) \to (1, 0)$,意味着管理层私人收益与外部投资者利益的变化方向不一致时,则此时企业的控制权需要进行相机转移。即由于管理层和外部投资者的利益不能彼此协调,则不论市场形势如何,当企业出现好的经营信号时($s = 1$),控制权应继续交由管理层;而当企业出现不好的经营信号时($s = 0$),控制权应交由投资者享有,主要是债权人来接管。这种情形更可能是现实世界中的企业常态,此时企业的融资结构将同时考虑股权资本和债权资本,Kaplan & Stromberg(2001)的实证研究支持了 Aghion & Bolton 理论模型的相关结论。他们认为,研究企业控制权转移比较适合的场合是目前高科技领域的风险投资项目。通过对 200 多个风险投资项目的实证研究,他们发现管理层和风险资本的投资者之间的控制权安排的确就是一种相机获取方式。比如,缔约双方会根据项目税前收益的大小来决定控制权的配置,如果收益好,控制权归属于管理层;反之,则移交给投资者。

(二)简要述评

融资决策不仅会引发剩余收益权的分配问题,还会带来剩余控制权的分配问题。从剩余控制权角度而言,适度负债将有助于降低代理成本,改善企业治理结构。就此意义而言,融资结构的选择在本质上就是控制权在不同证券持有人之间分配的选择问题。债权融资合约的核心在于企业如何设计最优的资本结构来降低代理成本。Aghion & Bolton(1992)的模型表明,在合约不完全和信息不对称的市场条件下,融资结构的选择应该是将企业的控制权在不同融资方之间进行分配,这主要取决于管理层对掌握控制权本身所具有的偏好程度。他们的这一洞见为上市企业改革治理机制提供了某种思路。选择什么样的资本结构,实际上就是选择了企业治理结构的规则和框架,也就是选择了企业控制权配置的规则和框架。然而需要强调的是，Aghion & Bolton（1992）模型仅仅是说明了当企业需要相机转移控制权时，资本结构中所必须包含的部分债权资本问题，而没有深入下去，研究不同情形下企业最优债权比例问题。而这一延伸问题的解决，得益于 Hart（1995）的杰出工作。

三、控制权不相关理论

Aghion & Bolton（1992）的研究仅仅说明了当企业需要相机转移控制权时，资本结构中必须包括部分债权融资，Hart（1995）则具体研究了在不同情形下企业最优债权融资的规模问题。

Hart 认为，自从 MM 定理面世之后，现实中的许多现象仍无法得到理论层面的合理解释，如既然资本结构与企业价值无关（当然存在一系列约束条件），为什么相当多的企业选择高财务杠杆策略，而且自20世纪80年代以来逐渐呈现上升趋势。Hart 从管理层控制权这一独特视角入手，选用资本结构约束代理人行为作为研究企业资本结构问题的切入点。从代理成本角度看，拥有众多股东的公众型企业面临的一个普遍性问题就是，由于成本问题，股东难以形成对企业有效的监管。尽管所有权在法律上属于投资者，但实际控制权则掌握在企业管理层。这样，管理层就可能以损害企业股东利益为代价攫取控制权私人收益。此时，所有者应对的方法有两种：一是循着经典的委托-代理模型的思路，优化激励机制，保证管理层决策以外部投资者利益最大化为目标。但是，激励合约主要解决的是如何提高管理层工作努力程度问题，而不能解决管理层控制权收益问题。简言之，股东事先无法将有关控制权收益的各种情形理性预期到，并写入合约中。显然，这一目标的实现意味着融资合约是一种完全合约；二是由于外部投资者和管理层不可能就企业所有决策事宜进行事前约定，因此合约存在"罅漏"，这时只能借助资本结构来约束管理层控制权行为。Hart 承认了融资合约在事实上的不完全性特征，并分析了在此情况下管理层和投资者的代理冲突主要表现为当企业出现财务困境时，可能面临债权人对企业的接管。此时，是应该继续经营还是被清算？一般情形下，管理层为维护自身在掌握企业控制权方面的既得利益，可能在企业需要进行清算，或进行清算能够保护外部投资者利益的时候仍继续坚持企业的经营。

（一）Hart 模型

假定企业资本结构决策的目标是企业市场价值的最大化，企业存续三期。在时期1，企业选择资本结构；在时期2，企业获得资产回报（R_2）或清算价值（L），需要偿还的是短期债务（D_2）；在时期3，企业获得资产回报（R_3），需要偿还的是长期债务（D_3）。这里，绘制时间序列线如图 2-3 所示。

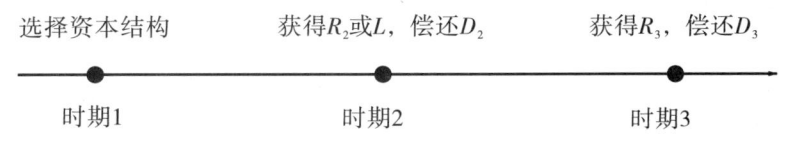

图2-3 哈特模型时间序列线

为诱使激励性合约能够最大化企业市场价值,可以通过第三方(the third party)的确然信号来予以证实,一个较为通行的做法就是投资回报率指标,这一信息在企业对外公示的年度或季度财务报表中会明确标注。如果没有清算,企业价值为 R_2+R_3;如果进行清算,企业价值变为 R_2+L(我们将数值标准化为1)。假设存在乐观预期(i)和悲观预期(j)两种自然状态,随机变量组(R_2,R_3,L)此时的取值对应为(R_2^i,R_3^i,L^i)、(R_2^j,R_3^j,L^j)。在时期1,管理层和投资者只能对(R_2,R_3,L)进行乐观预期和悲观预期。我们分析以下几种情形:

第一,如果 $R_3^i \geq L^i$,$R_3^j \geq L^j$,那么最优资本结构将是 $D_2=0$。因为,既然在时期3企业能够获得超出清算价值的剩余资产回报,那么很明显,企业应该选择持续经营,也不应该进行新的债权性融资,以保证企业没有清算破产的风险。因此,企业有激励尽量减少市场风险高的短期性债务,从而得以实现价值最大化。

第二,如果 $R_3^i \leq L^i$,$R_3^j \leq L^j$,那么最优资本结构将是 $D_2 \to 1$ 和 $D_3 \to 1$。因为,既然在时期3企业能够获得的清算价值大于剩余资产回报,那么很明显,企业应该选择顺利清算。因此,企业有激励提高其财务杠杆比例,形成较高的负债规模,以获得最大化价值。

第三,如果 $R_2^i+R_3^i > R_2^j+R_3^j$,那么最优资本结构将是 $D_2=R_2^i+R_3^i$,而且 $D_3=0$。因为,由条件可知,状态 i 较之状态 j 要占优,这意味着如果现实情况真的与乐观预期吻合,企业选择的资本结构应该能够保证企业的经营持续下去。但在这种情况下,还必须保证在出现符合悲观预期 j 时,企业在时期2就能够进行清算。为满足这一要求,企业资本结构应该是将短期债权融资规模确定为与乐观预期下时期2、时期3预期回报之和相等的水平上,此时企业几乎没有长期债权融资。

第四,如果 $R_2^i+R_3^i \leq R_2^j+R_3^j$ 而且 $R_2^i > R_2^j$,那么最优资本结构将是 $D_2=R_2^i$ 而且 $D_3 \to 1$。也即,如果在乐观预期下,企业在时期2和时期3的预期回报之和不大于在悲观预期下公司时期2和时期3的预期回报之和①,但在乐观预期下的时期2收益要

---

① 从数理逻辑的角度看,乐观预期下,企业时期2和时期3的预期回报之和不大于悲观预期下该值的情况是较为少见的。一个可能的解释是,合约主体对时期2和时期3的预期回报的心理性权重(折现因子)是不同的。比如,如果乐观者对时期2的预期要高,对时期3的预期要低,悲观者与此恰好相反,则这一假设就可能成立。但是,以上这种理解,已经不再是纯粹意义上的乐观预期和悲观预期的概念范畴了。造成这种效用差异的原因可能在于,乐观者更看重近期而看淡远期,而悲观者更看重远期而看淡近期。显然,此时的乐观预期和悲观预期实际上变成了对行业市场变化路径的不同心理预期。

大于悲观预期下的同时期收益，则意味着，如果实际情况与乐观预期相一致，企业选择的资本结构应该能够保证企业在时期2继续经营；而如果出现的是悲观状态，则企业在时期2就应该进行清算。此时，企业的最优资本结构是将短期债权融资的规模确定为与乐观预期下时期2的资本回报相等的水平。与此同时，将长期债权融资的规模控制在一个高阈值之上①。

第五，如果 $R_2^i + R_3^i \leq R_2^j + R_3^j$ 而且 $R_2^i \leq R_3^i$，那么所谓"最优资本结构"将不复存在。即如果在乐观预期下，企业在时期2和时期3的预期回报之和不大于在悲观预期下企业时期2和时期3的预期回报之和，但在乐观预期下的时期2收益小于或等于悲观预期下的同时期收益②，则意味着，由于我们希望企业在悲观预期下一定可以清算，也就是要求企业在悲观预期下时期2的预期回报小于短期债权融资（$R_2^i < D_2$），而且时期2和时期3的预期回报之和小于短期债权融资与长期债权融资之和（$R_2^i + R_3^i < D_2 + D_3$），以避免企业被清算。但同时意味着，在乐观预期下时期2的资本回报也应该小于短期债权融资（$R_2^j < D_2$），而且时期2和时期3的资本回报也应该小于短期债权融资和长期债权融资之和（$R_2^j + R_3^j < D_2 + D_3$），而这正是乐观预期下企业被清算的条件式。同理，如果企业在乐观预期下能够持续经营，则在悲观预期下也能够持续经营，从而没有任何一种形式的资本结构能够有效地分离出两种不同的预期状态（即不存在"分离均衡"）。换而言之，不论将企业短期债权融资和长期债权融资水平定为何种比例，都不能保证在乐观预期下企业维持正常运营的同时能够保证在悲观预期下企业能够被清算。这实际上意味着，企业的资本结构和企业存续之间没有关联，因而与企业控制权配置也没有关系。这也是为什么我们将 Hart 通过建立模型分析企业清算与债权规模关系的代理理论称之为"控制权不相关理论"的原因。当然，和 Modigliani & Miller（1958）提出的不相关定理一样，Hart 不相关定理要说明的不是资本结构和企业控制权配置的不相关，而是它们之间不相关的不可能性。

（二）简要述评

值得指出的是，Hart 在此对资本结构和合约设计的思路是颇有启迪性的，即它不再将研究视角拘泥于资本结构权衡理论中的税收或破产（税收理论和破产理论是 MM 定理的某种延伸）以及信息不对称理论等所谓主流维度，而是从一个相对微观的层面即"管理层控制权"角度来探究企业资本结构合约安排的内在机理。毫无疑问，这对中国目前的企业资本结构的相关理论研究和具体实践有很强的指导性和借鉴意

---

①这是因为，为保证企业在时期2不被清算，只有当需要在时期3才须偿还的长期债权融资水平提高，企业才可能利用充裕的现金流运营。否则，如果小概率事件发生，即时期3的实际回报超过原来悲观预期值，企业就有可能规避被清算的结局。

②这一情况与情况①类似，不同的是，这里将乐观预期理解为对短期收益看淡而对长期收益看重，而悲观预期则正好相反。如果以此定义两种预期状态，则正文中的假设是可以成立的。

义。中国现在的企业,尤其是包括传统军工企业在内的国有企业,由于所有者"缺席"的问题多年来悬而未决,企业经营决策的实际控制权掌握在管理层手中,导致管理层利用控制权攫取私人收益(不仅仅是在职消费)的现象比较普遍。如果我们将 Hart 模型中的清算价值(L)看成是企业资产用于其他方面的"机会"价值或其他管理者经营企业的潜在价值,那么我们将发现,以上模型在很大程度上与中国国情相吻合。

四、控制权收益研究

(一)国外研究

"控制权收益"这一概念最初是由 Grossman & Hart(1988)提出,其含义是指控股股东或管理层利用掌握的控制权占有或侵害其他利益相关者的价值,具体手段包括关联交易、内幕交易、过度薪酬、在职消费等。他们在研究企业投票权和现金流量权的最优配置结构时,将上市企业价值划分为两种类型:其一是股东所获得的股息流量的现值,即共享性收益(如利润分配、股权分红等);其二是管理层所攫取的控制权收益,即私人性收益。这里的私利,可分为货币性和非货币性两类(Ehrhardt & Nowak, 2003),其中货币性私利是 Johnson et al.(2000)意义上的利益抽取,也就是将企业资源转移并使之成为企业控制人(控股股东和管理层)的利益。Dyck & Zingales(2001)将控制权收益定义为"只能由控股股东享有而中小股东无法分享的利益"。因此,存在控股股东的控制权收益这一事实说明,股东虽然名义上"按票行权",但实际上并非人人平等,其中控股股东能够单独享有私人化收益。Harris & Raviv(1988)、Aghion & Bolton(1992)等学者则将这种收益看成是一种"股东处于控制地位所产生的心理价值"。在更一般意义上,La Porta et al.(1997)指出,企业控制权收益就是指控制权的私人收益,即控股股东把企业资源用于仅仅服务自身或直接以"偷窃"(stealing)方式挪用公司资源所产生的收益。当控制权私人收益存在且能够获取时,控制方会倾向于利用各种手段攫取私利,由此产生代理冲突(Fama & Jensen, 1983; Grossman & Hart, 1988)。

La Porta et al.(1997)分析了控制权收益与法律对投资者保护之间的关系及其对资本市场发展的影响,认为法律制度对投资者的保护程度越强,则企业控制权私人收益就越低。反之,控制权私人收益就越高。因此,对投资者保护程度的差异及其所决定的控制权私人收益差异,可以用作解释不同国家或地区资本市场发展差异的重要参照指标。投资者保护程度越低,控制权私人收益越大,中小投资者就越有可能受到大股东的利益侵害,资本市场发展也就越缓慢。由此可见,控制权私人收益间接地反映了一个国家法律制度对中小投资者的保护程度。同样,上市企业的股权结构与控股股东的控制权私人收益密切相关。股权越集中,大股东对企业的控制力就越强,就越有可能利用其控制权攫取私人收益。此时,企业面临的主要问题不再是传统意义上股东与管理层之间的代理问题，而是演变成为控股股东与中小股东之间的代理问题①。

La Porta et al. (1997) 的观点同时也得到 Bebchuk (1999) 的证实。Bebchuk 证明，控制权私人收益的规模，是影响企业所有权结构安排的主要因素，同时也是导致大多数国家和地区的上市企业普遍存在控股股东的根本原因。当这种私人收益规模较大时，控股股东会选择掌控企业控制权，并倾向于能使控制权与现金流权产生分离的结构安排（如金字塔股权结构或交叉持股）。这种制度安排能够确保控股股东在拥有较小所有权的基础上实现对整个企业资源的掌控，同时也使得控股股东获取的收益与承担的成本不相匹配。因此，攫取控制权私人收益是控股股东侵占外部股东权益的最主要动因。

Dyck & Zingales (2001) 指出，控股股东一般只有在代理成本不易被证实时才有可能获取控制权私人收益。如果这些收益容易被量化，则不能将其划归于控制权收益的范畴，因为外部股东可以在法庭上对这些收益提出质疑并求偿收益权。Bai et al. (2002) 认为，大股东从中小股东那里获取财富的一系列活动可以称之为"挖隧道"（tunneling）行为，其数量和程度均无文字记载，更难以量化。因此，许多学者开始尝试用间接的估算法来测度控制权私人收益。Grossman & Hart (1988) 提出，控股权溢价与控制权私人收益具有一致性。在一次性出售具有控股比例的股权时，因为出让的并非单纯的财产利益，还包含公司控制权私人收益，通常会在正常的股价基础上要求一个控制权溢价。如果证券市场较为成熟，企业治理机制较为健全，并有严格的信息披露制度和有效保护中小股东合法权益的法律制度等，使得控股股东只能通过提高经营管理水平才能攫取共享收益，则代理成本和控股权溢价都将降低。因此，我们可以通过"控股权溢价"这一指标来间接估测控制权私人收益的大小。

总体而言，控制权私人收益可划分为四类：一是从所控制的企业抽取利益。如通过转移价格合约实现自利交易，或通过成本分配的制度安排对核心服务支付异常的报酬，或给予管理层额外的津贴奖金等（Jensen & Meckling, 1976; Johnson et al., 2000）。二是溢价出售控制权。这种方式其实是控股股东将控制权私人收益的现金流进行了资本化。三是控股股东的私人收益表现为某种非货币性特征的"精神价值"，如声誉、尊重、社会地位带来的心理满足感，以及可能获得的政治权力等（Harris & Raviv, 1988; Aghion & Bolton, 1992; Dyck & Zingales, 2004）。这种隐性的收益不仅难以测度，同时法律对其也无法加以限制。四是"稀释"。控股股东的资本化控制权私人收益，成为外部股东所持股份进行折价的基准，其结果是以股份折价的方式实现

---

①La Porta et al. (1997) 的研究表明，即使在上市企业股权相对分散的英、美国家，大部分上市企业都存在控股股东，在东南亚和欧洲大陆等股权相对集中的国家和地区，这一情况更为普遍。这一发现，与 Berle & Means (1976) 提出的"所有权与经营权相分离"问题具有不同的现实蕴涵。显然，较之控股股东，上市企业管理层所面临的约束要大得多。如果存在控股股东，则控股股东的控制权私人收益（而非管理层与股东之间的代理成本）应成为上市企业融资决策需要更多关注的焦点。

了对中小股东的价值挤出，从而获得未来控制权私人收益的资本化价值（Gilson & Gordon，2004）。表2-1对上市企业实际控制人的控制权私人收益类型进行了归总。

表2-1 控制权私人收益的类型

可转移性		货币性私人收益	非货币性私人收益
	高	①自利交易 • 异常的报酬 • 转移资源 • 资产随意定价 • 廉价贷款或担保	②福利满足 • 联赛获胜 • 影响公众观点 • 奢侈消费 • 办公装潢
	低	③稀释 • 内部人交易 • 蚕食购并 • 排挤 • 折价发行股票	④声誉 • 社会声望 • 家族传统 • 提升亲朋 • 私人关系

来源：Ehrhardt & Nowak（2003）。

上市企业控制人的控制权私人收益之所以不会被外部中小股东起诉，一个根本原因是因为这种私利无法直接测度。目前，西方学术界在计量控制权私人收益时通常采用四种间接方法。

一种是经由Barclay & Holderness（1989）提出的大宗股权转让溢价法（block premium）①。大量实证研究发现，上市企业大宗股权转让溢价与控制权私人收益之间存在某种关联性，并且股权受让方愿意为包含控制权的股票支付更高的溢价，这一溢价从一个侧面反映出了控制权私人收益的规模（Barclay & Holderness，1989；Zingales，1994；Nenova，2003；Dyck & Zingales，2004）。当控制权发生转移时，受让方为控制权支付的每股价格与宣布控制权转移后的第一个交易日的收盘价之差（也即

---

① 大宗股权转让溢价法的理论逻辑：潜在收购方在对目标企业控制权进行定价时，考虑的主要是对控制权公共收益与私人收益的预期。大宗股权的转让价格中，除了包含股权所代表的资产价值外，还包括交易双方对控制权未来收益的预期，而股票的市场价格则同时反映出投资者对股票的价值预期和对控制权公共收益的预期，两者的差额就能够反映控制权私人收益的大小。

控股权溢价），即是控制权私人收益的很好的计量指标①。研究显示，这一控股权溢价指标在英美两国资本市场上的均值达 20%，并且与上市企业融资规模和经营绩效正相关。Dyck & Zingales（2004）使用前者提出的控股权溢价计量方法，以 39 个国家的 412 宗上市企业控制权转移行为为实证样本，发现控制权私人收益值处于［-4%，+65%］的区段，均值为 14%。由于目前大多数上市企业都属于集中型股权结构，并且存在占主导性地位的控股股东（Shleifer & Vishny，1997；La Porta et al.，1999）。控股股东持有大宗股权的原因，是考虑到控制权带来的收益将超过其持有成本（La Porta et al.，2000）。

另一种测度方法来自 Levy（1982）的不同投票权股份价格差异法，也叫作投票权溢价法（voting premium）。其基本思想是，如果上市企业发行两种不同类型的股票，这种不同之处仅仅表现为投票权，而其他权利（典型的如现金流量权）相同，因此可以考虑比较以上两类股票的市场价格差。显然，差值从一个侧面能够反映出控制权私人收益的大小。借鉴该方法，Nenova（2003）采集整理了 18 个国家共计 661 个上市企业样本的相关数据。经研究发现，控制权私人收益最低的国家为丹麦（0），最高的国家为墨西哥（0.5），其他国家的数值则分布在这一区段内。此外，Atanasov（2005）使用大宗私有化拍卖数据测度控制权私人收益的新方法，研究了保加利亚资本市场中控股股东的控制权代理行为。Barclay et al.（1993）使用封闭基金的价格来测度控制权私人收益。Bigelli & Mengoli（2001）、Buysschaert et al.（2004）、Holmen & Knopf（2004）则考察了欧洲上市企业（集团）在收购过程中侵占外部股东利益的情况。更多学者（Lease et al.，1983；Horner，1988；Megginson，1990；Zingales，1995；Rydqvist，1996；Doidge，2004）利用投票权溢价法，对美国、英国、瑞士、以色列、瑞典等国上市企业的控制权私人收益进行了测算。

第三种测度控制权私人收益的方法来自 Hanouna et al.（2001）。提出可以控制权交易价格与小额度股权交易价格之差来衡量控制权价值。以西欧七个国家发生在 1986—2000 年间共计 9566 宗企业收购事件为研究样本，发现实际控制权交易价格比小额度股权交易价格要高出 18% 左右。

如果说前三种测度控制权私人收益的方法，主要是基于控股股东控制权转移行为，则第四种方法——特别处理企业的累积超常收益率法（简称 ST 法）——主要针对的是控制权未发生转移时控股股东对企业的支持行为。Bai et al.（2002）发现，当一个上市企业陷入严重的财务困境时，将会被 ST（Special Treatment，特别处理）。为了避免摘牌退市，企业会凭借地方政府的"援助之手"，寻求有实力的潜在投资者对

---

①Barclay & Holderness（1989）提出的控制权收益价值估算模型表述为：$PBC = \omega (P - Yb)$。其中，PBC 表示控制权收益比值；Yb 表示控制权转移行为宣告后第二天的市场股票收盘价；P 表示被转移方支付的股票价；ω 表示控制性股权占企业股本的比重。

ST 企业进行重组。在这些众多的潜在的参与 ST 企业控制权竞争的投资者中，提出最具可行性方案的竞争者将获得 ST 企业的控制权。显然，竞争者愿意投入成本参与竞标，是由于一旦控制该企业，就拥有了不断攫取控制权私人收益的"壳"资源。他们采用事件研究法（case study），通过计算中国 66 家 ST 企业在 1998—2000 年间股价的累计超常收益率（CAR），对上市企业控制权收益水平进行了推断。实证结果显示，1998—1999 年间被宣布为 ST 的 50 只股票，在 ST 前后的 22 个月内，其累计超常收益率高达 29%，并随着负债率的增加而降低，随着第二至第十大股东持股集中度的降低而降低。此外，ST 企业成功摘掉 ST 帽子的概率随着财务杠杆和集中度指数的增加而降低。由此，他们得出结论：在中国资本市场上，当某个上市企业被宣布 ST 前后的累计超常收益率就是控制权私人收益的良好估计值。Bai et al.（2002）的测算控制权收益的方法可谓匠心独运，但他们的研究只是立足于那些陷入财务困境的上市企业。事实上，更多的没有任何财务风险甚至各项财务指标都"表现良好"的上市企业，其控制权私人收益问题不仅可能存在，而且很可能相当严重。

虽然有证据显示，如果法律系统不能有效阻止控股股东的私利行为，企业资源会被大量攫取和侵占（Dyck & Zingales，2004），但事实上，控股股东对上市企业控制权私人收益的抽取，并不一定导致投资的低效率。这种私人收益的存在，可以促成提升价值的企业接管（Grossman & Hart，1980）。在企业的治理质量达到一定水准的前提下，通常高市值的企业具有较高的控制权私人收益，但这并不代表必然导致企业利益的高度耗损（Hannes，2006）。此外，部分研究文献也归纳了影响控制权的若干因素，包括：①公司层面。控制性股权比重越大，非分散性风险越大，控股股东所攫取的控制权私人收益也就越大（La Porta et al.，1997；Barclay & Holderness，1989）；②行业层面。行业竞争性越强，上市企业控股股东获取控制权私人收益的难度系数就越大，控制权私人收益也就越低（Demsetz，1985）；③法律层面。中小股东权益保护机制运转越好，控股股东攫取控制权私人收益的成本就越大，控制权私人收益也就越低（La Porta et al.，1997）。

（二）中国研究

在中国资本市场上，法律监管的缺位使得上市企业的控股股东很容易通过各种关联方交易来攫取控制权私人收益。而且，由于中国上市企业股权集中度都非常高，少数股东的权益很难得到有效保护，控股股东与外部股东之间的代理问题相当严重（Lin.，2000）。刘峰等（2004）首次利用案例分析的方式，对控股股东的"掏空"行为进行了研究。他们考察了五粮液上市企业与集团公司内部资金交易情况，发现集团总部从上市的五粮液企业中前后抽取了不少于 90 亿元的巨额资金，而与此同时外部股东并未得到实质性的回报。李增泉等（2004）的研究发现，在中国上市企业中，资金占用的情况非常普遍，约 69% 的企业与控股股东之间存在资金交易关系。其中，向控股股东拆借资金的比重达到 58%，占企业总资产的 3.4%。贺建刚（2005）研究了中国上市企业大宗资产的收购交易情况，发现控股股东利用关联交易来侵占上市企业的资源。

由于中国上市企业特有的股权结构，国外用来计量控制权私人收益的两种主要方法显然并不适用于中国资本市场。一方面，中国权益市场上近2/3的股份是非流通股，导致同一上市企业具有相同收益权和投票权在不同的市场上决定。由于市场分割，流通股与非流通股同股不同价、同股不同权的现象相当突出。流通股可以在公开市场上竞价发行，而非流通股只能通过协议转让，而且受到政府相关主管部门和证监会的严格管控。从这个意义而言，所谓非流通股市场，本质上是一种内部性市场，内部协议价格显然无法真实显示上市企业的价值。由于上市企业控制权市场难以有效建立，股票通过大宗协议转让与公开市场交易所反映的价格差无法实现可比和通约，故而使用Barclay & Holderness（1989）的方法来测算控制权私人收益就缺乏普遍性和针对性。另一方面，中国上市企业不允许发行多重投票权股份（multiple classes of voting rights），在法律层面，上市企业所有的股票都应具有相同的收益权和投票权，所以Lins et al.（1993）意义上的通过"分离出不同投票权股票价格差来计量控制权私人收益"的方法难以行通。

唐宗明、蒋位（2002）通过计算大宗股权转让价格与每股净资产之差与每股净资产的比值，推算出中国上市企业控制权溢价水平。通过对1999—2001年沪、深两市88家上市企业的90项大宗股权转让（国有股和法人股）的样本进行梳理，发现控制权价格与控股股东可能从控制权中获得的收益额成正比；样本企业的平均转让价高于净资产价值近30%；转让社会公众股比例与转让价成显著正相关，而且转让溢价的高低与企业规模反向变动，在统计上高度显著；溢价高低与企业获利能力成反比，但不具有统计学显著性。企业规模越小，透明度越低，中小股东利益受侵害的程度就越高。需要指出的是，虽然唐宗明的研究对理解中国上市企业第二类代理问题也即控股股东与中小股东之间的代理问题具有很强的启发性，但由于他在研究上直接采用Barclay & Holderness（1989）和Dyck & Zingales（2004）的计量方法，正如前述，较之其他发达市场和新兴市场，中国的资本市场具有相当的异质性，因此这种计量方法是否具有针对性和可行性，本身值得斟酌。此外在所选取的90个上市企业研究样本中，包含股权交易的比重仅为1%。显然，如此小规模的股权交易量并不足以保证受让方获得上市企业实际的控制权。此外，用每股净资产替代股票的市值，忽略了股权在未来产生正常现金流的预期。对于那些预期收益良好的企业，交易溢价可能会高估控制权的价值；反之，对于预期较差的企业，股权交易的溢价可能低估了控制权的价值。此外，林朝南等（2006）通过比较控制权溢价与私人收益之间的差异，以股权出让企业前3年净资产收益率的加权平均值作为控制权公共收益的近似估计，发现中国上市企业普遍存在较高的控制权私人收益。马磊、徐向艺（2007）将上市企业控制权转移前3年的平均净资产收益率（包括当年）定义为投资者对目标企业增长率的合理预期,对中国2003—2004年间发生的国有股协议转让的股权交易样本进行研究,发现中国上市企业控股股东侵害外部中小股东的现象十分严重。

胡旭阳(2005)以2003年上半年中国上市企业国有股转让交易为研究样本,分析了上市企业控制权私人收益问题。他发现,在中国这样一个对中小投资者缺乏足够保护的法律环境以及上市企业股权高度集中化的市场环境里,控股股东行使对上市企业的控制权,能够带来私人化收益。这一点可从股权转让价格差中体现出来,因为受让方顺位成为第一大股东的股权转让交易的溢价要显著高于受让方没有成为第一大股东时的交易。如果控制其他变量,则这一股权转让溢价幅度高达27%,而整个样本的平均溢价也仅有18%的水平。这种控制权溢价在相当程度上取决于受让方较之其他大股东的市场控制力。中国《公司法》规定,实际行使一家上市企业的控制权需要持有其发行股本的50%以上的市场份额,或者少于50%的比例,但能够通过其他方式间接拥有超过50%的股权。事实上,由于上市企业投资者较为分散,第一大股东只需持有不足50%的股权份额就可获得对一家上市企业的实际控制权。有学者指出,25%的比例可作为中国上市企业控制权转移的阈值(黄福广,2001)。也有研究表明,代表第一大股东的董事比例不低于50%所必需的最低控股比重约占23%(肖腾文,2000)。

韩德宗、叶春华(2004)的研究认为,20%的比例是中国上市企业控制权转移的最低限度。他以1998—2001年间中国资本市场上发生的88起控制权转移的上市企业为研究样本,这些样本企业控制权已完成转移,并具有公开的交易价,而且是出于交易双方的自愿行为。研究结论主要包括以下四点:①控制权转移所需要的股权转让比例均值只有13.66%,每股转让价的标准差较大,离差系数为0.5,高于转让前每股净资产的离差系数0.377。样本企业转让前净资产收益率均值只有-6.64%,标准差却高达50.36%,这说明发生控制权转移的上市企业获利能力普遍较弱。②当前,中国上市企业控制权私人收益要显著高于世界平均水平,且呈下降趋势。普通法系国家上市企业控制权私人收益明显低于大陆法系国家,其控制权收益(溢价)均值为2.8%,而后者(不含中国)该值高达21.3%。中国上市企业控制权私人收益为14.1%,高于全部国家的均值(12.9%)。③发生控制权转移上市企业的总资产以及流通股比例分别和控制权私人收益显著负相关。总资产少,表明企业规模小;流通股比例小,则表明企业二级市场股票总量相对较少。因此,这一负相关关系表明,控股股东愿意控制资产规模小、二级市场流通面小的上市企业①。④宣布控制权转移前,

---

① 一个可能原因是,由于上市企业流通股比例小,意味着非流通股比例大,因此股东大会的投票权绝大多数来自非流通股的股东,代表中小股东的流通股股东的决策权变得无足轻重。此外,由于非流通股股东持股相对稳定,他们在长期的博弈中更易形成隐性同盟,其合谋侵害中小股东的可能性将更大。还可能的一个原因是,由于流通股股本少,大股东联合操纵股价不仅更容易,而且更隐蔽,这也是中国控股股东攫取控制权私人收益的重要方式之一。

上市企业最近一期的净资产收益率与控制权私人收益显著负相关，这说明越是现金流不足的上市企业，越易成为控制权市场被"俘获"的目标企业，从而被攫取的控制权私人收益也就越大①。

姚先国、汪炜（2003）认为，中国资本市场上流通股占总股本比重过小，使得绝大多数上市企业的购并既不能通过二级市场公开要约进行，也不能对非流通股的大宗协议转让按二级市场交易价定价。为此，他们在唐宗明、蒋位（2002）的模型中扣除了投资者对目标企业增长率的合理预期。结果发现，中国上市企业为获得控制权而购入的股份数量均值达到26.87%，样本企业股权转让价平均仅有2.217元；业绩差的企业较之业绩好的企业，被购并的可能性增大。整体而言，中国上市企业进行购并的投机性心理比较明显。同时发现，样本企业转让股份的协议价均值要高于其每股净资产达49.8%，扣除增长预期后的控制权溢价为43.19%。回归分析显示，这种溢价水平与转让股份的比重成正比，与企业规模成反比。

此外，叶康涛（2003）利用Hanouna et al.（2001）的研究方法，分析了中国上市企业非流通股转让中控股股份与非控股股份的价格差异，发现中国控制权的隐性收益平均为非流通股转让价格的28%。但该研究没有对控制权交易和小额度股权交易进行匹配，导致两者的交易价格都无法避免其他因素的干扰，如交易时段、行业属性、市场波动等。而且，该研究所用方法只能测度整体目标企业的控制权价值，对单个样本企业并不适用。施东晖（2003）在叶文的基础上，对每一单控制权交易和小额度股权交易事件进行了匹配，发现中国控制权价值约为小额度非流通股权转让价格的24%。所选取的沪深两市总计702单股权交易事件（1997—2001年）中，仅35单符合匹配条件，占比仅为4.99%。由于同时发生小额度交易和控制权交易的上市企业较少，采用这种方法测度就受到样本量的约束。其他的文献，如赵昌文等（2004）通过计算上市企业控制权转移的最小股权比重来修正Dyck & Zingales（2004）的模型。

表2-2归纳了目前重要文献中用来测算控制权私人收益的研究方法。

---

①财务状况不佳的上市企业，其在公司治理和经营管理方面往往不足，控股股东就可能利用这一条件作为掩饰，从上市企业输出资源获取私人收益。因此，加强中国资本市场诸如会计师事务所、审计师事务所、资产评估机构等市场中介的制度建设，明确其服务的宗旨和责任，强化市场监管部门的信息披露制度。在2004年广受关注的柯林格尔收购案中，通过会计预提操纵报表利润就成为控股股东攫取控制权私人收益的典型方式。

表2-2 控制权私人收益测算方法

文献出处	测算方法	公式表达	公式说明
Barclay & Holderness (1989)	大宗股权转让溢价法	$BP = \dfrac{(P_b - P_e)N_b}{P_e N_t}$	P_b：大宗股权转让价格 P_e：大宗股权转让公告当天的股票市价 N_b：大宗股权转让的股份数额 N_t：企业发行在外的股份数额
Dyck & Zingales (2004)		$BP = \lambda B_b + (1-\lambda)B_s - \alpha(1-\lambda)(Y_b - Y_s)$	$B_{s,b}$：出让方（受让方）的私人收益 $Y_{s,b}$：出让方（受让方）的每股现金流权 λ：出让方的议价能力 α：转让的股权比重
唐宗明、蒋位 (2002)		$CP = (P_A - P_B)/P_B$	CP：控制权价格 P_A：大宗股权转让价格的每股交易价格 P_B：被转让股份的每股净资产
姚先国、汪炜 (2003)		$CP = \dfrac{TP - NA}{NA} - EP$	CP：控制权溢价 TP：存在控制权转移的大宗股权转让价格 NA：被转让股份的每股净资产 EP：投资者对目标企业增长率的合理预期
蒲自立 (2004)		$CP = \dfrac{TP - NA}{NA} - EP$ $P^{**} = Z_a\sqrt{\dfrac{\gamma H}{1+\gamma Z_a^2}}$	基本公式同姚先国（2003），控制权阀值的测度采用 Cubbin & Leech (2001)。根据控制度的概率投票模型，推导出控制度的计算公式。 P^{**}：控制权比重 Z_a：预先分配的控制度 a 下的正态离散变量 γ：所有股东投票的概率

续上表

文献出处	测算方法	公式表达	公式说明
Zingales（1994）	投票权溢价法	$V_{P_t} = (P_{vt} - P_{nvt})/P_{nvt}$	VP_t：投票权溢价 P_{vt}：有投票权的股票价值 P_{nvt}：没有投票权的股票价值
Nenova（2003）	投票权溢价法	$VP = [P_M(t) - P_L(t)]/(1-k)[(N_M + kN_L)/2]/[N_M P_M(t) + N_L P_L(t)]$	VP：投票权价值 t：一周（0~52周） $P_M(t)$、$P_L(t)$：高（低）投票权股份的每周市价 N_M、N_L：高（低）投票权股份的数额 k：低投票权股份的投票权与高投票权股份的投票权之比
Doidge（2004）	投票权溢价法	$VP = (P_H - P_L)/(P_L - rvP_H)$	P_H：高投票权股份的市价 P_L：低投票权股份的市价 rv：低投票权股份的投票权与高投票权股份的投票权之比
Hanouna et al.（2002）	控股股份与非控股股份的转让价格差异	$V = \{[(P/B)_e - (P/B)_m]/(P/B)_m\} \times 100\%$	V：市场总体的控制权价值 $(P/B)_e$：单宗控制权交易每股价格与标的公司每股净资产的比率 $(P/B)_m$：单宗小额股权交易每股价格与标的公司每股净资产的比率
叶康涛（2003）	控股股份与非控股股份的转让价格差异	$C/P_L = P_C/P_L - P_0/P_L$	C：控制权私人收益 P_C：控制性非流通股的转让价格 P_0：非控制性非流通股的转让价格 P_L：流通股价格
施东晖（2003）	控股股份与非控股股份的转让价格差异	$V = [(P/B)_c - (P/B)_m]/(P/B)_m$	V：控制权价值 $(P/B)_c$：控制权交易每股价格与目标企业每股净资产之比 $(P/B)_m$：小额度股权交易每股价格与目标企业每股净资产之比

续上表

文献出处	测算方法	公式表达	公式说明
韩德宗（2004）	控股股份与非控股股份的转让价格差异	$PBC = \dfrac{w(P-V)}{P}$	w：股权转让比重 P：股权转让价格 V：每股净资产
马磊、徐向艺（2007）		$PBC = [(P - NA_{ps} - Cf_{en}) \times N_b] / NA_{ps} \times N$	PBC：控股股东的控制权私人收益 P：非流通股转让时的每股价格 NA_{ps}：转让的非流通股每股净资产的账面价值 Cf_{en}：股份持有者根据所持股份比例获得的预期的正常现金流 N_b：交易的股份数额 N：公司普通股总额
Bai et al.（2003）	上市企业被ST后的超额累计收益	$PER_j = \sum (r_{j,t} - m_t)$	PER_j：j 企业的超额累计收益率 $r_{j,t}$：j 企业被ST后第 t 月的股票回报率 m_t：第 t 月的市场回报率
刘睿智、王向阳（2003）		$CAR(a,b) = \sum_{bf=a}^{} [\sum_{}^{mi=1} (R_{if} - M_{if})/N]$	R_{if}：ST公司的月收益率 M_{if}：市场的月收益率 (a,b)：事件的时间窗口 N：样本量

资料来源：根据相关文献整理而得。

第三章 军工所有权合约安排

第一节 军工所有权合约

现代企业作为由一系列合约缔结（nexus of contracts）而成的经济组织，其法人治理结构的核心是控制权的配置以及在此基础上的制衡。这里，对利益主体进行权责上的配置与制衡，依照的标准来自法制化（如公司法、证券法以及相关各类商法等）和合约化（如企业章程、融投资协议以及雇佣合约等）制度安排，从而避免利益冲突，同时兼顾权利分立。从公司法和公司章程角度看，企业治理结构可以理解为企业所有利益相关者之间的一组合约安排，在形式上表现为一种合约关系，而企业控制权的配置与制衡则是这些合约关系的核心质素。法人治理结构的基础和依据是资本结构，而企业治理不过是资本结构（所有权）的外在反映。有效的企业治理结构要求剩余索取权和剩余控制权相对应，从而使得拥有剩余索取权的利益相关者在承担一定投资风险的同时，也享有了相应的剩余控制权。因此，治理结构的关键问题就转化为剩余索取权和剩余控制权的合约化配置问题。

一、军工所有权属性

作为军工企业治理结构客体的企业所有权，首先表现为剩余索取权。不完全合约理论认为，管理层与投资者（股权、债权）之间是一种动态而非静止的关系，并随着时间推移而面临许多不可预期的事件，也就是存在所谓的"不完全性"。军工资本剩余的存在，是军工所有权合约不完全性的内生特征。外部投资者作为利益相关人参与军工企业管理时，所有权合约中并未就各参与人的具体职责和事项予以明确细化。因此，剩余索取权的归属问题就变得至关重要，因其关乎参与人事后讨价还价的既得利益状态（Grossman & Hart，1986）。剩余索取权的实现有赖于相应的控制权，它与军工企业投资决策有关①。我们将军工剩余索取权定义为"事关军工企业发展的重大决策权"。

从组成结构看，军工企业所有权合约边界应包括政府、军工企业、投资者、供应商、军事部门以及中介服务结构在内的所有利益相关者。从狭义角度看，合约边界只

---

① Grossman & Hart（1986）将剩余控制权理解为"契约中未特别指定活动的决策权"。我们认为，军工企业资产内配置（研发、生产）和外配置（采购、销售）活动的决策权，以及诸如任命和调换管理层、重大项目投建、增发配股、并购清算等战略性决策权，往往在公司法和企业章程中已有明确指定，这些权利也理应纳入军工企业融资合约所有权的范畴。

涉及军工企业生产要素,包括军工人力资本和军工物质资本①。其中,军工人力资本提供者又可划分为经营者(企业管理层)和劳动者(企业职工)。对于管理层而言,其最重要的职责是"决定做什么和如何去做"(Knight,1964)或"发现相关价格"(Coase,1934),而企业职工的工作是"贯彻经营者的决策,主要是物质上把投入变为产出"(张维迎,1995)。一般而言,诸如领导力、决断力、执行力、沟通力此类的人力资本要素及管理层的风险态度,在企业内部阶层中的分布是不均衡的,而生产能力的分布则相对对称②。军工物质资本提供者一般可划分为股权投资者和债权投资者两大类。

现代资本结构理论在论及企业治理上的一个缺陷,是认为人力资本的所有者之一——企业职工不能要求剩余索取权分享,从而导致各种机会主义行为和代理问题。本研究认为,既然军工企业职工和外部投资者一样,将体力与智力(尤其是作为技术人才的研发团队成员)作为资本投入企业,那么他就不仅获得相当于投入要素价格的固定合约收益,还应拥有对投资的风险性补偿。盛光华和于桂兰(2003)对人力资本分享企业剩余索取权和剩余控制权进行了设计。他们认为,从剩余索取权的内容和形式看,包括利润分享、员工持股、管理层收购、拥有股权和期权、人力资本折股等;从剩余控制权的内容和形式看,包括管理层决策权、战略决策委员会对管理层的决策约束权和咨询顾问权、独立董事的制约监督顾问咨询权、职工董事的监督参与权、研发设计和市场开发以及生产服务人员的现场相机处理权等。基于这种认识,本研究将军工企业视为"军工人力资本和军工物质资本共同签订的合约"。更进一步,将军工所有权合约界定为"军工物质资本和军工企业共同签订的、代表和拥有的是一种创造未来有利现金流能力的合约"(本章模型将具体展开分析),包括资本进入军工企业(融资)、(资本转化形成的)资产在军工企业内外部配置(企业内的研发、生产和企业外的采购、销售、内部市场运作、项目投资决策)和资本增值(资本剩余)的分配。

从所有权属性而言,军工企业对融入资本所转化而来的企业资产,以"法人"的身份拥有法律上的所有权或事实上的所有权(也即控制权)。这些由"军工资本"转化而来的"军工资产",存在不同的产权归属。由人力资本投入转化而来的军工管理层经营能力和军工职工生产能力等军工人力资产,具有与其所有者天然的不可分离性(natural non-divisibility)。而由物质资本投入转化形成的股权债权等资产,与其所有者是可以分开的,从而其所有权和使用权能够在合约中予以界定。换言之,军工

---

① 这一划分符合周其仁(1996)的思想:企业可视为人力资本与非人力资本的合约。
② 在严格意义上讲,我们忽略了另一类军工人力资本提供者——军工科技人员。这类群体拥有进行国防研发所必须的高资产专用性的技术能力,而且其技术能力随着国防研发对象科技含量的不同而呈现非对称分布,尤其在国防高尖新产业领域更是如此。为了分析方便,这里做了简化处理,将这类群体归入军工职工行列。

物质资本的收益权与处置权归属于外部投资者所有,而使用权及其转化形成的军工物质资产的所有权(完整产权)则属于"法律虚构"意义上的军工企业。

二、军工所有权中心缔约人

军工所有权合约的缔约并不需要在所有交易主体之间相互进行,而可由一个共同的中心也就是"中心缔约人"(Alchain & Demestez, 1972)作为一方,与其余各方签订各种双边合约,从而将若干个多边合约转化为双边合约,或把多阶段短期合约转化为单阶段长期合约,以节省谈判和再谈判的交易成本。在军工企业所有权安排中,股东作为股权资本所有者相互签约,并与作为人力资本所有者的管理层签约,而后管理层与作为债权资本所有者的债权人签约,同样也与作为人力资本所有者的职工签约,等等①。

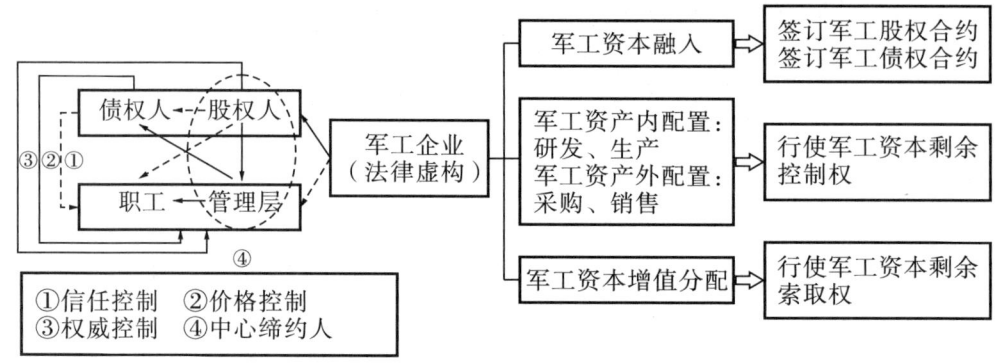

图 3-1 军工资本配置运行机理

图 3-1 是军工资本配置的一般流程。其中,虚线圆圈代表的是作为中心缔约人的股东和管理层。杨其静(2003)认为,企业最初的"中心缔约人"是企业家,而非外部投资者。因为只有当企业家发现了某种能够形成企业的创意并由此发动创业活动后,投资者的投资行为才能发生,所以企业家是企业的逻辑起点。朱卫平(2005)也认为,尽管任何参与企业合约的生产要素主体都可以作为中心缔约人,但以企业家才能拥有者作为中心缔约人的企业制度安排才是成本最低从而效率最高的制度安排。按照这些学者的观点,企业所有权合约可以界定为"人力资本所有者以中心缔约人的身份同物质资本所有者所订立的合作契约"(李竟成,2009)。还有些学者则强调,

---

① 我们认为,军工企业的董事会和管理层共同构成了企业的经营者。Hart(1995)认为,董事会成员一般并不是公司主要股东,而常由在职的经理挑选,所以不必在经营者与董事会之间进行区分。这一观点也得到国内学者的认同,如谢德仁(企业剩余索取权:分享安排与剩余计量 [M].上海:上海三联书店,上海人民出版社,2001.)、段毅才等(现代公司董事会 [M].北京:中国社会科学出版社,1995.)。

中心缔约人不仅包括企业家，还应包括股权投资者。由于物质资本易受人力资本的"虐待"，从而需要一个监护人（Dow & Gregorg，1993）；兼之控制权市场的混杂，股东需要有激励去选择好的管理层并监督其不"虐待"资本，从而要求股东参与剩余索取权的分享，使得股东和管理层一起成为"联合企业家"（joint entrepreneur）。

我们认为，军工所有权合约的中心缔约人是企业股东和管理层，较为接近 Dow & Gregorg（1993）的观点。但一方面，考虑到军工企业所具有的国有绝对控权背景，军工企业本质上是一种"法律虚构"，首先体现在图 3-1 中股东之间的相互签约，其实是国家这一超级"控股股东"与资本市场的中小股东之间的非对称性博弈，从而使得代理问题成为军工企业这类典型国有企业中相当突出的问题。另一方面，军工企业的管理层通常由行政任命，很难符合厂商理论中对"企业家"（entrepreneur）的经典定义。所谓企业家，按照张维迎（2004）的观点，应指那些在企业创立和发展过程中既能够承担风险，又具有创新能力的人，也就是能够识别出每种需求的"强度"，并按这种"强度"进行创新的人。古典意义上的企业模式，由于作为初始合约的企业治理结构表现为雇主对企业所有权的独占，也即所有者和经营者的身份合二为一，因此具备企业家的必要条件。军工企业管理层由于其强烈的行政色彩，在个人效用取向上很难与企业保持一致。严格来说，军工企业的"企业家"并非具体的个体，而是一个身份模糊的群体。

第二节 军工所有权性态

一、基本模型

假定军工企业未来投资项目的总收入为 R，股东收益为 S，债权人收益为 D，管理层收益为 M，职工收益为 W，投资所需生产投入的固定合约支付为 F。忽略企业所得税的影响，并且暂不考虑时间因素引起的会计计量上的权责发生制的影响，可得：

$$R = S + D + M + W + F \tag{3-1}$$

式（3-1）进行简单变换，得：

$$R_1 = R - F = S + D + M + W \tag{3-2}$$

式（3-2）中，R 是变量，而 F 是常量，因此 $(R-F)$ 是一变量，这可视为因资本融入而实现的军工企业的"生产剩余"。这里，军工物质资本收益包括 S 和 D，军工人力资本收益包括 M 和 W。

二、模型变形

下面从不同角度探讨军工所有权合约中剩余索取权和剩余控制权安排的可能

形式。

(一) 全员共享

假定：S、D、M、W 都是变量，r_i 是"剩余"系数，表示各收益向量在所有权合约中所占比重，满足 $\sum r_i = 1$ ($i = S, D, M, W$)。式（3-2）可简化为：

$$R_1 = S + D + M + W \qquad (3-3)$$

这种情形下，作为军工物质资本的股东和债权人，以及作为军工人力资本的管理层和企业职工，都具有对军工资本剩余的分享权利。此时，军工资本剩余在规模上等于军工企业投资活动所产生的全部净价值。《中华人民共和国国民经济和社会发展第十个五年计划纲要》提出："实行多种分配形式并存的分配制度，把按劳分配和按要素分配结合起来。鼓励资本、技术等生产要素参与收益分配"。中国共产党十六大报告进一步明确："确立劳动、资本、技术、管理等生产要素按贡献参与分配的原则"。我们认为，这一点最能够体现军民融合背景下资本共融、风险共担、剩余共享的军工融投资理念。

(二) 员工持股

假定：S、M、W 是变量，D 为常数，满足 $\sum r_i = 1$ ($i = S, M, W$)。式（3-3）进一步变形为：

$$R_2 = R_1 - D = S + M + W \qquad (3-4)$$

从剩余控制权和剩余索取权安排的角度来看，债权人不参与企业治理，作为权利交换，将享有企业收益的优先受偿权；股东拥有企业生产经营的控制权，从而享有收益的剩余索取权。这里将 D 看成常数的原因在于，考虑到军工企业进入资本市场的时间较短以及军工行业特殊的市场身份，类似收益债券、浮动利率债券、混合型债券等金融衍生品目前还不具备成为投资的条件。在这种情况下，军工债权人领取的是固定资本投入回报，不分享企业的剩余索取权，也就没有激励在合约中写入对剩余控制权的要求，而军工股东、管理层和企业职工共享企业资本增值。允许职工参与剩余分享，成为国外不少企业降低代理成本、提高运营效率的基本理念。如日本许多大型财团的通行做法，是将股东分红后的剩余部分以工资外附加形式分给企业全体职工，其中包括与个人劳动贡献挂钩的奖金、退休金、职工住宅、旅游度假等福利。美国企业则在每年净利润中提出一定比例成立"职工持股信托基金"，工作年份达到一定年限的工人将成为其成员，并根据贡献大小获得一定股份。

军工企业的股权改革，不仅要从资本市场上引入国防战略投资者，从企业内部而言，也要形成一个合理有效的股权交易市场。近年来，中央出台的指导国防科技工业发展的一系列纲领性文件明确指出，要"大力发展混合制经济，实现投资主体多元化"。2014年6月，中国证监会发布了《关于上市公司实施员工持股计划试点的指导意见》；2015年1月，国务院国有资产监督管理委员会深化改革领导小组审议通过了

《关于混合所有制企业实行员工持股试点的指导意见》(下简称《意见》),从而在操作层面上为混合所有制企业员工持股提供了依据。《意见》指出,与全员持股不同的是,员工持股的对象是企业管理层和企业骨干(掌握核心人力资本的企业职工);在持股方式上,针对的是"存量不碰,增量为主",也就是改制或新设混合所有制企业时,原国有资产作为存量保持不动,鼓励增资扩股①、出资新设②等方式探索员工持股;在持股比重上,员工持股不能超过25%,个人持股不能超过5%。

因此,就未来中国军工企业实施员工持股计划而言,需要厘清和解决的几个重要问题包括:①明确军工企业"增量资产"的界定。类似武器装备、专业技术成果、科研实验生产等基础设施资源,均属于存量资产,不允许实施员工持股。②明确员工持股的必备条件。首先,必须是军工企业内部处于完全竞争领域的行业(如航天技术应用产业、航天服务业等高度军民融合领域)才能够进行混合所有制改革;其次,这部分产业要属于增量资产范畴,是现有军工技术人员劳动和智力付出的成果,不涉及国有资产流失问题。③明确技术入股的可行性。鼓励军工科研人员以技术入股的方式持有混合所有制企业的股权,应以技术能力、敬业精神和贡献程度作为持股比例高低的依据,而不能以工龄、职务等其他因素确定持股比重。

(三) 管理层持股

假定: S、M 是变量,W、D 为常数,满足 $\sum r_i = 1$ ($i = S, M$)。于是式(3-4)转换为:

$$R_3 = R_2 - W = S + M \tag{3-5}$$

将 W 视为常数,符合中国军工企业的实际。目前,在军工企业薪酬体系中,职工所得主要以固定合约工资为主。此时,军工资本剩余由股东和管理层所共享。这种企业资本增值的合约分配形式是现代股份制企业特别是上市企业剩余分享的常态。事实上,如果不考虑职工的剩余权益要求,只要存在两个以上的资本所有者,企业所有权在所有者之间的分配仍可视为分散的(杨瑞龙,1997),对股份制企业尤其如此。这里的"分散",是企业所有权状态依存特征的外化形态,也可理解为一种相机游走的安排机制。正如我们将军工企业所有权合约的中心缔约人界定为股东和管理层,这是一种虚拟意义上的"联合企业家"(joint entrepreneur)身份,最优军工资本所有权安排一定是股东和管理层之间的剩余分享制。正是在这一点上,产生了 Jensen & Meckling (1976) 意义上的第一类控制权代理问题,即股东与管理层之间的代理冲突。

需要指出的是,目前军工企业的管理层大多由国家行政指派,是国家这一终极控

---

① 所谓增资扩股,是指企业为扩大生产经营规模、优化股权比例和结构、提高企业资信度和竞争力,依法增加注册资本金的行为。

② 所谓出资新设,是指出资人将所出资金投入到企业中,获得企业的产权或股权的行为。

股人的代理人，很少经过经理人市场的竞争遴选，人力资本产权流动远远不够。因此，军工管理层的薪酬缺乏市场化弹性调整的空间，这显然不符合现代企业治理的基本理念。按照周其仁（1996）的观点，在一种非负消费约束下，人力资本与其拥有者不可分离的产权特征决定了物质资本为人力资本提供风险担保。进而在物质资本中，股东为债权人提供风险担保。由于债权人只领取固定合约收益，而股东的收益索取权落后于债权人，从而前者以其剩余索取权为后者的优先受偿权提供了风险性合约担保。一方面，享有剩余索取权的股东并不享有控制权，无法对管理层进行有效监控，因此赋予享有控制权的管理层一定比重的资本剩余，是避免管理层道德风险的替代机制。人力资本的非人力资本化趋势，已成为解决军工企业管理层代理问题的一种强剩余激励方式。

（四）唯一剩余索取者

假定：S 是变量，M、W、D 为常数，剩余系数蜕化为 $r_S = 1$。再次，式（3-5）变为：

$$R_4 = R_3 - M = S \qquad (3-6)$$

此时，军工企业的股东成为唯一的剩余索取者。从一般意义上看，管理层领取固定合约报酬（从而与企业职工的所有权性质相似），而股东占有全部剩余收益，企业剩余索取权和剩余控制权分别归于股东和管理层所有，这是新古典意义上的企业形态，也是目前军工企业的基本状况。稍作区分的是，新古典企业的雇主占有全部剩余，而军工企业剩余分配对象虽然是股东，但可将股东占有 S 进一步划分为控股股东占有 S_c（国家作为终极控制人）和中小股东（外部股东）占有 S_{nc}。此时，式（3-6）可变为：

$$R_4 = S = S_c + S_{nc} \qquad (3-7)$$

该式意味着，从代理角度看，军工企业控股股东和中小股东对剩余索取权的争夺将是企业治理的核心问题之一。这一关系，有可能演变成 Fama & Jensen（1983）、Grossman & Hart（1988）意义上的第二类控制权代理问题。

显然，式（3-5）的代理问题可以内化为式（3-6）或式（3-7）的代理问题。这主要是考虑到，军工企业管理层有别于一般企业的职业经理人，后者由于经过市场公开选聘，可以采取用脚投票的方式"呼吁"（voicing）自己的权利，人力资本市场的进出机制相对自由。而军工企业管理层作为政府代言人，在利益上与终极控制人存在相当强的"行政黏性"，其职能行使与传统意义上的企业家明显不同。因此在军工企业中，式（3-5）所反映的第一类控制权代理问题较之式（3-7）所示的第二类代理冲突，无论在发生的概率还是发生的强度方面都要弱得多。随着军工企业产权改革的深化，国有股"一股独大"的局面必将改变，军工企业外部中小股东和管理层作为企业治理力量的作用也将进一步突出。

(五) 唯一支配人

假定：S、M 为变量，D、W、F 为常数，剩余系数 $r_S = r_M = 0.5$。式（3-1）转化为：

$$R_5 = R - D - W - F = [S + M] \tag{3-8}$$

在资本渠道的财政导向模式下，军工企业剩余索取权和剩余控制权的分配呈现出集中式对称形态。这一资本模式的主要特点是，国家既是股东，又是管理者，也是企业所有权的唯一支配人。因此，在本质上 S 和 M 两者重合。在式（3-5）中，S、M 归属于不同主体所有，而且对 S 的享有权不仅有国有控股股东（S_c），也包括企业外部股东（S_{nc}）。式（3-8）在形式上与式（3-5）差别不大，但内涵截然不同。这里，S、M 的所属主体一致，且国家绝对拥有 S 的支配权（$S_{nc} \to 0$）。这是早期计划体制下国家完全垄断的形态，国家完全垄断军工研发和军品生产。军工企业在形态上具有业主制企业的特征，只是此时的"雇主"是国家，"雇员"是军工企业，"合同制"则换成了行政制。国家既拥有剩余索取权，又拥有剩余控制权，获取"合同收入"（维持企业运营的基本工资、福利等）的军工企业是风险逃避者，自然无法享有控制权，成为被监督者。

(六) 剩余分成

假定：对式（3-5）重新描述，即令 $M = m + r_M(R_3 - m)$，m 是管理层获得的固定合约收益，如工资、劳保费、补贴、奖金等。此时有：

$$R_6 = S + M = S + m + r_M(R_3 - m) \tag{3-9}$$

此式的含义是，在军工资本剩余分配中，作为人力资本的管理层，其资本增值收益可采取分成合约的形式，这将是激励管理层这一控制权所有者的有效手段。管理层作为企业治理结构中极为特殊的构成，其有别于一般企业职工的地方在于，他拥有某种"特有的人力资本"（Becker & Stigler, 1962），或能够通过"干中学"（learning by doing）方式不断积累职业所需的"专用性人力资本"（Williamson, 1975）。由于其人力资本的异质性和不可分离性，在缺乏激励约束的情况下，管理层容易产生偷懒或卸责（shirking）等机会主义行为。张五常（1969）为此强调，要平滑合约双方在收益和风险之间的冲突，应将合约形式设定为分成制，而非定额制或工资制[1]。

因此，要对军工企业管理层实现有效激励，应在固定合约工资报酬 m 的基础上，赋予其一定比例的剩余分成 $r_M(R_3 - m)$。Jensen & Murphy（1990）认为，管理层报

---

[1] 合约一般包括三种形式：工资合约、定额合约、分成合约。其中，工资合约为物质资本所有者支付给人力资本所有者固定工资，然后拿走剩余部分并承担全部风险；定额合约为人力资本所有者支付给物质资本所有者定额租金，然后拿走剩余部分并承担全部风险；分成合约一般为物质资本所有者在支付给人力资本所有者一个固定额的基础上，再给予一定比例剩余，从而分散部分风险。在工资合约中，剩余系数 $r_M = 0$；在定额合约中，$r_M = 1$；在分成合约中，$0 < r_M < 1$。

酬组成除了固定支付和分享到的资本增值剩余等货币性收益之外，还包括诸如权力、地位、荣誉、成就感等隐性的非货币性收益。中国企业尤其是传统国有企业，管理层的报酬长期偏低，企业经营回报与专用性人力资本投入之间并不符合对等原则。加之所有权合约中无法显性化，因此容易导致两种现象：一是隐性减少投入，即股东（国家股东和市场股东）对管理层的努力水平 ω 无法实施有效监督，信息的私人性质导致所有权缔约的事后"败德行为"；二是隐性增加收益，即利用职权谋取控制权私人利益，如在职消费、权力欲满足、职位晋升等。

企业控制权本身即构成对管理层的一种报酬（周其仁，1997），这是通常所谓的"控制权收益"。由于无论是"隐性投入"还是"隐性收益"，都难以写入所有权合约中来（不能测度和验证），我们在此仅考虑管理层能够合约化的货币性所得部分，而暂忽略隐性合约化的控制权收益。由式（3-9）可知，军工企业管理层的收益主要包括能够满足基本生活保障的基础性工资 m（解决参与约束问题）和剩余所得 $r_M(R_3-m)$（解决激励约束问题）。就激励对策的角度而言，可采取两种举措：一是弱剩余激励，即管理层剩余分享与其短期经营业绩挂钩；二是强剩余激励，即通过实行认股权、股票增值权、限制性股票等制度安排，将管理层剩余分享与其长期经营业绩对应起来，从而减少所有权合约执行过程中的机会主义行为。显然，通过合约谈判来相机调整 r_M 的大小，能够满足弱剩余激励；而要实现强剩余激励，则需要在机制设计上大胆创新。

（七）同等权利

假定：在式（3-9）基础上，我们可以将军工资本剩余分配表述为：

$$R_7 = S + M = [s + (1 - r_M)(R_3 - m - s)] + [m + r_M(R_3 - m - s)]$$

(3-10)

上式中，m、s 分别是管理层和股东的固定合约收益。很显然，在分成合约制下，管理层和股东享有的军工资本剩余分别为 $r_M(R_3-m-s)$、$(1-r_M)(R_3-m-s)$。在式（3-10）中，所有权合约赋予了管理层一个固定所得 m，从而在一定程度上减轻了风险承受，股东则完全不能规避军工企业的经营风险。基于风险与收益对等原则，可考虑在合约中增设股东固定所得（s）的条款。因此式（3-10）所示意味着，军工企业股东和管理层作为合约主体，享有在固定资本增值收益和剩余资本增值收益上同等的权利，从而对剩余系数 r_M 的博弈成为关键，这实际上又回到以上第六点"剩余分成"中有关弱剩余激励和强剩余激励的分析。

张维迎（1995）用"财产"和"个人能力"的二维离散变量区分了企业的四种人力资本状态（有财产有能力的企业家，有财产无能力的投资者，无财产有能力的管理者，无财产无能力的生产者），并用简化的线性公式来特征化所有权安排：$Y_M = \overline{\omega}_M + \beta(Y - \overline{\omega}_M - \overline{\omega}_P)$，$Y_P = \overline{\omega}_P + (1-\beta)(Y - \overline{\omega}_M - \overline{\omega}_P)$。对比式（3-10）发现，军工所有权合约的分配形式与张维迎给出的公式表在内涵上高度一致。不同的监督技术

（及其成本）与初始位势，决定了剩余系数 r_M 值与所有权合约的代理链关系。

第三节 军工所有权合约安排

一、所有权合约安排与企业绩效

所有权合约的重要内容之一，就是缔约双方对剩余控制权和剩余索取权的博弈。现实经济世界中不确定性的存在，使得企业所有权合约具有不完全性，包含缺口和遗漏条款（Hart，1995）。因此，理论界将那些无法内化在合约中的不完全部分定义为"剩余"，与之相关的权力定义为"剩余权"（刘少波，2007），一般分为剩余控制权和剩余索取权。所谓剩余控制权（residual rights of control），是指"在不完全合约中没有特别规定的决策权"（张维迎，1999），或是"排他性利用企业资产从事投资和市场营运的决策权"（周其仁，2004）。所谓剩余索取权（residual rights of claim），是指将企业总收入扣除所有固定合约支付（如固定工资、原材料成本、利息等）后的剩余额要求权。剩余控制权在企业所有权结构中处于主导地位，因为剩余控制权的拥有者能够通过控制权的运用将企业利润转移给自己，从而使得剩余索取权的份额相对减少。

剩余索取权和剩余控制权的分配问题，一直是企业理论研究的重点。Alchian & Demsetz（1972）从解释企业内部结构的激励问题（监督成本）上，强调剩余索取权在激励监督者中的重要性。而 Grossman et al.（1986，1990）提出的 GHM 理论则强调剩余控制权对企业治理的重要意义。虽然角度不同，但两者都认为，剩余控制权与剩余索取权的配置应能够统一起来。巴泽尔（1997）、Jensen & Michael（1993）等学者也持相关立场。企业投资的不可逆性，使得投资者要求成本补偿。同时，企业管理层努力程度的难以测度，又使得所有权合约本身是不完全的。当投资者监督管理层的激励不足时，将带来古典企业中所没有的"内部人控制"（insider control）问题，而内部人控制会产生很大的剩余损失。由此可见，剩余控制权的产生，信息不对称和不完全仅仅是一个必要条件，另一个条件则是，企业（股东和管理层）利用不完全信息并以此来谋取私人收益（合作性剩余）。

军工所有权合约的不完全性，直接导致剩余控制权的产生，并由此引出剩余索取权安排问题。就本质而言，军工企业治理结构安排是一种不完全合约，影响的不仅是军工资本增值分配（图 3-1），而且是对军工企业参与者（人力资本和物质资本所有者）的激励。因此，军工企业治理的实质是权力安排和利益分配问题，其中最重要的是剩余控制权和剩余索取权的制度安排，直接决定了军工企业经营和投资绩效。军工企业作为典型的国有企业，很容易诱发管理层控制权代理（管理层道德风险）和控股股东控制权代理（利益侵占和资源掏空）等问题。当前，军工企业正处于股权分置改革和建立现代企业制度的转轨期,因控制权与现金流权相分离所产生的"超常控制"现象普遍存在。因此,军工企业剩余控制权与剩余索取权的合约安排,既有着世界范围内企业治理中存在的共性问题,更表现出具有中国特色企业治理的个性问题。

二、剩余控制权决策与绩效分割

(一)基本模型

Grossman & Hart(1988)在研究企业控制权和现金流权最优分配时,认为企业的价值可分为两大类:一是类似利润的共享收益,这是股东所得到的股息;二是剩余控制权收益,这是企业管理层所享有的私人收益。进一步,Dyck & Zingales(2004)将控制权收益定义为企业中只能由控股股东享有而中小股东无法分享的利益。刘少波(2007)将这种"利益"看作是"企业绩效的改善"。一般而言,剩余控制权作用的对象是企业经营过程中出现的合约未约定事项。这些事项由于在所有权合约中并未给出清晰的决策预案(如对企业资源的配置与使用),从而为缔约主体进行相机决策提供了可能。一个重要方面,就是剩余控制权拥有者的人力资本作用(Hart & Moore,1994)。就整体而言,企业剩余控制权的表现,是资本要素(股权)和剩余控制权所代表的人力资本(中心缔约人之一的管理层)相结合后所产生的企业绩效。与剩余控制权相关的激励机制,其实质是对要素拥有者(人力资本拥有者为企业管理层,物质资本拥有者为企业股东)的成本进行补偿。

考虑到一个规模不变的生产函数 $Y = F(K, L, \varepsilon)$,其中 Y 可看成是军工企业的经营绩效,K 为股东的资本投入(股本),L 为管理层剩余控制权所代表的人力资本(能力水平、努力程度、内部控制质量等),ε 是外部干扰因素,$\varepsilon \sim N(0, \sigma^2)$。军工企业的绩效函数满足如下条件:第一,资本、剩余控制权的边际产出大于零($F_K > 0$,$F_L > 0$);第二,资本、剩余控制权的边际生产率小于零($F_{KK} < 0$,$F_{LL} < 0$);第三,企业的产出规模报酬不变($F(\lambda K, \lambda L, \varepsilon) = \lambda F(K, L, \varepsilon)$,$\lambda > 0$);第四,资本、剩余控制权的互补性($F(0, L, \varepsilon) = F(K, 0, \varepsilon) = 0$)。

现在将绩效函数标准化。令 $k = \dfrac{L}{K}$,单位资本产生的绩效为 $y = \dfrac{Y}{K}$,军工企业绩效函数变为 $y = \dfrac{F(K, L, \varepsilon)}{K} = f(1, k, \varepsilon)$(满足规模报酬不变条件),可简写为:

$$y = f(k) \qquad (3-11)$$

(二)模型分析

由条件一和条件二可知,单位资本绩效 y 随着 k 的增加而减少,因此在坐标系 k-y 的第一象限中,是一条凹向圆心的曲线。

在图3-2中,对于某一 k_1 值下的企业绩效 y_1,由两部分构成:$y_1 = \overline{OB} + \overline{By_1}$。

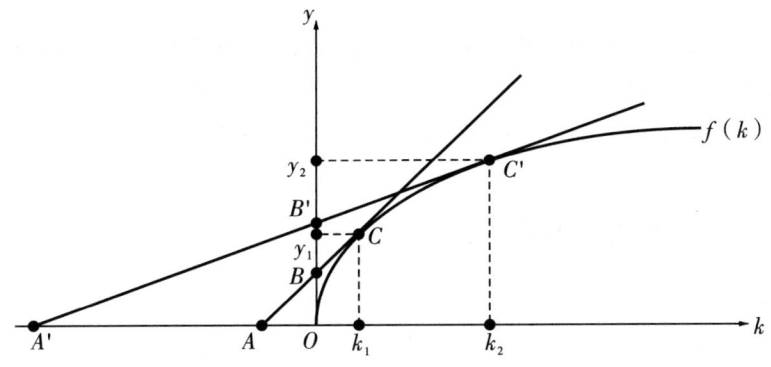

图3-2 军工企业绩效分割

这里，$\overline{OB}$是边际绩效（C点的切线）与纵轴的截距。由欧拉定理，$\overline{OB}$可看作是资本的平均收益α。$\overline{By_1}$代表剩余控制权的平均收益β，从而$y_1=\alpha+\beta$。由图3-2可知，资本平均收益与剩余控制权平均收益之比$\rho=\dfrac{\alpha}{\beta}=\dfrac{\overline{OA}}{k_1}$。由于曲线$y=f(k)$的凹性，在企业股本$K$保持恒定的情况下，随着管理层人力资本投入$L$的增加（$k_1 \to k_2$），$\overline{OA}$将以更大的幅度增加，因此$\dfrac{\alpha}{\beta}$总在增大。而且，较之剩余控制权平均收益的增幅（$\overline{By_1} \to \overline{B'y_2}$），资本平均收益的增幅（$\overline{OB} \to \overline{OB'}$）更为显著。

考虑到式（3-10），假设整个企业的剩余索取权为$R(=R_7)=S+M$，S、M分别为资本、剩余控制权所对应的剩余索取权。显然，随着企业剩余控制权运行机制的优化（如管理层付出更多的努力，提升专业技能和决策能力等），资本所求偿的剩余索取权份额S将减少，而剩余控制权对应的剩余索取权份额M将增多，则$\dfrac{S}{M}$总在减少。因此，企业剩余控制权运行质量，资本、剩余控制权平均收益之比$\dfrac{\alpha}{\beta}$，资本、剩余索取权份额之比$\dfrac{S}{M}$，这三者之间的关系如图3-3所示。

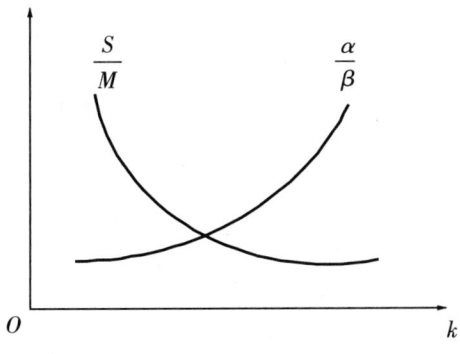

图3-3 军工企业剩余控制权决策质量

因此，在军工企业剩余索取权的分配结构中，随着企业经营绩效提高，单位资本的边际收益增加，剩余控制权所对应的单位人力资本的边际收益减少，但人力资本所享有的总剩余索取权份额却在增加。在一定意义上，变量 k 可以看成是企业管理层剩余控制权决策水平的替代性指标（假设来自股东的股本份额一定）。因此，对于难以量化的剩余控制权所对应的人力资本投入 L，可以选用企业经营绩效这一会计指标来测度。我们分析的一般结论是，管理层人力资本投入越大，剩余控制权的决策质量就越高，企业的经营绩效也就越好。此外我们发现，随着剩余控制权决策水平和企业绩效的提升，资本的平均收益 α 也增加（$\overline{OB} \rightarrow \overline{OB'}$），这意味着资本的剩余索取权所包含的利息（股息）更多了。

三、剩余控制权与剩余索取权的逆向配置

Alchian & Demsetz（1972）、Grossman et al.（1986，1990）、Jensen & Michael（1993）等强调，在企业所有权合约中，剩余控制权与剩余索取权要统一进行配置。从现代企业治理特征看，剩余控制权在企业各层级的人力资本之间都有不同比例的分配，并从上至下进行转移（Grossman et al.，1986，1990）。理论上，股东处于企业所有权结构顶端，应享有最大比例的剩余控制权，并将部分剩余控制权下移至管理层，再由管理层进一步下放。处于更低层级的群体（如工组长及企业职工），由于其人力资本相对有限，不能或不愿行使所享有的剩余控制权去影响企业绩效。此时，低层级剩余控制权拥有者所要求的剩余索取权变相为上层级剩余控制权拥有者占有，而只能获得固定合约支付（如工资）。这种固定报酬本质上是一种人力资本的保险机制设计，这意味着，理论上企业各层级人力资本所共享的剩余控制权（差别在于比重不同），并不必然都享有相应的剩余索取权，上层级剩余控制权"挤占"了下层级人力资本所对应的剩余索取权。下层级剩余索取权的"折价"，在数量上等于上层级所支付给下层级的固定报酬额。较之剩余控制权，剩余索取权在所有权合约中的配置，表现出了某种从下至上的转移特性。

对于第二节中的式（3-10），可以将 r 看成是剩余系数，s 是资本对应的名义剩余索取权，m 是剩余控制权对应的名义剩余索取权，从而资本、剩余控制权所对应的总名义剩余索取权分别为 S 和 M。但由于在企业所有权安排中存在人力资本保险机制，特别在传统的国有企业中，拥有一定剩余控制权的管理层，其薪酬结构常表现出固定合约支付的特点。显然，剩余控制权和剩余索取权的背反式转移机制在此发挥了主导作用：作为剩余控制权上一层级的股东，占有了来自管理层的人力资本付出产生

的剩余索取权，而管理层获得了固定报酬（假定为 m_0 ）作为人力资本投入的补偿①。因此，在剩余索取权转移链中，被上层股东占有的来自管理层的份额为 $m - m_0$。于是，式（3-10）重新表述为：

$$M = m_0 + r(R - m - s) \quad (3-12)$$
$$S = (m - m_0) + s + (1 - r)(R - m - s) \quad (3-13)$$

从式（3-13）可以看出，股东实际享有的剩余索取权包括两个方面：一是其资本（股本）所享有的剩余索取权 $s + (1 - r)(R - m - s)$，这与式（3-10）一致；二是其行使剩余控制权所享有的转移性剩余索取权 $m - m_0$。

前文中，我们将军工企业的经营绩效看成是资本因素和剩余控制权因素共同作用的结果。对"分割效应"的分析说明，剩余控制权作用机制的优化，要求应减少资本对应的剩余索取权份额 S，同时增加剩余控制权（管理层人力资本）对应的剩余索取权份额 M。因此从企业治理政策实施的角度看，企业绩效的提升有赖于：①加大管理层人力资本的投资力度（$L\uparrow$，$k\uparrow$），提高管理层剩余控制权决策质量，从而企业内控机制和激励机制非常重要；②在所有权合约安排上，加大管理层的剩余索取权比重（$M\uparrow$）②；③重新认识人力资本保险机制的价值，弱化管理层固定合约支付的权重（$m_0\downarrow$），创新弹性的管理层薪酬体系，增强人力资本激励的效果③；④从股权分置改革角度看，积极引进外部市场投资者有利于减弱军工上市企业股权集中问题，改变"一股独大"的局面（$S\downarrow$），以期形成良性的控制权市场。

四、所有权合约安排与企业投资

军工企业作为一种公有制经济形式，其法定的剩余索取权应归享于全民，政府作为全民的代理人行使对企业的控制权。军工企业管理层一般来自政府的行政性任命，并作为第二级代理人代替政府行使经营企业的职责。前文已分析，经过股权分置改革，军工企业的国有化程度依然很高，外部投资者很难影响到企业的投资决策和日常管理。从而，管理层（政府官员）成为军工企业剩余控制权的实际拥有者，并能够利用这一条件获取剩余控制权收益。比如，对于军工企业自由现金流的使用，管理层

---

①Knight（1921）指出，不拥有决策权的人力资本通常并不会参与剩余索取权的分配，因为剩余索取权须满足两个条件：一是对剩余的产生有着边际贡献，二是承担着不确定性收益后果的可能性。因此，对于这部分人力资本而言，领取固定报酬成为某种"保险机制"。

②需要指出的是，军工企业管理层可以以其人力资本入股（技术入股、经营能力入股等），其股份随即转化为物质资本。在企业进行破产清算时，其人力资本由于与自身不可分离的产权特征，无法"换算"出来供全体股东作剩余分享，但其可以依据所持股份参与物质资本剩余的分享。

③固定分成比例的激励合约，一般可表达为：$M = m + \lambda Y$。这里，M 是代理人收益，m 是代理人固定报酬（Knight 意义上的保险机制），λ 是固定分成比例，Y 是企业经营绩效。实践证明，这种激励合约通常会导致鞭打快牛的激励不相容问题。因此在企业管理的激励机制设计上，非常重视所谓的"柔性管理"模式，其理论蕴含就是强调 λ 的可变性。在我们的模型中，λ 假定等同于 r。

更倾向于将现金流内部留存或移作他用，而不愿作为股利回流给股东。一方面是因为管理层本身享有的剩余索取权份额非常小，另一方面则是因为现金流的减少会降低剩余控制权收益，并降低可控的资金使用规模。管理层对现金流的这种偏好，极容易导致过度投资问题。这里通过建立数学模型，分析军工企业所有权合约安排中剩余控制权与企业投资行为的内在关系。

假设军工企业项目投资的预期收益为：

$$Y = Y(I) = \alpha I - \frac{1}{2}\beta I^2 \qquad (3-14)$$

上式中，I 是项目投资额，$\alpha > 0$ 是投资回报率，$\beta > 0$ 是投资的成本系数。易知，预期收益 Y 随投资额 I 的增大而先增后减。因此存在一个最优投资额 I^*，使得预期收益最大化。由一阶条件可知：

$$I^* = \frac{\alpha}{\beta} \qquad (3-15)$$

从军工企业的实际情况看，管理层的收益体系 M 一般包括三个部分：①固定工资 m_0；②与短期企业预期收益相关的奖金等弱剩余激励，由式（3-9），这是可通过合约谈判调整剩余索取权系数 r_M 的弱剩余激励为 $r_M Y$；③与投资行为相关的强剩余激励——剩余控制权收益 λI，这里 $\lambda > 0$ 表示剩余控制权系数。因此，军工管理层的预期目标是最大化收益体系：

$$\underset{I}{\text{Max}} M = m_0 + r_M Y + \lambda I \qquad (3-16)$$

代入式（3-14），则 $M = m_0 + (\lambda + \alpha r_M)I - \frac{1}{2}\beta r_M I^2$。由一阶条件知，存在剩余控制权收益时的企业投资水平 I_M 为：

$$I_M = \frac{\alpha}{\beta} + \frac{\lambda}{\beta r_M} \qquad (3-17)$$

比较式（3-15）和式（3-17），显然有：

$$I_M > I^* \qquad (3-18)$$

式（3-18）表明，在军工企业进行投资活动时，一旦管理层通过行使剩余控制权来获取私人收益，则管理层有足够的动机加大投资规模，从而产生过度投资现象。容易算出过度投资额为：

$$I_{\text{over}} = I_M - I^* = \frac{\lambda}{\beta r_M} \qquad (3-19)$$

对式（3-19）的解释是，军工企业过度投资与管理层的剩余控制权系数 λ 正相关，与管理层的剩余索取权系数 r_M 负相关，与投资成本系数 β 负相关。由此我们可以得出结论：管理层享有剩余控制权比重越大，剩余索取权比重和投资成本系数越小，则越容易诱发管理层的过度投资动机。相机合约化调整管理层的剩余索取权份额,降低剩余控制权的比重,加大对过度投资的监管和惩罚成本,将有利于减少此类过度投资行为。

这一结论的现实意义在于,由于全民享有军工企业的剩余索取权,从所有权结构看,军工企业的剩余控制权与剩余索取权发生了分离,无法达到 Grossman et al. (1986,1990) 意义上的"统一配置"状态。国家和全民仅仅是军工企业的"虚位所有者",难以有效行使剩余控制权。而管理层在行使剩余控制权中,如果缺乏健全的内部监督,很可能会超额滥用控制权,乃至发生以权谋私等寻租行为。同时,以数目字管理(如过分追求经济增长)为特征的政绩考核机制和职业晋升机制,又促使行政管理部门与军工管理层结成利益联盟。因此,解决管理层的控制权代理问题,可以从以下两个层面进行制度创新:

一是减少其拥有的剩余控制权($\lambda\downarrow$),同时赋予管理层一定比重的剩余索取权($r_M\uparrow$)[①],加大企业内外部监管力度($\beta\uparrow$)。同时,要加快军工企业产权改革步伐,改变军工国有股"一股独大"的局面,积极吸收战略投资者优化股东结构,形成对管理层的制衡力量,以此削弱管理层剩余控制权的代理冲突。

二是实现军工企业管理层市场化与产权市场化的同步。管理层市场化,本质是基于企业经营管理决策等控制权的市场流动问题。由于长期以来形成的政企不分、人事改革延缓、法律规制缺位等体制惯性,军工企业管理层的行政任命制依然未得到根本改观,人力资本市场流动性差,控制权接管制度尚未有效建立,无法从根本上形成对管理层的外部约束。

[①] 赋予管理层剩余索取权的最大激励在于,实现管理层与股东利益趋同,减少管理层自私性投机行为。但我们必须看到,过大或过频的剩余索取权激励,比如股权激励或期权激励,容易诱发管理层道德风险问题,使得这种激励反而成为谋私利更为隐蔽的工具。同时,较之即期的剩余控制权收益,股权或期权等剩余索取权收益的兑现存在一定时滞,加之管理层职业生命的有限,更易助长其短期获利的投机心态。因此,"理性"管理层将在即期剩余控制权收益与远期剩余索取权收益间进行权衡,这也应该成为军工企业所有权合约设计加以考量的环节。

第四章 军工上市企业投融资

作为市场的微观主体,军工上市企业的融资和投资行为及其效率,不仅与自身组织结构、发展战略和运行机制相关,与中国宏观经济的增长和经济体制的改革背景也存在密切联系。本章旨在探讨军工企业市场化进程中投融资体制的演变,进而分析在现行体制之下军工上市企业融资结构、治理结构与投资行为的特征及其内在关联性。

第一节 军工企业投融资体制的演变

投融资体制,一般是指投资和融资的运行机制和管理制度的通称。投融资的运行机制,包括市场主体筹措资金(融资)和使用资金(投资)的流程、渠道、方式等。投融资的管理制度,则是指组织、协调、管理融资和投资活动的制度、法律、规则和方法。自从军工企业产权改革转入市场化轨道以来,军工企业投融资体制逐步突破了计划经济体制下过于集中统管的管理模式,并朝着投资主体多元化、资金来源分散化、投资方式多样化的局面不断推进。

企业投融资主要有财政融资、信贷融资、证券融资等常规融资机制以及高科技产业的风险投资四种方式。其中,财政融资对军工工业的金融支持,突出表现为以财政投资为主,核心在于保持财政对国防科技工业投入的补偿性增长和恢复性增长。但仅靠国家财政投入难以满足军工产业和技术整体升级的现实需求,还必须依赖现代金融体系作为强力支撑,银行贷款不失为满足军工企业转型升级的重要资金渠道。证券融资则有利于军工企业的产权改革,为消除政企不分和行政垄断创造条件。此外,经济发展的经验证明,军事工业属于资本和技术密集型产业,把风险投资引入军工企业发展,是实现以军带民、以民促军的重要途径。

一、探索期:财政导向型模式

过去的数十年里,军工产权制度和治理结构完全是国有独资性质,国家完全垄断军工研发和军品生产,军工企业的剩余控制权沦为空谈,产权单极化、经营同质化和产能空心化的问题相当严重。军工企业实行的是中央集权的计划金融制度,由计划来配置资金投向和投量,具有高度行政依附性。具体而言,在调节手段层面,以国家行政性的指令计划为主,国家以行政主体身份来干预金融市场的资金配置。在产权安排层面,形成了与高度公有产权相对应的高度集中化的全民所有制形式的金融结构,导致产权主体虚置、激励机制失效、金融效率低下。在金融交易层面,形成了以政府为主体的资金配给制。在融资体制层面,实行的是财政拨款为主、银行信贷为辅的融资方式。国家通过财政划拨实现对资金的放贷，财政包揽一切；军工企业经营利润全部收归国家财政，几乎没有剩余索取权可言。这一体制，其本质是一种全国储蓄（居民储蓄和企业储蓄）集中到代表国家财政统一支配的储蓄向投资的转化体制（范肇臻，2008）。

在实际操作层面，前期军工企业发展的资金主要是来自政府的直接投资，但后期财政资金拨款更多转为银行贷款。特别是对于那些投向军工特定领域的银行专项贷款，实际利率一般都比较低。那些具有良好"出身"的传统军转民企业，或与政府部门保持密切政治关联的军工企业，较易从银行等金融机构获得贷款。但从整体观之，这一时期军工企业的投融资模式还是以财政导向为主，融资渠道单一，融资风险较大，对处于战略摸索期的军工企业而言，存在较大的还贷压力和可能进一步引发的财务危机。

二、转型期：市场导向型模式

20世纪90年代末期，中国政府即着手将"军"与"民"两大板块进行有机缝合。坚持军民结合、寓军于民、大力协同、自主创新已成为指引国防科技工业发展的基本纲领。"小核心、大协作"的军工行业科研生产体系，以及基于合约关系的军事订货体系逐渐成熟。在此大时代背景下，要解决多年积累形成的金融抑制问题，必须以军工产权改革为切入点，重构军工金融制度的市场化运行机制。

这一期间，军工行业与市场的接轨，无论是在规模、渠道、方式，还是在理念、制度、文化等层面，都有了长足的深化和创新。除了仍继续沿用传统的国家财政拨款、银行贷款之外，军工企业开始积极利用企业债券、财政贴息等多元化融资方式。而通过证券市场进行直接融资，越来越成为刺激和推动军工企业持续发展的重要手段。

三、深化期：战略导向型模式

军民融合式发展，是新时期中国意义极为深远的战略部署。军民之间的双向互动越来越紧密和频繁，不仅"军转民"的业务口径和规模进一步放开，"民进军"也得到快速推进，军民领域的深度、持续的融合，在资源共享、技术协同、管理创新等方面形成了显著的聚合效应。2007年2月，国防科工委制定的《关于非公有制经济参与国防科技工业建设的指导意见》出台，鼓励和引导非公有制企业参与军工企业改组改制。作为国家投资体制改革方案的延伸和细化，3月，国防科工委又颁布了《国防科工委关于深化国防科技工业投资体制改革的若干意见》。6月，国防科工委、国家发改委和国资委联合发布了《关于推进军工企业股份制改造的指导意见》，提出力争用几年的时间，使符合条件的军工企业基本完成股改。8月，国防科工委又公布了《非公有制经济参与国防科技工业建设指南》，规定了非公有制经济可参与我国国防科技工业的五个具体领域。

这一时期，随着军品业务的景气周期开始显露，军工集团尝试把军民两用资产企业改制上市，利用资本市场实施产业整合。以股改为契机，军工行业以上市企业为平台，实现国防资产证券化和专业化重组。军工企业改制、上市的资产不再仅限于主辅分离、军民品分立后的民品资产，而是鼓励军民结合的资产和业务进入资本市场，鼓励整体上市，提高盈利能力，解决军品资产长期置于制度"孤岛"的问题。同时，除国有独资（或国有全资）企业实施公司制改造外，其他军工企业均应实施股份制改造。军工上市企业的数量呈爆发式增长，首次公开发行股票后，配股融资、增发融资作为上市企业二次融资的重要手段，进一步促进了军民融合的双向互动。不同历史发展期军工（上市）企业融资方式如表4-1所示。

表4-1 不同历史阶段军工（上市）企业融资方式

历史阶段	经济体制类型	融资方式	时代背景
1949—1978	计划经济	财政拨款	"军民分离"时期。军工企业发展资金完全来自中央财政拨付，形成政府管理军工企业、财政滋养军工企业的局面
1979—1997	计划经济向市场经济过渡，初步确立市场经济	政府投资与银行贷款	"军转民"时期。邓小平提出"军民结合，平战结合，军品优先，以民养军"十六字方针。政府不再成为军工企业唯一投资主体，市场机制开始引入。前期融资主要来自政府直接投资，后期则主要来自银行贷款
1998—2007	市场经济	政府投资、银行贷款仍占主导，证券融资比重上升	深化改革期。"军民结合，寓军于民"成为时代特征。军工企业开始尝试企业债券、短期融资、政策性融资等多元化融资方式。直接融资成为获取长期资金的重要途径，融资渠道的市场化程度日益加深
2008至今	市场经济	多元化融资，股权融资比重逐步增大	军民融合期。2007年出台《军工企业股份制改造实施暂行办法》，军工企业股份制改造正式启动。大量军工企业改制上市融资

资料来源：杨少鲜（2013）。

第二节 军工上市企业融资结构特征

军工上市企业的融资需求,一般通过两条途经实现:内源融资和外源融资。内源融资是指企业在生产经营过程中累计的资金、折旧资金和留存利润;外源融资则是企业资金来源的主体,主要包括直接融资和间接融资。直接融资又可分为首次公开上市募集的资金(IPO)、增股和配股筹集的资金,统称为股权融资;间接融资主要为银行、非银行等金融机构贷款以及企业发行债券等获得的资金,统称为债权融资。

一、融资结构

这里,从内源融资、股权融资、债权融资(长期债权融资和短期债权融资)、商业信用融资等方面对军工上市企业的总体融资结构进行统计分析,所选时间窗口为2009—2015 年。基本数据见表 4-2。

表 4-2 军工上市企业融资结构

时间	内源融资	股权融资	债权融资	短期债权融资	长期债权融资	商业信用融资	样本量
2009	0.153 (0.102)	0.512 (0.153)	0.221 (0.144)	0.150 (0.123)	0.071 (0.072)	0.114 (0.078)	67
2010	0.157 (0.110)	0.517 (0.150)	0.229 (0.102)	0.149 (0.131)	0.080 (0.067)	0.097 (0.065)	69
2011	0.161 (0.134)	0.521 (0.149)	0.230 (0.133)	0.153 (0.145)	0.077 (0.069)	0.088 (0.080)	73
2012	0.162 (0.126)	0.527 (0.155)	0.232 (0.127)	0.158 (0.133)	0.074 (0.087)	0.079 (0.078)	80
2013	0.159 (0.133)	0.544 (0.160)	0.248 (0.141)	0.201 (0.155)	0.047 (0.080)	0.049 (0.061)	82
2014	0.167 (0.141)	0.561 (0.177)	0.241 (0.137)	0.205 (0.147)	0.036 (0.070)	0.031 (0.070)	87
2015	0.168 (0.159)	0.578 (0.166)	0.239 (0.145)	0.202 (0.158)	0.037 (0.088)	0.015 (0.082)	93
总计	0.161 (0.102)	0.537 (0.169)	0.234 (0.146)	0.174 (0.149)	0.060 (0.081)	0.068 (0.079)	551

各项指标计算依据:①内源融资=折旧+未分配利润;②股权融资=股本+资本公积金;③债权融资=短期借款+长期借款+应付债券;④短期债权融资=短期借款;⑤长期债权融资=长期借款+应付债券;⑥商业信用融资=应收账款+应收票据;⑦融资规模=①+②+③+⑥。表中,括号上数字为各项指标与融资规模的比值,括号内数字为标准差。

数据来源:根据色诺芬数据库(CCER)及各军工上市企业年报计算所得。

分析表4-1中的相关数据发现，军工上市企业的内源融资、股权融资、债权融资、商业信用融资各年均值分别为0.161、0.537、0.234、0.068。显而易见，内源融资所占军工上市企业融资的比重是非常小的，表明从企业内部或军工集团内部市场筹措资金的能力相对较低。股权融资是军工上市企业最主要的资金来源渠道，比重占到了53.7%，这表明军工上市企业同其他国有上市企业一样，也存在股权融资偏好。其次是债权融资，占总融资规模达到23.4%。其中，短期债权融资和长期债权融资分别占债权融资的74.36%和25.64%，说明军工上市企业在进行负债经营时，主要通过短期债务（银行贷款）的方式筹措资金。在整个时间窗口内，股权融资比重从2009年的0.512上升到2015年的0.578，升幅达12.89%；同时，债权融资比重从2009年的0.221增加到2015年的0.239，涨幅达8.14%。这一结果显示，军工上市企业在偏好股权融资的同时，也正加大举债募集资金的力度。

二、股权融资结构

中国股市的一大特征，是从创设到发育整个过程，都处于政府的主导之下，监管部门的政策取向显著影响着军工上市企业的融资行为和融资结构。表4-3显示了部分年间军工上市企业股权融资的构成状况。

由表4-3中数据可知，2007—2015年，军工上市企业股权融资规模大体保持了增长趋势。从构成比重来看，首发、配股、增发、可转债在各年中均表现出一定的波动性，但配股和增发成为近十年来军工上市企业最主要的股权融资方式。在配股、增发、可转债三种再融资方式中，增发所占比重越来越显著。而随着配股难度的逐渐增大，可转债融资就成为军工上市企业重要的融资渠道。

表4-3 军工上市企业股权融资构成

年份	融资规模（亿元）					构成比重（%）			
	金额	首发	配股	增发	可转债	首发	配股	增发	可转债
2007	799.3	70.3	488.4	222.2	18.4	8.8	61.1	27.8	2.3
2008	878.1	97.5	410.1	332.8	37.8	11.1	46.7	37.9	4.3
2009	1009.1	189.7	510.6	231.1	77.7	18.8	50.6	22.9	7.7
2010	1212.7	249.8	243.8	539.7	179.5	20.6	20.1	44.5	14.8
2011	1320.8	133.4	458.3	439.8	289.3	10.1	34.7	33.3	21.9
2012	1555.4	129.1	558.4	622.2	245.8	8.3	35.9	40.0	15.8
2013	1710.5	131.7	523.4	846.7	208.7	7.7	30.6	49.5	12.2

续上表

年份	融资规模（亿元）				构成比重（%）			
	金额	首发	配股	增发	可转债	首发	配股	增发	可转债
2014	1911.7	99.4	516.2	1294.2	1.9	5.2	27	67.7	0.1
2015	1887.2	28.3	609.6	934.2	315.2	1.5	32.3	49.5	16.7

资料来源："融资规模"数据来自色诺芬数据库（CCER）及各军工上市企业年报，"构成比重"数据依据"融资规模"关系计算所得。

必须注意的是，由于中国证监会对上市企业增发融资的条件相对较为苛刻，如《关于进一步规范上市公司增发新股的通知》（2002年）提高了增发的标准，要求增发企业最近三个会计年度加权平均净资产收益率不低于10%，且最近一年加权平均净资产收益率不低于10%，前次募集资金投资项目的完工进度不低于70%等等，那些需要资金支持的上市企业因无法满足增发条件而被拒之门外，而能够取得股权融资的上市企业又通常有广泛的内部融资渠道。这不仅挫伤了部分优质上市企业的积极性，更容易导致上市企业的分化效应：部分企业面临严重的融资约束，部分企业手上却握有大笔的自由现金流。这种因市场规则制定的刚性所引起的融资权能的失衡，往往会引发更为严重的控制权代理问题。

三、债权融资结构

债权融资，是社会经济走向成熟的一个标志。目前，包括军工企业在内的中国上市企业，企业债券融资所占比重非常有限。一方面，政企一体的身份使得多数企业债券是以各级政府出资成立的企业名义发行的[1]，资金被抽空和挪用的现象经常发生；另一个最主要的方面，是企业债券一直被视为各级政府部门弥补基础建设资金缺口的"取款机"，无法真正融入中国证券市场之中。图4-1所示是中国军工上市企业债权融资基本分布。

企业债券、短期融资融券和中期票据，正逐渐成为军工上市企业重要的融资工具。有资料显示（刘建昌，2015），2005—2012年这8年间，军工集团通过债券融资共筹得1746.5亿元。2007年后，逐步开始发行短期融资融券和中期票据。到2012年8月，中期票据融资高达775亿元，远高于432亿元的企业债券融资。2012年，开始发行可转换公司债券，当年即筹资达80.5亿元。在股权融资成本不断上涨的情形下，利用发行债券筹集所需资金，无疑是军工上市企业的正确选择。图4-1中，从2005

---

[1]中国证券网披露的《1998—2003年企业债券发行名录》显示，在此期间发行的企业债券中，中央政府机构债券发行比重超过了40%，市政债券占到20%。

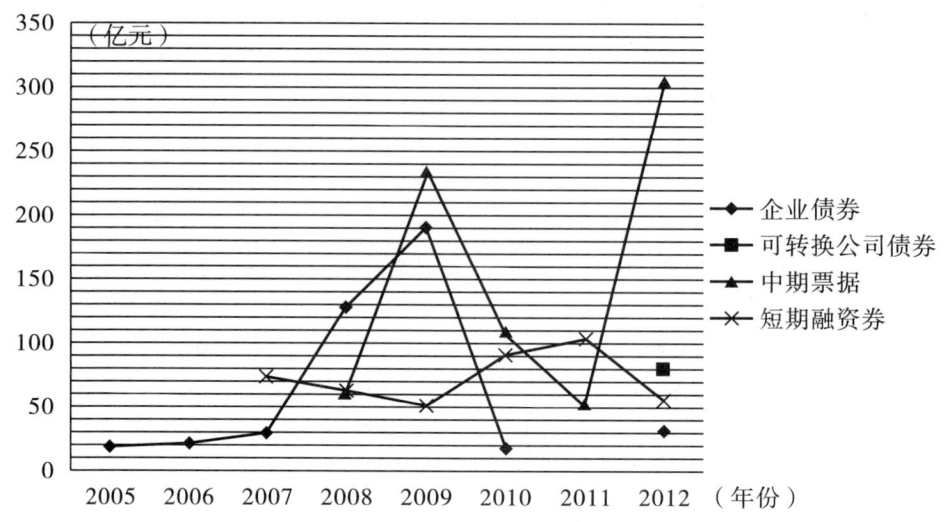

图 4-1 军工上市企业债权融资分布
(资料来源:根据刘建昌(2015))

年开始,军工上市企业债券发行一直处于增长状态,尤其是 2007—2009 年,增幅高达 533%,这或许与 2007 年前后中央出台的一系列政策性文件有关①。但在随后的一年,企业债券发行急剧下滑,跌幅达到 89%。从 2008 年开始发行中期票据,2009 年一度实现 240 亿元的市场规模,2011 年回落至 50 亿元,到 2012 年呈井喷式反弹,一跃突破 300 亿元。军工上市企业资金来源表现出越来越明显的多元化特征。

由此我们可以引出与中国军工上市企业债权融资相关的若干结论:①军工上市企业依然以外源融资为主,股权融资虽然一直占主导,但近年来债权融资无论在融资规模还是在融资结构上都有显著改观,尤其是企业债券和中期票据的份额不断增加。②中国证券市场是一种典型的"政策市",军工企业上市融资,在融资的规模、方式、程序以及对融入资金的使用上,均受到来自市场监管部门和行业主管部门的双重影响。③市场景气驱动效应和不同融资渠道所表现出的高度替代性,使得军工上市企业表现出强烈的"资本饥渴症",这与军民融合背景下军工产业转型和军工产权改革的整体态势是吻合的。④从股权融资和债权融资之间的关系看,配股在军工上市企业的

---

① 如 2004 年 6 月,国防科工委和国家发改委联合发布《国防科技产业政策纲要》;2007 年 2 月,国防科工委制定《关于非公有制经济参与国防科技工业建设的指导意见》;2007 年 3 月,国防科工委颁布《国防科工委关于深化国防科技工业投资体制改革的若干意见》;2007 年 6 月,国防科工委、国家发改委和国资委联合发布《关于推进军工企业股份制改造的指导意见》;2007 年 8 月,国防科工委又公布《非公有制经济参与国防科技工业建设指南》;2007 年 11 月,国防科工委颁布《军工企业股份制改造实施暂行办法》;2008 年 5 月,国防科工委、发展改革委、国资委三家联合印发《关于推进军工企业股份制改造的指导意见》。

融资渠道中占比逐渐下调,而企业债券、中期票据等方式对资金来源的贡献越来越明显,这一方面显示出军工上市企业正不断扩宽资本市场的融资半径,另一方面也再次说明军工上市企业对制度环境和市场规则所持有的理性心态。

第三节 军工上市企业治理结构特征

企业治理体系,一般是指由某一特定的法律、制度和文化等因素对利益相关者(管理层、员工、股东债权人、客户、供应商、政府等)影响管理决策的方式(Weimer et Pape,1999)。严格而言,企业治理应包括"内部治理机制"与"外部治理机制"两个维度(Denis et McConnell,2003;Gilson,2006)。企业外部治理,是指企业投资人(股东和债权人)通过市场体系对管理层进行控制,以确保投资收益的方式。这里的市场体系,至少要由产品(要素)市场、经理人市场、金融市场、并购市场、控制权市场等构成。简言之,外部治理是以购并、接管为代表的企业控制权市场的监督约束作用。企业内部治理,是指通过股东大会、董事会以及监事会等机构对企业管理层形成有效的监督制约机制,或者通过对管理层的股权薪酬激励机制达到有效的治理效果,这也是通常意义上的企业治理结构。

随着军工产权市场化的不断深入,企业间的并购、接管活动日益频繁,但由于军工上市企业一股独大,来自外部控制权市场的治理效应发挥有限,而军工上市企业的政府背景和特殊的行业属性,又进一步降低了外部接管的威胁。表4-4给出了军工上市企业股权结构、董事会结构和管理层薪酬体系等因素对企业投资行为的影响。

表4-4显示,军工上市企业国有股占比约为41.3%,而流通股占比约为34.4%,国有股占总股本的比重依然很高。从股权分置角度来看,包括国有股、法人股及其他性质的股份在内的军工上市企业非流通股,所占比重几乎达到了三分之二。在这种股权结构安排下,对于那些经营绩效不好的企业难以通过控制权市场实现购并和接管,从而资本市场的外部治理机制不能发挥应有的激励效果。

表4-4 军工上市企业治理结构

年份	国有股比重(%)	流通股比重(%)	管理层薪酬(万元)	管理层持股(%)	董事会规模(人)	董事会结构(%)	职能合一	样本量
2009	0.435 (0.310)	0.333 (0.200)	145.65 (18.81)	0.087 (0.005)	7.10 (3.11)	0.078 (0.025)	0.335 (0.330)	67
2010	0.449 (0.298)	0.354 (0.218)	151.73 (21.33)	0.092 (0.008)	7.66 (2.98)	0.110 (0.034)	0.319 (0.298)	69

续上表

年份	国有股比重（%）	流通股比重（%）	管理层薪酬（万元）	管理层持股（%）	董事会规模（人）	董事会结构（%）	职能合一	样本量
2011	0.412 (0.300)	0.319 (0.243)	176.98 (27.87)	0.105 (0.021)	8.03 (3.43)	0.223 (0.041)	0.376 (0.343)	73
2012	0.399 (0.289)	0.367 (0.251)	185.00 (33.13)	0.156 (0.066)	8.96 (3.55)	0.332 (0.047)	0.121 (0.212)	80
2013	0.401 (0.322)	0.300 (0.212)	178.12 (30.09)	0.143 (0.059)	9.32 (3.48)	0.289 (0.033)	0.220 (0.315)	82
2014	0.383 (0.255)	0.388 (0.244)	154.45 (27.00)	0.198 (0.073)	9.88 (3.70)	0.299 (0.030)	0.241 (0.359)	87
合计	0.413 (0.269)	0.344 (0.222)	165.32 (30.77)	0.130 (0.040)	8.49 (3.65)	0.222 (0.023)	0.269 (0.344)	458

各项指标计算依据为：①国有股比重＝国有股股数/总股本；②流通股比重＝流通股股数/总股本；③管理层薪酬＝前3名高管的年薪之和；④管理层持股＝管理层持股数/总股本；⑤董事会规模＝含董事长在内的董事会组成人数；⑥董事会结构＝独立董事人数/董事会人数；⑦职能合一＝1（如董事长与经理为同一人），或0（如董事长与CEO为不同人）。表中，括号内数字为标准差。

数据来源：根据色诺芬数据库（CCER）及各军工上市企业年报计算所得。

在第三章式（3-9）中，我们给出了管理层的薪酬表达：$M = m + r_M(R_3 - m)$。一般而言，管理层的合约化收益包括固定报酬 m（工资等）、股权与期权等权益 $r_M(R_3 - m)$ 以及 Jensen & Murphy（1990）所谓的权力、地位、荣誉、成就感等无法量化的非货币性收益。由表4-4可知，军工上市企业管理层薪酬（前三位）的年均值可达165.32万元，人均达55.11万元。从管理层持股指标看，从2009年的0.087上升到2014年的0.198，增幅达127.59%。

在董事会的治理作用上，一种观点认为上市企业董事会人数不宜过多，最好应控制在7~8人合适（Lipton & Lorsch，1992；Jensen，1993；Yermack，1996）。按照这一标准，目前军工上市企业董事会维持在一个较为适中的规模上。在董事会的组成中，独立董事因为处于声誉机制（reputation mechanism）或法律追责的考虑，理论上代表了企业股东的利益诉求，因此"董事会结构"这一指标能够较好地反映出上市企业董事会应有的治理能力和水准。按照中国证监会对独立董事占董事会人数不少于三分之一的规定，军工上市企业基本符合这一政策要求。至于独立董事的规模与军工上市企业经营绩效之间是否存在某种关联性，尚未得到实证研究的支持。

董事长同时兼任经理，在军工上市企业中约占到26.9%的比重，这一现象耐人寻味。按照吴淑琨（1998）的观点，职能合一与否会带来不同的效应：职能合一，有利于强化管理层的威权和自主性，但会损害内部控制的效果；职能分离，能够提高董事会的独立性和制衡功能，但不利于管理层人力资本的有效发挥。代理理论则主张"分离论"，认为董事长和经理的具体职责不同，在一定程度上，经理只是董事会的代理人，后者享有对前者进行聘任、解聘、监管、评价、晋升、定酬等权利（Jensen，1993）。目前，军工上市企业职能合一的比重如何影响企业经营绩效和投资行为，需要进一步进行经验研究。

第四节 军工上市企业投资特征

融资和投资，是企业经济活动中重要的两项内容。从融资的角度（资金来源、规模结构）分析企业投资行为，有助于更全面更深入地评价在融投资体制下企业的实际投资效率问题。这里，利用第二节中"军工上市企业融资结构"（表4-2）的相关数据，分析军工上市企业历年（2009—2015年）投资支出与融资构成之间的联动关系。这里，我们借鉴了Richardson（2006）计算投资支出的公式：投资支出=（支付的构建固定资产、无形资产等的现金-出售固定资产、无形资产等收回的净现金-当年折旧额）/年初总资产×100%。

从总体看，内源融资和外源融资（股权融资、债权融资、商业信用融资）呈现出较平缓的变动趋势，但投资支出在2012年前后发生较大的波动，同样呈下降趋势的还有商业信用融资。股权融资占比缓步上升，债权融资规模略有上调，但整体波动幅度微小。企业投资支出与股权融资、债权融资在变化趋势上正好逆反。股权融资依然是军工上市企业投资所需资金的主要来源，但这一变动情况同时也表明投资行为中的保守主义倾向（图4-2）。

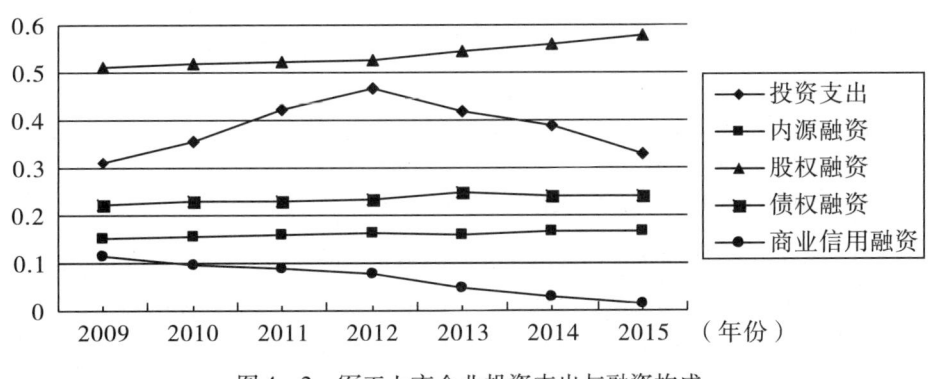

图4-2 军工上市企业投资支出与融资构成

从企业治理角度看，来自外部的企业接管市场和法律及管制体系，与来自内部的董事会和所有权结构，会对管理层形成制衡（Hutton，1995；Kay & Silberston，

1995)。而且，所有权集中的上市企业，控股股东作为企业最大的利益相关者，有动机提升企业的市场价值，并愿意聘请拥有较大人力资本的管理层投资经营，从而产生所谓的联盟效应（Attig et al.，2003；Morck et al.，2004；Villalonga et Amit，2005；Maury，2006）。这里，我们选取"企业规模"和"国有股比重"两个指标，分析军工上市企业投资支出的基本特征。

表4–5 企业规模、国有股比重与军工上市企业投资

年份	企业规模			国有股比重			均值	样本量
	小	中	大	小	中	大		
2009	0.331 (0.341)	0.330 (0.333)	0.341 (0.387)	0.410 (0.443)	0.387 (0.401)	0.377 (0.411)	0.363 (0.397)	67
2010	0.325 (0.389)	0.338 (0.371)	0.340 (0.373)	0.401 (0.441)	0.378 (0.399)	0.380 (0.418)	0.360 (0.392)	69
2011	0.337 (0.340)	0.343 (0.377)	0.345 (0.388)	0.416 (0.439)	0.388 (0.400)	0.399 (0.427)	0.371 (0.388)	73
2012	0.332 (0.338)	0.358 (0.397)	0.349 (0.400)	0.422 (0.455)	0.390 (0.415)	0.404 (0.433)	0.376 (0.410)	80
2013	0.325 (0.333)	0.365 (0.410)	0.352 (0.417)	0.427 (0.451)	0.392 (0.423)	0.411 (0.435)	0.379 (0.417)	82
2014	0.299 (0.310)	0.366 (0.413)	0.355 (0.423)	0.430 (0.449)	0.383 (0.394)	0.402 (0.417)	0.373 (0.405)	87
2015	0.314 (0.321)	0.370 (0.422)	0.350 (0.419)	0.428 (0.441)	0.388 (0.403)	0.398 (0.401)	0.375 (0.398)	93
合计	0.323 (0.335)	0.353 (0.377)	0.347 (0.371)	0.419 (0.433)	0.387 (0.406)	0.396 (0.419)	0.371 (0.488)	551

各项指标计算依据：①企业规模＝企业总资产的自然对数；②国有股比重＝国有股股数/总股本；③投资支出＝（支付的构建固定资产、无形资产等的现金 – 出售固定资产、无形资产等收回的净现金 – 当年折旧额）/年初总资产×100%（Richardson，2006）；④企业规模与国有股比重，按样本第33百分位和第66百分位作为界点来进行分组。表中括号内数字为标准差。

数据来源：根据色诺芬数据库（CCER）及各军工上市企业年报计算所得。

Myers & Majluf（1984）、Greenwald（1984）、Fazzari et al.（1988）、Hadlock（1998）、Allayannis & Mozumdar（2004）、Lyandres（2007）等学者认为，信息不对称和代理问题的存在，使得企业外部融资成本大于内部融资成本，企业现金持有就会影响到企业投资行为。当内部融资有限时，企业往往会选择放弃有价值的投资项目从而发生融资约束。Kadapakkam et al.（1998）以企业规模来反映融资约束这一变量，发现大规模企业的投资，现金流敏感性要大于小规模企业。从企业规模指标看，在2012—2015年间，中等规模军工上市企业的投资支出最多，而小规模企业最少。在

投资支出的波动性上，大、中、小规模企业最大投资与最小投资波幅分别为4.41%、12.12%、12.71%，可见小规模企业在投资上表现出更大的不稳定性，可能面临着更严重的融资约束问题。而由于代理成本的存在，中、大规模的企业具有更为明显的过度投资倾向，其投资支出水平相对更高一些。

从国有股比重指标看，投资支出与国有股比重呈显著负相关关系，而且这种关系表现出较强的稳定性。由于国有股在一定程度上反映出企业的治理状况，这一结论意味着军工上市企业治理结构对企业投资行为的影响相对稳定。国有股越集中的军工上市企业，其投资支出越少，这一现象与部分学者研究中国上市企业得出的结论是一致的。张为国和翟春燕（2005）、侯晓红（2006）、吕长江和肖成民（2006）、李艳荣（2007）等发现，当预期上市企业的投资回报率较低或持有的现金流较少时，终极控制人更易发生掏空行为。因为将企业资源进行隧道挖掘比用于扩大规模的投资能获得更多的私人收益，从而上市企业用于投资的资源将减少，导致投资不足。因此从控制权代理的角度分析，国有股集中的军工上市企业更容易发生掏空行为和投资不足问题。

第五章 控制权、退出权与军工上市企业资本结构

股权的多元化与分散化,是现代企业产权结构演变的重要趋势和特点(白津夫,2005)。中国股份制改革真正意义上的启动,始于1992年《股份制试点企业办法》《股份有限公司规范意见》《有限责任公司规范意见》以及1994年《中华人民共和国公司法》的相继出台。在这期间,1993年,军工行业初步完成改制上市[①];随后的1997年,为引入内部竞争机制,中国军工被一分为二重组为十大集团公司。之后,在管理体制和机构设置上几经嬗变,但股权的过度集中化问题一直悬而未决,成为制约国防军工做大做强的根本症结所在。2004年,中国政府在《国防科技产业政策纲要》中正式提出"投资主体多元化"。随着一系列导向性极强的政策文件的颁布,之后的2004年和2007年更是成为引领中国军工突破"制度孤岛"和"资本孤岛"体制障碍、实现整体性战略突围和扩张的奠基之年。这一阶段的突出特征是,国有股独步天下的格局逐渐被打破,军工产权市场的流动性明显提速,军工投资主体多元化的外部因素不断涌现。从世界军事工业发展来看,不断推动企业参与市场竞争,借助资本市场加速扩张是其做大做强的关键。中国军工产业虽然经历了以"军转民"为主要标志的适应性调整阶段和"十五"期间以后的结构性调整阶段,但总体而言,国有股一枝独秀的问题依然没有得到根本解决,军工企业投资主体多元化程度一直偏低。哪些因素影响到市场投资者的决策?军工上市企业治理效应与投资者的市场行为存在怎样的关联性?通过什么途径可以达致融资合约安排的合意解?本章研究目的正在于探究军工技术效率、企业治理与军工投资人退出权行为的内在关系。

第一节 理论分析

假设军工上市企业启动一项新投资计划,为此需要进行融资。为简化起见,将融资额标准化为1,并设投资成功的概率为p。此项目投资一旦成功($p=1$),可产生现值为R的现金流。企业内源融资为k($0<k<1$)(如累计留存或军工集团内部市场拆借),从而需要在资本市场上融资$1-k$。新融资合约的关键条款包括:资本报酬率(或投资人剩余索取权)r,赋予投资人监管管理层投资行为的控制权C,以及作为特别附加条款、允许投资人相机撤资的退出权E。变量E反映了投资人行权的先后次序,可视为剩余索取权的替代性指标。E越大,投资人的索取权越优先。一般而

[①] 当年上市的军工企业共有四家,按上市时间先后依次为飞亚达A(000026)、航天通信(600677)、广船国际(600685)、ST轻骑(600698)。

言,债权索取权要优先于股权索取权,也即 $E_D > E_S$。假设军工管理层的努力水平为 ω,军工企业的技术效率为 θ,$0 < \omega < 1$,$0 < \theta < 1$。假设合约化投资人的权力为 ϕ,不失一般性,令 $\phi = \alpha C + \beta E$。

一、控制权、退出权与剩余索取权

合约控制权 C 给军工管理层带来的效用为:

$$U_C = -\frac{1}{2}Ak[(1-k-\omega)C]^2 \quad (5-1)$$

由于信息不对称以及"搭便车"的冷漠理性,这种控制权对管理层而言更多是一种软约束。当信息成本过高而使得投资人无法有效测度管理层的决策水平和努力程度时,管理层可以借助信息优势进行策略性寻租行为,如偷懒、侵占、资产挪用、过度消费、会计操纵等。合约度量机制的失效要求采用监督机制进行补偿,即通过将诸如收益索取权、资产清算权、董事权、投票表决权及其他控制权授予投资人,确保投资人的资本收益。变量 ω 越大,在控制权博弈中投资人越不需要实施监管,从而带给管理层的负效用就越小。

军工上市企业自有资本 k,具有两种效果:一方面,k 越大,按照"同股同权"原则,管理层(代表控股股东)享有的控制权越大,投资人(外部股东或债权人)监管带来的负效用相对越小;另一方面,合约中让渡给投资人的 C 越大,意味着管理层决策空间就越受限制,在某些情形下可能屈从于投资人的意志。特别地,如果在合约中注明投资项目是"阶段性融资",投资人能够根据军工企业的投资效果来相机行使表决权甚至是否决权,很可能会导致项目的中断和终止,引起自有资本 k 的耗损。

式(5-1)中,系数 A 反映管理层的自信度和权力欲。由于军工国有股权"一股独大",而管理层人选属于行政任命,或干脆由董事长兼任(第四章分析显示,董事长与经理"职能合一"的比重平均达到0.269),其往往拥有超出合约规定的剩余控制权权限,自我实现感和自负心理相对更强烈。

合约退出权 E 给军工管理层带来的效用为:

$$U_E = -\frac{1}{2}Bk[(1-k-\theta)E]^2 \quad (5-2)$$

技术效率 θ,常用于反映控制权代理中的逆向选择问题。变量 θ 具有信号传递功能:技术越强,项目投资的成功率 p 越大,资本保值和增值的可能性就越大,资本退出的可能性就越小,对管理层造成的效用损失就越少。

同样,k 的影响表现在两个方面:一是担保效应。企业自有资本越多,为投资者提供风险担保就增大,个体投资人的退出造成的冲击就越小。投资人行使退出权 E,其实质就是通过特定的权利实施机制将自我意志作用于企业之上,从而达到控制投资风险的目的。军工上市企业以其全部资产作为保证来为 $1-k$ 的外部投资提供担保。k

越大（意味着 $1-k$ 越小），资本保值效果越好。此外，投资人权力集 $\{C,E\}$ 的合约安排及其可执行性（权力系数 ϕ），也将影响到资本保值效果。基于这两点考虑，可用 $(1-k)^{-1}(\alpha C+\beta E)$ 作为投资人资本保护强度系数。二是套牢效应。k 越大，一旦投资撤离，军工上市企业将为自有投资 k 承担效用损失。整体资本的逃逸对企业冲击巨大，但分散资本的抽离几乎难以产生实质性影响。为此，用 B 表示军工上市企业外源性资本的聚散度。资本来源越分散，资本退出对管理层的影响就越小。

二、合约效用

投资人对军工上市企业的风险预期为：

$$(1-p)(1-k)[1-(1-k)^{-1}(\alpha C+\beta E)] \tag{5-3}$$

式（5-3）中，$1-(1-k)^{-1}(\alpha C+\beta E)$ 表示外源性融资不能得到保护的程度。由此，投资人总效用可表达为：

$$U_I = p(1-k)r-(1-p)(1-k)[1-(1-k)^{-1}(\alpha C+\beta E)] \geq 0 \tag{5-4}$$

式（5-4）转化为：

$$r \geq (p^{-1}-1)[1-(1-k)^{-1}(\alpha C+\beta E)] \tag{5-5}$$

式（5-5）是投资参与约束，单位资本剩余索取权如果低于该比值，则投资人不会注入资本。投资人参与投资的第二个条件为：

$$\frac{(1-k)r}{R} < 1-k \tag{5-6}$$

化简式（5-6），得：

$$r < R \tag{5-7}$$

联立式（5-5）和式（5-7），得：

$$(p^{-1}-1)[1-(1-k)^{-1}(\alpha C+\beta E)] \leq r < R \tag{5-8}$$

用 U_F 表示军工管理层（代表国有大股东）的总效用函数，其效用最大化函数为：

$$\mathrm{Max}U_F = pR - p(1-k)r - (1-p)k - \frac{1}{2}Ak[(1-k-\omega)C]^2 - \frac{1}{2}Bk[(1-k-\theta)E]^2 \tag{5-9}$$

s.t. 式（5-8）

对式（5-9）中 C、E 求导，得：

$$C^* = \frac{(1-p)\alpha}{Ak(1-k-\omega)^2} \tag{5-10}$$

$$E^* = \frac{(1-p)\beta}{Bk(1-k-\theta)^2} \tag{5-11}$$

再由式（5-5），得：

$$r^* = (p^{-1} - 1)[1 - (1-k)^{-1}(\alpha C^* + \beta E^*)] \quad (5-12)$$

式（5-10）~（5-12）是所有权合约中投资人的剩余控制权、退出权和剩余索取权的均衡解。

三、技术效应

我们区分两类军工上市企业：θ_H 表示高技术效率企业，θ_L 表示低技术效率企业（$\theta_H \geqslant \theta_L$）；$\theta_i$（$i = H, L$）的真实信息为企业独享。给定外源融资 $k'(= 1-k)$，对投资人而言，投资于高技术效率的企业将获得更多效用。这里，参照 Tirole（1988）的"纵向差异框架"，假定军工投资人的效用函数为：

$$U(\theta, V, k') = \theta V - k' \quad (5-13)$$

这里，V 表示投资人类型，$k' \in \{k'_H, k'_L\}$ 表示资本投入量。V 的净效用可表达为：

$$U(\theta, V, k') = \begin{cases} U_H(V) = \theta_H V - k'_H, \text{if } \theta = \theta_H \\ U_L(V) = \theta_L V - k'_L, \text{if } \theta = \theta_L \\ 0, \text{if else} \end{cases} \quad (5-14)$$

由此，可确定三种类型的"临界投资人"（critical investor）：
$V_L^* = k'_L/\theta_L$，$V_H^* = k'_H/\theta_H$，$V_{HL}^* = (k'_H - k'_L)/(\theta_H - \theta_L)$

考虑到 $U_L(V_L^*) = 0$ 而 $U_L'(V) > 0$，因此任何 $V > V_L^*$ 类型的投资人都将选择投资（不退出）。简单推导可得 $V_{HL}^* > V_L^*$，等价于 $V_H^* > V_L^*$，也即：

$$\theta_L/k'_L > \theta_H/k'_H \quad (5-15)$$

式（5-15）表明，只有当低技术效率的军工上市企业对于投资人具有更高的"性价比"（单位投资的技术回报）时，投资人才会选择跟进（不退出）。因此，从所有权合约设计看，有如下基本命题：

命题一：军工上市企业对外源资本 $1-k$ 存在融资需求。一旦资本退出，将蒙受损失，因此 $E^* = \text{Min}E^*$ 是其动态最优目标。

命题二：由于信息不对称，投资人无法准确区分 θ_H 和 θ_L 型军工上市企业，但经验判断项目投资成功（$p \to 1$）在很大程度上取决于 θ 而非 k[①]。

命题三：较之 θ，k 的直接定价成本更低，因此可作为 θ 的替代性指标。

由于信息成本的约束，投资人通常会在 $\left(\dfrac{1-\theta_H}{3}, \dfrac{1-\theta_L}{3}\right)$（式（5-11）对 k 求导得出）区间判别 θ 的类型（由命题二）。对 θ_H 型军工上市企业而言，最优合约设计为

[①] 当然，在政府提供隐性担保合约下，θ_L 类军工企业有动力通过粉饰会计报表等方式来包装上市，或是上市后通过盈余管理来实现控股股东对自由现金流的"利益输送"，从而产生证券市场上比较普遍的利润操纵行为。

$E^* = E^*(\frac{1-\theta_H}{3})$；对 θ_L 型军工上市企业而言，最优合约设计为 $E^* = E^*(\frac{1-\theta_L}{3})$（由命题一知）。在区间 $(\frac{1-\theta_H}{3}, \frac{1-\theta_L}{3})$ 上，可能存在一个最优内源性资本 k_0，使得：

$$E_0^* = E^*(k_0)_{\theta_H} = E^*(k_0)_{\theta_L} \qquad (5-16)$$

显然，$E_0^* > E_{\mathrm{Min}}^*$。我们将 $\Delta E^* = E_0^* - E_{\mathrm{Min}}^*$ 定义为"退出权收益"（exiting gain）。ΔE^* 的大小与资本市场治理环境息息相关，如军工上市企业的信息披露制度及其规制政策，能够极大影响市场投资人的决策行为；再如，如何培育理性的投资人群体，使其决策生成与军工上市企业的资质（技术效率、企业治理等）形成交互影响。

第二节 实证分析

由于退出权变量本身无法精确测度，目前已有不多的研究成果多从规范的角度进行分析，如杨其静（2004）就直接将退出权定义为一种"赎回权"，这种权利在合约中表现为不同的融资方式，如较大的退出权安排意味着企业主要依靠发放债权进行融资，并且这种融资往往是短期性的，典型的如商业贷款等。

一、回归模型

首先，我们定义一个反映军工投资退出权变动的指标：$dE = E - E^*$。这里，E^* 表示最小合约退出权。显然，退出权可以理解为投资人对军工管理层投资决策的反应：

$$dE_{it} = \frac{\partial E_{it}}{\partial C_{it}} dC_{it} + \frac{\partial E_{it}}{\partial C_{-i,t}} dC_{-i,t} + \varepsilon_{it} \qquad (5-17)$$

其中，C_{it} 表示在 t 年军工上市企业的投资行为，$C_{-i,t}$ 表示在 t 年其他市场因素。进一步，如果这一行权本身不是出于投机性的，那么在理性经济人假设下，投资人能够根据不同渠道的信息（如企业季报年报、金融机构等）来判断被投资军工上市企业的整体状况，从而做出理性选择。从某种意义上说，dE 刻画了投资人对企业投资行为的敏感度。这里，我们将投资人能够获悉的（主要通过财务报表）反映企业投资行为的指标定义为 $C\&I$，它是经营费用 C（包括销售费用、管理费用、财务费用等期间费用）与技术投入 I（包括研发投入、固定资产和无形资产购置等）之和与主营业务收入的比值。因此，指标 dE 可以表示为投资人对军工上市企业 $C\&I$ 的变化与对同行业平均 $C\&I^*$ 的变化之差，即：

$$dE_{it} = \delta_0 + \delta_1(C\&I_{it} - C\&I_{i,t-1}) + \delta_2(C\&I_t^* - C\&I_{t-1}^*) \qquad (5-18)$$

一般而言，行业的变化参数 δ_2 是负值，军工上市企业投资行为的变化参数 δ_1 为

正值,而且一般来说,$\delta_1 > |\delta_2|$。我们将 $\tau = -\dfrac{\delta_2}{\delta_1}$ 定义为军工所有权合约的"退出权弹性",这是一个很形象的概念,它反映出投资人对企业的认可度和依附度。显然,δ_1 越大,δ_2 越小,τ 值就越小,这意味着企业技术效率和管理层能力越强,投资人就越有动力保留行使"退出"的权利。

τ_i 的回归计量模型设为固定效应的面板数据模型:

$$\tau_{it} = \alpha + \beta X_{it} + u_i + \nu_t + \varepsilon_{it} \tag{5-19}$$

这里,α 是常数项,β 是解释变量的系数,X_{it} 是影响 τ_i 的各种因素,u_i 是不可预期的企业效应,ν_t 是不可预期的时间效应,ε_{it} 是随即误差项,并且 $u_i \sim IID(0,\sigma_u^2)$、$\nu_i \sim IID(0,\sigma_\nu^2)$、$\varepsilon_{it} \sim IID(0,\sigma_\varepsilon^2)$。

二、解释变量

影响退出权弹性的因素 X_{it},主要还包括资本结构、企业治理、企业价值、市场环境等四个方面。

(1) 资本结构变量。资本结构是指债务资本与权益资本的构成比例。考虑到目标企业资本筹集方式,债权较之股权的退出权弹性相对要小。虽然使用市场价值计算负债比率更能真实体现企业价值(Sibley,1991),但鉴于中国上市企业中超过三分之二的股份为非流通股,而军工上市企业这一比例更高,这样就不能形成一个统一标准来测度军工上市企业的市场价值,因此采用账面值来计算负债比率。我们选用财务杠杆(Leverage)和长期负债率(LTDebt)两个变量进行描述,并定义财务杠杆为总负债账面值与总资产账面值之比,长期负债率为长期负债账面值与总负债账面值之比。Morck et al. (1988) 认为,负债具有税盾效应,适度负债能够提高企业市值。此外,从代理权角度,McConnell (1995) 认为引入债权可有效减少控制权代理成本。

(2) 企业治理变量。本章第一节中,我们用 B 表示军工上市企业融资的聚散度。一般而言,资本来源的分散化有利于提升目标企业的绩效和市场价值(Berle & Means,1932;Jensen & Meckling,1976;Demsetz & Lehn,1985;Holderness & Sheehan,1988;La Porta,1999;Claessens et al.,2002;Anderson & Reeb,2003;Barontini & Caprio,2005;Almeida & Wolfenzon,2006),从而投资者选择退出的弹性相对变小。目前,衡量股权集中度的变量一般有 CR 指数、H 指数和 Z 指数。这里我们选用 CR_5,它表示军工上市企业前五位大股东所持股份占总股份的比重。此外从薪酬结构来看,正如 Jensen & Meckling (1976) 指出的,提高内部股东(管理层)的股权比重,能降低代理成本,提高企业价值。因此,管理层持股(Managershare)比例越大,控制权私利行为发生的概率就越低,投资人选择退出行权的弹性相对越小。

(3) 企业价值变量。Tobin′Q 值常用来衡量上市企业价值,并以此验证因控股股东控制权行为所导致的企业市场价值减少的程度。该值被定义为"企业资产的市场价值与重置成本的比率"(Tobin,1969)。由于企业重置成本数据难以获取,我们用"总资产账面值"指标替代,并将军工上市企业市值定义为"普通股市值与债务面值之和"。考虑到军工上市企业有相当比重的股份属于非流通股,其市值如果按照一般流通股的标准计量,可能存在一定误差,因此借鉴 Chen & Xiong(2001)和 Bai(2002)的研究思路,在确定军工上市企业非流通股的价格时,以其相对于流通股价格折价 82%(取 78%~86%的中间值)来计算。此外,还有四个反映企业经营情况的变量:①企业规模(Size),用"年末总资产账面值"来计量。企业规模越大,其成长性越小(Lins,2003),因此其市场价值就越低。为避免年末总资产账面值分布的偏度和异方差问题,在进行回归分析时取其自然对数值。②企业成长性(Growth),用企业过去五年的主营业务收入增长率的年均值作为测度指标。③资产专用性(AssetsSpecificity,简记为 AS),该指标是指资产能够被重新配置于其他用途而不牺牲其生产性价值的程度(Williamson,1988),可视为测度军工上市企业技术效率的代理变量。我们在 Shleifer & Vishny(1992)研究的基础上,使用"(固定资产+无形资产)/总资产"的平均值来作为测度资产专用性的替代变量。④行业属性(Industry),行业因素对上市企业的财务指标能够产生强烈影响(Schmalensee,1985),从而能够间接作用到所有权合约的退出权弹性。由于军工上市企业绝大多数都属于制造业,按照 2001 年 4 月中国证监会颁布的《上市公司行业分类指引》的 3 位数代码,我们进一步将其各项主营业务收入细分为 C11、C43、C49、C51、C53、C61、C71、C73、C75、C76、C78 等 11 个大类。此外,将信息技术业(G 类)、建筑业(E 类)和综合类(M 类)的军工上市企业也一并包括进来,并将其与所占比重较小的 G、E、M 类平行分析,可以平滑样本在数量上波动较大而可能产生的偏误。以 C75 类军工上司企业为基准行业,这样可得到 13 个行业哑变量(dummy variable)。

(4)市场环境变量。在影响投资人退出权弹性的各种因素中,企业外部环境的变化非常重要,这在行为金融学的相关研究成果中得到实证支持。余明桂(2006)利用企业景气指数和上市企业年度业绩预告的变化,以此判断管理层是否存在过度自信行为。我们认为,由于信息不对称,军工投资人行权的判断基准,与以上两个指标是密不可分的。当市场信息利好时,乐观投资人往往低估企业经营风险,从而较少行使退出权,而且在投资方式上更加偏好于权益性投资。参照余文的研究方法,我们用这两个指标来替代投资人乐观情绪(Optimistic),以此衡量对退出权弹性的影响。

三、描述性统计

我们选取 2009—2014 年在沪、深两市挂牌交易的发行 A 股(包括同时发行了 B 股和 H 股)的军工上市企业作为研究样本,这样就形成了 510 个观察数的平行面板数据。各变量的数据值,除企业景气指数的数据来源于国家统计局官方网站(http://www.stats.gov.cn)以及 τ_i 值需要通过计算之外,其他均来自 CCER 一般上市公司财务数据库和 CCER 上市公司治理结构数据库，部分数据来自于各军工上市企业样本期间年报，由手工录入完成。

表 5-1 变量描述性统计特征

Variables	Mean	Median	Max	Min	Std. Dev.
τ	0.3430	0.3970	0.5204	0.2380	0.4365
Leverage	0.4070	0.4015	0.7284	0.0875	0.1565
LTDebt	0.1250	0.0930	0.5050	0.0050	0.1150
CR_5	0.6250	0.6230	0.7960	0.3540	0.1000
Managershare	0.002	0.000	0.009	1.96E-06	0.002
Tobin'Q	0.7524	0.7764	0.9046	0.5575	0.0882
Size	20.7864	20.7970	23.2414	19.2153	0.8418
Growth	0.2600	0.2315	0.6083	0.0341	0.1316
AS	0.4256	0.4580	0.7414	0.2720	0.2112
Industry	0.4510	0.0000	1.0000	0.0000	0.5025
Optimistic	113.3700	114.2100	121.4500	107.2900	3.7700

样本企业的描述性统计特征如表 5-1 所示。其中，退出权弹性（τ）的均值为 0.343（中位数为 0.397），最大值为 0.52，最小值为 0.24。这一弹性值相对较小，反映出投资人对军工上市企业具有较好的市场预期。从管理层持股（Managershare）情况来看，各值都很小，说明军工上市企业管理层持股比例相当小。前五大股东所持股份比例（CR_5）平均达 62.5%（中位值为 62.3%），最高可达 79.6%，最小也有 35.4%。由此可见，军工上市企业股权分布是相当集中的。军工上市企业股权结构单一化倾向比较明显，"一股独大"的问题仍然比较突出。

财务杠杆（Leverage）方面，平均负债比为 40.7%（中位值为 40.15%），最大值为 72.84%，最小值为 8.75%。有关数据显示，中国沪深两市上市企业资产负债率平均值为 48.19%，5000 户工业企业的这一指标的均值为 58.63%，而 G-7 国家非金融类上市企业的杠杆水平多年来维持在平均 65.60% 的高位上。可见，军工上市企业杠杆水平与国内企业相比，存在明显的差距，而与国外企业相比，差距进一步拉大，相差达 24 个百分点。这表明，中国军工上市企业融资方式以权益性资本为主，整体负债水平偏低。虽然政府对军工行政管理体制和市场运行体制进行了大幅度的改组（1999 年 7 月，六大军工总公司重新改组为十一大军工集团；2008 年，又调整为十大军工集团），同期国家对军工行业的投资规模保持着逐年增长，但资金来源单极化问题一直制约着军工行业做大做强。单靠传统内源性融资,在财政、银行和集团之间进行内循环,不足以支撑军工产权改革的深度化和持久化。此外,长期负债率(LTDebt)这一指标,平均值为12.5%(中位值为9.3%),最大值为50.5%,最小值为0.5%。由此可见,军工上市企业长期负债占总负债的比重明显偏小,企业的资金缺口可能更多来自于短期性流动负债。

乐观指数(Optimistic)的所有指标都大于100,显示出投资人对军工板块具有良好的期待心理。这表明,军工企业经过多年发展,产业升级、进口替代等方面的比较优势已得到市场认可。加之2007年以来一系列推进军工股权改革的政策性措施出台,更强化了市场的这种乐观情绪。

四、实证检验

实证研究部分采用混合普通最小二乘法逐步回归,考虑到异方差存在的可能性,回归分析中 t 值均经由 White 异方差校正的稳健标准误计算所得(括号中给出的是 t 检验的 p 值),结果如表5-2所示。为更好反映不同变量对退出权的影响,我们进行局部技术处理,分别考察不同性质变量的显著性水平。

表5-2 退出权弹性的混合 OLS 估计

解释变量	被解释变量:退出权弹性					
	(1)	(2)	(3)	(4)	(5)	(6)
AS	-0.2920[b] (0.045)	—	-0.2681[a] (0.008)	—	-0.3310[a] (0.007)	-0.5710[b] (0.039)
CR_5	2.2718[a] (0.007)	—	—	3.1114[d] (0.189)	3.3433[b] (0.047)	2.9980[b] (0.027)
Managershare	-0.2152[a] (0.008)	—	—	-0.3364[a] (0.007)	-0.4008[a] (0.005)	-0.3885[a] (0.007)
Leverage	—	-0.4326[b] (0.034)	-0.3305[b] (0.021)	-0.4787[a] (0.009)	-0.3838[a] (0.006)	-0.4178[b] (0.044)
LTDebt	—	0.2114[c] (0.088)	0.1943[c] (0.071)	0.2882[b] (0.047)	0.3000[b] (0.038)	0.2776[b] (0.008)
Tobin'Q	—	-0.6643[b] (0.041)	-0.5528[b] (0.044)	-0.6110[b] (0.032)	-0.5966[a] (0.005)	-0.6613[a] (0.006)
Size	—	-0.4432[a] (0.002)	-0.3739[a] (0.003)	-0.5121[a] (0.004)	-0.3116[b] (0.012)	-0.4855[b] (0.016)

续上表

解释变量	被解释变量：退出权弹性					
	（1）	（2）	（3）	（4）	（5）	（6）
Growth	—	-0.4432^c (0.092)	-0.5007^c (0.085)	-0.5773^d (0.126)	-0.4774^b (0.033)	-0.5551^a (0.009)
Industry	—	0.0747 (0.244)	0.0822^d (0.175)	0.0800 (0.251)	0.1001 (0.209)	0.9984^d (0.184)
Optimistic	—	-0.6070^a (0.003)	-0.7131^a (0.004)	-0.6763^a (0.002)	-0.7117^a (0.004)	-0.6626^a (0.001)
AS * CR$_5$	—	—	—	—	—	0.8871^b (0.033)
AS * Managershare	—	—	—	—	—	-2.1336^a (0.002)
Constant	-0.3122^c (0.076)	0.6652^b (0.047)	0.5744^b (0.033)	0.7116^b (0.029)	0.8066^a (0.005)	0.8543^a (0.008)
Adjusted R^2	0.186	0.359	0.472	0.513	0.540	0.578
F - statistic	8.2210^b (0.033)	10.4547^b (0.021)	18.6711^b (0.027)	24.3023^b (0.011)	17.4949^b (0.012)	22.0095^a (0.008)

注：①回归估计采用混合普通最小二乘法（OLS）；②a、b、c、d 分别表示 1%、5%、10% 和 20% 的显著性水平；③括号中的数值为双侧 t 检验的 p 值。

具体而言，回归 1 将注意力集中到技术效率（AS）和企业治理（CR$_5$、Managershare）解释变量，结果显示两者分别在 5%、1% 的水平上通过显著性检验，且符号与理论分析相一致。企业治理的两个变量对退出权弹性的影响效果是相反的。股权集中的程度越高，投资人行权的概率也越大（系数值达到 2.2718，且在 1% 水平上高度显著）；而管理层持股比例越大，退出权弹性却呈反向变化，这说明投资人对军工管理层持股表现出一种积极肯定的态度。可见，在股权配置的企业治理层面上，军工上市企业在分散外源股权的同时，应择机优化管理层的薪酬体系，强化股权激励的效果。

回归 2 则以其他控制变量作为解释变量，结果显示与理论预期吻合。其中，财务杠杆系数为负，且在统计上显著，说明军工上市企业提高负债率增加了市场价值，减少了投资人退出的弹性空间。另一方面，长期负债率变量的系数为正，这意味着投资人对于长期负债持一种抵触或厌恶的心态。Hart（1995）的一项研究成果显示，由于管理层对控制权本身以及由此延伸的将控制权实体化的"营造商业帝国"（empire-building）有着极其特别的趋好，所以通常意义上的激励计划并不能有效地阻止其私人性控制权滥用。短期债务使管理层为了避免遭受"被清算"的结局，从而能够提升企业的短期经营利润；而长期负债由于还本付息时限较长，成本相对较高，管理层对长期融入资本的操控余地相对较大，从而增加了企业的代理成本。描述性统计也显示，军工上市企业债务结构以短期性为主，长期负债比重较小，这也解释了军工退出权弹性偏小的原因。此外，在企业价值方面，托宾值和企业成长性两个自变量的系数都为负，且在不同水平上具有显著性，这一结论与前文分析是吻合的。但企业规模也表现出了与退出权弹性反向变化的特征，这不符合我们的预想。一个可能的解释是，投资人并不认为规模大的企业其发展潜力就小，而恰恰相反，规模化运营可能给市场释放了一个强烈的积极信号（自有资本 k 所具有的"信号显示"和"信号强化"功能）。我们发现，行业属性变量对投资人的行权没有统计学上的显著性。最后，从市场环境的角度，乐观指数与退出权弹性高度负相关。可见，乐观的情绪的确能够稳定和强化投资人的市场信心，从而形成一个有助于军工持续发展的良性外部环境。结果显示，回归1的拟合优度要远小于回归2，说明退出权的影响因素很多，如果仅考虑技术效率和企业治理的影响而遗漏其他重要控制变量，结果可能存在偏误。故此，在回归2基础上分别增加技术效率和企业治理变量，得到回归3~5。

回归3显示技术效率显著影响着退出权弹性，在加入该解释变量后整体拟合优度明显提高，且各变量回归系数与理论分析一致，并通过相应水平的显著性检验。回归4在回归2的基础上加入了两个企业治理变量，其模型拟合优度也有效提高，系数符号也符合预期设想。回归5则显示，技术效率和企业治理变量同时对退出权弹性施加影响，且都通过了显著性检验。此外，我们考察系数发现，回归5中 AS、CR_5 和 Managershare 的绝对值都变大，而其他控制变量回归系数的绝对值多数变小了，这说明在控制其他变量之后，技术效率和企业治理对退出权弹性的影响更为显著。

回归6考察了技术效率和企业治理对退出权弹性的共同影响，即加入了交叉项 $AS \times CR_5$ 和 $AS \times Managershare$，结果显示分别通过了5%和1%的显著性检验，这表明技术效率和企业治理对退出权弹性具有交叉影响。但这种影响包含两个不同层面：$AS \times CR_5$ 项对退出权弹性的影响系数为正，表明在军工股权流动性不高的情况下，即使军工上市企业技术效率强（如研发能力、战略管理能力、市场拓展能力等），投资人仍可能倾向较大的退出空间；$AS \times Managershare$ 项对退出权弹性的影响系数为负，这一点容易理解，良好的技术实力和经营管理，无疑对市场投资人具有相当大的吸引力。

五、稳健性检验

由于本研究样本的时间跨度相对较小（6年），涉及的横截面企业相对较多，为避免利用面板数据进行分析所可能引起的残差序列相关和时间序列相关，我们对所有样本企业的变量值取其 6 年均值并进行重新估计，结果与使用平行数据进行分析的相关结论是基本吻合的。同时，借鉴余明桂（2006）的研究思路，替换行业景气指数变量，而改用军工上市企业业绩预告的变动情况来反映投资人的乐观指数，回归结果总体上表现出较好的拟合性。此外，考虑到退出权弹性的影响因素可能是时间趋势项，我们将回归模型中所有自变量（哑变量行业属性除外）转化为年度变化值 ΔX_i（年末值与年初值之差）。在数据因时间区间变动而损失的允许范围之内，重新进行回归的结果显示，各自变量与退出权弹性的统计学关系并没有受到时间趋势项的干扰，之前得出的结论依然成立。

六、结论

股权的多元化与分散化，是现代企业产权结构演变的重要趋势和特点。股东治理结构和股权集中度是在产品竞争结构变化和资本市场控制权接管压力下，上市企业为实现持续经营而采取的一种商业化选择。研究表明，在股权结构的制度安排上，不存在既定、具有普世意义的标准或模式，股权的数量充其量只是法理意义上控制权分配。真正能够提升军工上市企业价值驱动力的，是技术效率以及能够释放这一技术效率的制度安排。

本章立足于军工所有权合约安排，围绕"投资人退出权"这一视角展开研究。作为有限控股的一种匹配机制，积极引进具有产业关联度的企业作为军工上市企业的战略投资人，不失为提高军工产业投资效率的积极举措。而战略投资人应具备的基本特征是，能够长期稳定持股，追求战略长远和利益共生，不进行短期、投机性的市场行为。在当前军工产权改革的背景下，这一思路无疑具有强烈的实践价值。本研究表明，从控制权代理行为的角度来看，提高财务杠杆和管理层持股比例有助于减弱退出权弹性；而如果股权过于集中，或者军工企业在筹资方式上过于依赖长期负债，则将动摇投资人的市场信心。此外，良好的企业绩效和发展潜力，也是吸引和稳定投资人的重要因素。这给我们的启示是，要确保军工产权改革持续推进，军工上市企业除应加强内部综合治理外，还必须在市场外围进行融资、融技、融智、融制的"四融一体"式战略创新，这是服务于军民融合国家战略的必然选择。

本章尝试从"退出权弹性"这一独特视角来分析影响军工投资人市场信心的因素，并得出若干结论和启示。"退出权弹性"概念的提出和实证化，无疑拓展和丰富了该领域内的现有文献。篇幅所限，本章重点分析了军工所有权合约解集中的"退出权"，对其他合约条款如剩余控制权、剩余索取权等的研究略显不够。后续研究将尝试从以下几个方面展开：一是对退出权弹性量化公式的选择。本章是用经营费用和技术投入（$C \& I$）这两个变量的系数之比来刻画退出权弹性，是否存在更好的度量指标？二是对市场环境变量的选择。我们用企业景气指数和企业业绩预告来间接反映投资人的市场情绪，但外部治理的一些因素，如产权保护、政府治理、法治水平、市场竞争、信用体系、合约文化等，又是如何影响到投资人的心理变化，从而改变其决策空间的？三是对投资人的理性假设。我们先验地假定军工投资人是理性经济人，其投资行为不存在投机性动机，因此计算出来的退出权弹性才在相当程度上能够"真实"反映军工上市企业的投资效率和治理效果。然而现实中不是所有投资人都拥有这样"绝对之善"的理性，很多时候表现出一定的盲目性和投机性。因此在测度退出权弹性时，如何进行有效甄别，需要进一步思考和研究。

七、进一步思考：有限控股

股东治理结构和股权集中度是在产品竞争结构变化和资本市场控制权接管压力下，上市企业为实现持续经营而采取的一种商业化选择，其本身是动态可调的。在股权结构的制度安排上，不存在既定、通约的标准或模式，股权的数量充其量只是法理意义上控制权比例分配，并不能说明企业价值的驱动能力（朱武祥，2001）。这里，需要对股权结构法理意义与企业价值驱动意义作一区分。股权结构在法理意义上表现为表决权分配，而企业价值驱动意义上的分散是企业在产品市场、资本市场评价和控制权市场环境下，为保持和增强竞争优势，实现持续经营而进行的一种市场化选择和商业化运作，很难也不应该人为地界定股权结构。股权多元化的拥护者认为，多元化股权结构必然能够带来企业治理上的优化，有利于形成对控股股东和管理层的制衡机制，减少和规避管理层出于自利本性而攫取控制权私人收益的动机和条件。但必须看到，现实中很难找出某一上市企业为完善企业治理而强制推行股权多元化，或是实行股权多元化而持续提升企业治理效应的示例。目前无论是理论界还是实务界，对上市企业股权结构（主要是股权集中度）与经营绩效（或市场价值）的内在关系难以达成共识①。而且，现有相当多的研究文献都先验地将股权结构视为外生变量，正如陈信元（2004）、李涛（2002）以及冯根福（2002）等学者研究所显示的，股权结构可能是内生的（endogenetic），不首先回答其形成原因则难以辨析其与企业绩效的关系。真正能够提升上市企业价值的驱动力，应是一种内生因素，即上市企业的技术实力以及能够有效释放和整合技术实力的战略框架。

更进一步，正如我们一再强调的，股权只是法律意义上的股东权利，一旦法律本

---

① 关于股权结构与公司绩效的关系，实证研究表现出以下几种不同取向：①正相关。如 Pedersen & Thomsen（1996）对欧洲 12 国（435 家大公司）、Claessens（2003）对捷克和斯洛伐克、克拉森等 Claessens et al.（2005）对东亚地区、Lins（2006）对 18 个新兴市场国家、Xu & Wang（2004）对中国等的考察；②负相关。如 Sun & Tong（2004）、Bai（2005）、白重恩、陈小悦和徐晓东（2005）等；③非线性相关。如 McConnell & Servaes（1999）对 1000 多家公司、Morck et al.（2002）对日本银企关系、Tian（2003）对民营公司、孙永祥和黄祖辉等（2006）的考察；④不相关。如 Mehran（1994）的研究、Demsets & Lehn（1995）对美国 511 家大公司的考察等。

身出现纰漏,或者法律无法为股东提供强力保护,抑或政府的"掠夺之手"效应大于"援助之手"效应[①],则此时的股权结构将与成熟市场经济中的内涵相去甚远。中国资本市场上,商业欺诈、舞弊乃至控股股东对中小股东的肆意"掏空"行为可谓不绝如缕,一个相当重要的原因就是投资者法律保护乏力。《证券法》直至1998年底才正式颁布,其实施效果至今差强人意,投资者的合法权益并不能从根本上得到应有的保护[②]。究其本质原因,无外乎两点:其一,鉴于中国特有的国有企业占据资本市场大半江山,在某种意义上讲,资本市场被视为国有企业改革和解困的"自留地"和"缓冲带"[③],这显然与资本市场的本质功能和投资者法律保护的内在要求形成冲突;其二,面对上市企业的实际控制人——政府,法律约束无法有效抗衡政府的权力越界。因此,罔顾军工上市企业的市场背景和治理环境来空谈股权结构,可能会出现偏误。所谓的治理环境,至少应包括产权保护、政府治理、法治水平、市场竞争、信用体系、合约文化等方面(夏立军,2005)。这些环境要素不仅能够影响合约的顺利签署和执行,还会影响企业治理的效率和效果。更为重要的是,企业治理环境是相对股权结构安排、独立董事制度、信息披露制度、外部审计制度、经理人市场机制、控制权接管市场机制等企业治理机制更为基础性的维度。因此,如果不首先筑牢资本市场的法律基础,如果不同时规制作为控股股东的政府的权力边界,而将股权结构作为一种外生性(exogenous)变量来分析股权集中度与控制权效应或企业绩效的关联性问题,则很可能会陷入盲区和误区。就此角度而言,一个帕累托最优意义上的股权结

[①] 这是对国有股权作用力的两种主要观点(Timothy & Andrei,1997)。所谓"掠夺之手",是指作为国有股股东的政府不仅具有经济目标,还具有政治目标,因此国有股会带来严重的政府行政干预;所谓"援助之手"(或"无形之手"),是指混合所有制公司中的政府作为税收征集者,能够发挥大股东作用而对管理层实施监督,防止内部人控制问题发生,这是公司治理市场失败情形下的一种次优选择。对于军工上市企业而言,由于其特殊的行业背景和市场身份,其控股股东的政治目标要明显多于一般上市企业,因此是否存在控股股东利用控制权来侵占掠夺中小股东利益的现象,就很值得我们进行研究。

[②]《上市企业证券发行管理办法》规定,上市企业首发的募集资金不得超过自有净资产的两倍,配股发行股份总数不得超过前次发行并募足股份后股本总额的30%,增发新股募集资金量不得超过公司上年度末经审计的净资产值。就国防军工而言,近几年各军工集团公司跃跃欲试,随时准备将整体上市的规划付诸实施。但一个显见的情况是,相关法律法规并未对整体上市做出明确的规则限制,这就为资本市场可能出现的控制权寻租行为预留了巨大的制度性"缺漏"。同时整体上市方式日趋多样化,比如定向增发反向收购模式,由于实施简易审核程序,与公开发行相比,其发行周期要大为缩减,从董事局大会决议到募集资金入账,整个增发过程需时最快的仅40~50天,而且发行费用也显著降低,这使得某些军工上市企业的控股股东扛着"做大做强"的旗号而肆意"圈钱"(这方面一个典型的例子就是ST轻骑(600698),据证监会披露,在其股权分置改革中,控股股东为取得贷款而对其进行"抽血",将上市企业的巨额资产进行质押)。在控股股东掌控话语权情况下,中小流通股股东除了"用脚投票"而退出资本市场之外,根本无法有效行使"用手投票"机制来维护自身合法权益。故此,控股股东"请客"、中小股东"埋单"的现象在所难免。

[③] 中国资本市场最初被定位为"为国企脱困提供融资服务"。1998年九届人大一次会议通过的《政府工作报告》明确指出,发行股票"向大中型国有企业倾斜",随后出版的《证券知识读本》以及两年后(2000年)召开的三次会议,也同样对资本市场的身份做了类似定位。

构,不仅应是交易成本、代理成本和股权集中性背后利益共同体之间博弈权衡的结果,更应是基于治理环境和法治基础之维的、处于状态依存的相机抉择过程。

相对于目前中国军工国有股"一股独大"的格局,我们提出旨在强化股权制衡的"有限控股"概念①。所谓"有限控股",是指不改变国家终极控股股东的法理性地位,按照"分类推进,突出重点"的原则,对军工上市企业(包括那些拟上市或准上市的军工企业)进行战略重组和资本整合,培育和引进优质的相对控股股东,形成对国有控股股东常态化的制衡机制。从一定意义而言,"有限控股"与近年来围绕军工进行的多元化股份制改革的"改革教义"在精髓上是同质的。目前,在军工企业股权制改革问题上存在一些模糊认识。部分观点认为,既然政府已经退出了经营性行业和领域,军工企业也应该行使这一"退出权",实现彻底的"产权多元化"。还有部分观点则表示,允许非国有资本注入军工领域是必需的,但国家必须享有绝对的控制权。对于股份制企业而言,问题的关键在于控制权"为谁所有"和"为谁所用"。国家对军工企业是绝对持股还是相对持股,并非问题的关键所在。发达国家企业股份制改造的历史表明,股权结构并非是静态的标量,而是一种状态依存的动态矢量。不同发展时期、不同战略背景、不同行业特征以及不同市场机遇,决定了股权结构的内涵是有所差别的。股权集中与股权分散,只是企业产权(资本)结构演变曲线上的两个散点或区段,并不存在所谓非此即彼的二元选择关系。在当前军工企业(包括军工上市企业)产权多元化深度推进的背景下,冷静思考,我们似乎不宜过多渲染股权多元或股权集中的孰优孰劣问题。这不仅有来自观念认知方面的,更有来自体制运转的惯性和军民融合可能产生的市场焦虑。无疑,作为中国军工股份制改革历史进程的"推手"和"抓手","有限控股"战略的执行,直接关系到军工所有权合约各主体的切身利益,更影响到军工产业在军民融合国家战略框架之下实现融资、融技、融智、融制"四融一体"发展格局的整体广度和深度。

---

①夏立军(2005)认为,对于大型国有企业而言,国家对股权的掌控必须达到一定的阈值,其股份制改革不应以牺牲国有股的控股地位作为代价,战略投资者的引入也应以不从根本上动摇国有控股地位为基本原则。高欢迎(2006)给出了"有限股权制衡"这一概念,指出为了对控股股东话语权形成规约,必须完善企业的资本结构,吸纳一定数量的战略投资者是必然选择。他同时也强调,为了平滑股权结构优化所产生的潜在收益与可能增加的交易费用和代理成本,战略投资群应限制其规模,以2或3人的幅度为宜。

第六章　控制权、管理层薪酬与军工上市企业治理

在军工行业中，存在着"政府（终极控制人）→军工集团公司→军工上市企业→军工管理层"这样一条隐性代理链，同时还存在契约化的"军工上市企业所有权人→军工管理层"这样的显性代理关系。按照公共选择理论的观点，组织目标与个体目标不仅难以形成一致，甚至常常存在内在冲突。"抱公绝私，是为率职"，传统伦理体系之内基于道德自律和职业操守的"集体意识"和"公仆定位"（代理人追求公众利益最大化），常常有悖于理性经济人（代理人追求个人利益最大化）的假设前提。Stigler（1974）的研究表明，无论是经济领域还是非经济领域，渎职犯罪的当事人都是追求自我效用最大化并能够进行成本收益分析的经济人。因此在显性代理情况下，公共权力在一种相对分散化和人治化的封闭环境中进行，加之信息通道匮乏或失灵、所有权合约不完备以及市场信用文化缺失等因素影响，都容易导致代理人进行利益寻租行为。

第一节　管理层控制权代理的模拟分析

一、结构性控制权代理

假定 P 是军工上市企业管理层控制权私人收益，V 是军工上市企业市场价值。我们建立分析坐标系，用横轴表示 P，用纵轴表示 V。在初始状态下，直线 V^*P^* 表示军工上市企业管理层获取私人收益的预算约束。从理论上讲，如果管理层有强烈的职业道德自律，此时不存在所谓的私人控制权收益（$P=0$），因此存在一个最大化企业价值点 V^*。显然，管理层从企业资源中每抽取一单位资本的非货币化收益，企业的市场价值将减少等量资本，这意味着直线 V^*P^* 的斜率为 -1。图 6-1 中，用无差异曲线族 U 表示管理层偏好。曲线 U 凸向圆心，说明随着企业收益水平的提升，管理层对市场价值与非货币性收益的边际替代率（MRS_{PV}）递减。在政府拥有100%所有权时，无差异曲线 U_0 与预算线 V^*P^* 相切于 A 点，此时军工企业市场价值为 V_0，非货币性收益为 P_0。由于 $V_0 < V^*$，说明此时军工企业的市场价值达不到最优点 V^*；同时，又由于 $P_0 > 0$，说明军工企业管理层获取了私人收益。这里，将 $V^* - V_0$ 定义为"结构性控制权代理成本"。显然，与这部分代理成本相对应的是管理者攫取的控制权私人收益 P_0。

二、分权性控制权代理

现在考虑军工上市企业融投资的情形。假设军工企业进行投资需要融入资本为

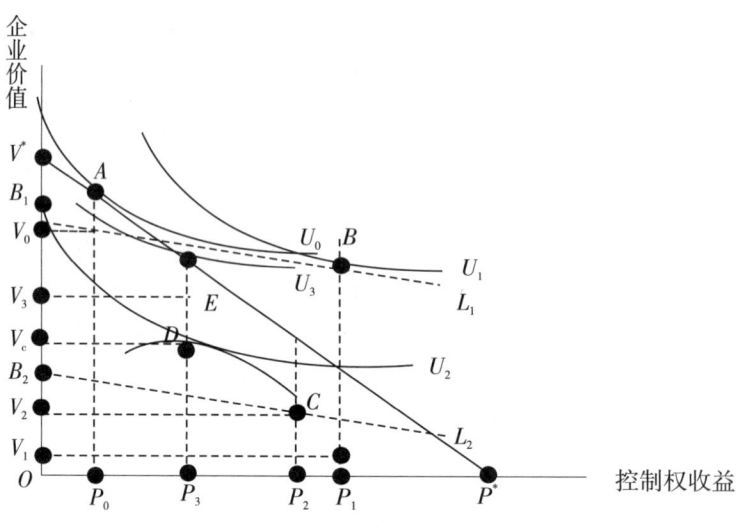

图 6-1 控制权收益与企业价值

$1-k$，投资人拥有的股权为 r，军工企业拥有的股权为 $1-r$（即 r'），管理层拥有的股权份额为 $r_M(<r')$。如果外部投资人购买了 r 份额的股权，此时管理层消费 i 单位企业资本的私人收益的成本将不再是等量值资本 i，而是 $i*r_M = ir_M$，显然 $ir_M < i$，说明通过市场化融资行为，管理层的私人化成本有所降低，这部分成本外部化到市场投资人身上，但军工上市企业总控制权代理成本却增加了。事实上，由于外部投资人无法形成对管理层控制权私人收益 P 的合理预期，将以 V_0 的股价购买 r 份额的股权。在信息不对称情况下，管理层有足够动机和条件行使控制权，即选择某一偏好的非货币化或私人化收益 P_1，此时对应的预算线是 B_1L_1，与无差异曲线 U_1 相切于 B 点，B_1L_1 的斜率为 $-r_M$。如果管理层维持之前水准的非货币化消费，则不难判断，预算线 B_1L_1 与 U_0、V^*P^* 相交于 A 点。P_1 是此时管理层的最大控制权私人收益，满足条件 $U_1 > U_0$，而军工上市企业的市场价值将跌至 V_1，我们将 $V_0 - V_1$ 定义为"分权性控制权代理成本"。显然 $V_0 - V_1 > V^* - V_0$，这说明由于引入市场投资人，导致军工上市企业股权稀释，管理层的股权份额相对摊薄，这使其更有动力行使控制权来攫取私人性收益 P_1，从而使得代理成本增加。因此，如果资本市场具有充分的信息反馈和传导机制，能够无偏差估计到任何因素冲击，众多投资人将形成理性的市场预期，必然会认知到，一旦行使股票购买权而使军工企业的股权稀释，管理层将通过增加非货币化消费而攫取控制权私人收益，则将不会支付 V_0 的股价。

在军工上市企业需要融入 $1-k$ 的外源性资本情况下，我们将预算线 B_1L_1 下移，并保持斜率 $-r_M$ 不变。假设与无差异曲线 U_2 相交于 C 点，并且 C 点落在原预算线 V^*P^* 上，此时 B_1L_1 变为 B_2L_2。这一下移并相切过程的政策内涵是，管理层股权比例稳定前提下,为实现企业价值和私人收益组合效用的最大化,管理层通过放弃部分私人收益(P_1-P_2)以增加企业价值(V_2-V_1),从而有助于提高企业的股价,此时外部投资人对企业股价的市场预期将从 V_1 提升到 V_2。当然,这一过程的均衡点(V_2,P_2)较之(V_1,P_1)而言只能是一种帕累托渐进,原因是与初始化均衡点(V_0,P_0)相比,由于私人性代理成本导致军工上市企业市场价值耗散了 V_0-V_2,这是一种"剩余损失"意义上的由于引入外部投资人而导致的总的代理成本。由图形可以看出(注意:预算线 V^*P^* 的斜率为 -1),在数值上,$V_0-V_2=P_2-P_0$,也就是在这种情形下,军工上市企业总代理成本的增值(或企业价值的减值)与管理层私人收益的增值相等。除了军工上市企业存在"剩余损失",管理层也将承担"效用损失",即无差异曲线 U_0 和 U_2 在垂直方向的距离差 U_0-U_2。显然,$V_0-V_2>U_0-U_2$,说明由于代理问题的存在,军工上市企业所遭致的剩余损失要大于管理层的效用损失。

三、剩余性控制权代理

现在,引入企业综合治理机制,即监督和规制管理层投融资决策的制度安排,包括董事会、外部审计、对管理者的激励性补偿措施以及流动性经理人市场等。此时,预算线 V^*P^* 在 C 点处折弯,新预算线为 P^*CD。没有外部性监管时,军工上市企业的市场价值为 V_2,管理层的控制权私人收益为 P_2,其股权份额为 r_M。通过引入监管成本 c,外部股东可以将管理层的代理性收益控制在 P_2 以下。假设 c 的投入能够实现最小化控制权私人收益的水平为 P_3,显然 P_3 是 c 和 r_M 的函数,即 $P_3(c,r_M)$,并且有 $\frac{\partial P_3}{\partial c}<0$,$\frac{\partial^2 P_3}{\partial c^2}>0$,意味着实施监管机制,管理层私人收益就减少,并以递减的速度减少。加入 c 变量后,军工上市企业的市场价值变为 $V=V^*-P_3(c,r_M)-c$,在图形上用一条折线 CD 表示。容易证明,预算线 V^*P^* 与折线 CD 在垂直方向的距离 ED,即为第三方监管成本 c。直观地看,随着 ED 的值增大,私人收益 P_3 在减少(说明代理成本减少,企业价值增加),但其减速是递减的。假设 E 点(增加监管成本 c)所对应的企业价值为 V_3,我们将 V_0-V_3 定义为"剩余性控制权代理成本"。由于增设了外部性市场监管机制,软约束①的市场化治理结构将得到改善,这一点结论可从关系式 $V_0-V_3<V_0-V_1$ 中看出。由于无法完全杜绝管理层的控制权私人收益,我们只能期望通过某种制度安排而将其控制在"剩余"的区间之内($[0,P_2]$)。

如果外部投资人愿意支付监管成本 c 用于控制管理层的控制权私人收益(使得 $P<P_2$ 并且 $P\to P_3$),只要军工上市企业的市场价值不断趋近 V^*,则管理层有动力与

---

① 所谓"软约束",是指在情形二中,我们假设军工企业管理层的股权份额 r_M 是稳定的,不因控制权私人收益 P 的改变而改变,这显然是一种非理性的制度安排。而在情形三中,我们将预算约束线"硬化",即从 C 点开始允许出现向左偏转的折线,这其实是对 r_M 的一种动态相机调整。

投资人签订约束其私人收益 P 的所有权合约①，以此提高企业价值（$V_2 \rightarrow V_3$）来吸引投资人。并且，所有权合约条款中还可明确外部投资人的监管成本 c。在图形中，随着 P 的减少（左移），ED 在增大，因此可增设 $c \in (0, ED)$ 的合约条款。

四、基本结论

美国兰德公司曾提出一个腐败产生的著名公式：腐败＝垄断－问责度＋自由裁量权。该公式形象地说明制度因素在腐败问题形成中的重要性。制度的主要作用，是通过建立稳定的（但并非一定有效的）结构来减少不确定性（诺思，1994）。我们的分析显示，由于不存在完全意义上的道德自律和职业操守，再加上企业治理层面的缺失，军工上市企业管理层发生控制权代理问题将不可避免（结构性、分权性和剩余性控制权代理成本始终存在）。私利性寻租诱因，主要取决于寻租收益（正关联）和监管概率（负关联）。

在本部分模拟分析中，当监管概率恒定时，寻租诱因将直接依存于寻租收益（P）的变动。而要占有寻租收益，代理人必须利用手中的控制权（r）进行寻租。这种权力越大，寻租收益就越大（$P \rightarrow P^*$）。当引入市场监管机制时，管理层进行权力寻租被监管的概率将大大增加，可见管理层寻租行为的整体规模和负面效应与企业治理监管的力度成反比。如果建立某种控制权代理惩治机制，使得代理人进行权力寻租的机会成本增大，则权力寻租能够得到有效遏制。正常情况下，管理层的总收益是合约性收益与寻租性收益之和，合约性收益主要是指正常的薪酬、奖金、福利、晋升、职业发展等。惩治机制发挥作用的关键在于，一旦发现代理人出现权力寻租行为，不仅寻租性收益将被没收，而且合约性收益也将直接受到影响。因此，提高合约性收益，实质上加大了管理层寻租成本和权力寻租的机会成本，这是实行"限薪令"反寻租政策的一个经济视角。

第二节　管理层控制权代理的经验分析

一、预算软约束

传统国有企业一般存在一级代理链，即政府（主要是中央和省级政府）将经营代理权委托给企业，而完全拥有企业的剩余索取权和控制权。军工企业的管理体制又多出一环，即军工集团公司直管，从而形成了金字塔型控制链结构。军工集团公司对上是"企业"，享有充分的自主权；对下则成为事实上的行政管理层，束缚了下属企业的决策经营。由于"父爱主义"效应，军工企业很难挣脱与政府种种关联。军工

---

① 这一点类似于前面分析的合约化参数 C（投资者所享有的控制权）。

集团公司的这种"市场身份",加重了军工企业经营决策偏离政府目标函数的程度[①]。而且,军工企业除完成指定的生产计划指标之外,仍须承担政府下达的各项行政性和社会性事务,从而加剧了企业价值最大化偏离度,同时还给作为代理人的管理层提供了机会主义的可能。由于利润率不能作为监督和考核管理层的一种充分信息指标(林毅夫,1997),在放权让利式改革以及集团化重组之后,军工企业管理层有可能不会按照政府意愿来经营国有资产和支配企业剩余。此外,由于承担了附加的社会性职能,军工企业有动机和借口与政府主管部门讨价还价,争取直接或间接的生产性补贴和其他转移性支付,从而软化了预算约束,这也为管理层进行利润操纵和盈余管理创造了机会。

二、内部人控制

青木昌彦(1999)认为,企业的经理或工人依法或事实上掌握了控制权,他们的利益在公司的战略决策中得到充分体现,为了实现利益最大化,通常会结成战略联盟,从而形成所谓的"内部人"。现代意义上的企业内部人还包括部分大股东、董事等。西方理论界考察管理层代理问题,将其划分为两类,即"卸责"(shirking)和"偷窃"(stealing)。所谓"卸责",是指管理层不会自动选择努力工作,有动力付出比委托人所期望更少的努力;所谓"偷窃",是指管理层有激励滥用企业资源,或用于营造"商业帝国"(即那些非盈利性但能够强化职业权力的投资项目),或用于过度在职消费。以上两种代理类型都是典型的管理层道德风险问题,并由于不可测度而难以进行合约化限制。

这里,我们界定内部人控制度(IC)= 内部董事人数/董事会人数,以此指标来测度管理层失控问题。我们以 2013 年为例[②],在 82 家样本军工上市企业中,IC≈100% 的有 55 家,占样本总数比例达 67.07%;IC≥50% 的有 82 家,占样本总数比例达 100%;IC 的均值为 88.36%。在所有 82 家军工上市企业中,董事长和总经理由同一人兼任(包括副董事长和董事兼任总经理)的有 47 家,占样本总数比重为 57.32%。由此可见,军工上市企业管理层(往往由控股股东直接任命或派人担任)掌握企业控制权的现象非常普遍,内部人控制问题突出。

三、刚性薪酬激励

随着国有企业产权改革的深入,企业薪酬制度改革也纳入议程。2004 年 1 月 1 日《中央企业负责人经营业绩考核暂行办法》开始施行,对中央直属企业高级管理

[①] 参照张维迎(2000)的思路,由于军工企业存在事实上的直管上级(军工集团公司)和法理上的终管上级(政府),虽然可以享有一般国有企业里因行政计划限制管理层偷懒和挪用资金等代理问题的收益(因为管理层几乎没有自由决策的权力),但其代价却是资源配置无效、生产效率和技术效率的损失,以及政府主管部门的严重代理问题。

[②] 数据来源:根据 2014 年各军工上市企业年报及 CCER 数据库相关数据计算得出。

人员(以下简称"管理层")开始实行年薪激励考核,并逐步引入长期激励机制。目前,中国上市企业已初步建立起基于企业绩效的管理层薪酬制度(方军雄,2009)。与此同时,管理层薪酬增长率高于企业利润增长率(甚至利润负增长)这样的"倒挂"现象[①]也时有发生(王珍,2009)。在国企系统中,企业管理层薪酬一直处于政府管控之下。这种行政性管控的直接效果,只能驱使军工管理层对薪酬追求更加隐蔽化和寻租化,激励其寻找超出正常货币性报酬的超常控制收益(控制权私人收益),从而损害企业的价值。事实上,近年来中央政府陆续颁布了一系列国有企业薪酬制度改革的政策性文件,旨在通过建立薪酬体系与企业绩效的关联性,降低国企管理层的隐性寻租,杜绝其利用职权进行薪酬操纵问题的发生[②]。传统国有企业的薪酬制度开始引入市场化元素,并具有了业绩型薪酬的特征(辛清泉,2007)。

目前,在对军工上市企业管理层薪酬激励上,主要存在"激励不足"和"激励不当"两种偏向。激励不足主要表现为管理层的薪酬结构单一,报酬水平普遍偏低。除了工资和奖金外,股票期权类激励机制设计还没有完全放开。此外,军工管理层薪酬多属于货币性支付[③],考核指标与企业战略目标、管理层努力程度关联性不强,薪酬合约更多表现为一种在职消费型的"隐性合约"。激励不当主要表现为低业绩甚至是"负业绩"的军工上市企业,其管理层薪酬较之高业绩军工上市企业更高。对管理层考核多依赖于硬性利税指标,但由于会计利润计量本身的局限性,加之管理层人为的盈余操纵,仅靠财务报表指标很难全面客观地评价管理层的经营绩效。当缺乏规

[①] 据 iFinD 数据显示,2013 年 323 家上市央企,其高管薪酬较 2012 年涨幅在 100% 以上的有 12 家。其中,*ST 大荒总经理的薪酬涨幅竟高达 2627.50%,但企业净利润则从 2012 年亏损 31838.40 万元,上升到 2013 年亏损 51048.25 万元。业绩持续下滑的情况下,总经理薪酬不降反升。另一个例子,退市长油连续多年亏损数十亿元,但总经理李万锦依然享有 50 多万元的年薪。另一些戴星戴帽的上市企业,业绩连年亏损并未影响到企业高管的薪酬回报。

[②] 自 2003 年以来,国务院国资委及有关部门颁布大量法规。在国企绩效考核方面,如《中央企业负责人经营业绩考核暂行办法(2003,2006)》《中央企业综合绩效评价实施细则(2006)》《中央企业综合绩效评价管理暂行办法(2006)》《中华人民共和国企业国有资产法(2008)》《中央企业负责人年度经营业绩考核补充规定(2008)》《金融类国有及国有控股企业绩效评价暂行办法(2009)》等;在管理层薪酬设定方面,如《中央企业负责人薪酬管理暂行办法(2004)》《国有控股上市公司境内实施股权激励试行办法(2006)》《关于规范中央企业负责人职务消费的指导意见(2006)》《关于加强中央企业负责人第二业绩考核任期薪酬管理的意见(2007)》等。为严肃财经纪律,防止国企管理层滥用权力谋取非正常收益问题,2008 年 12 月 13 日,监察部、人力资源和社会保障部以及国务院国资委联合颁布了《关于国有企业领导人员违反廉洁自律"七项要求"政纪处分规定》,明确规定国企领导人"不准违规自定薪酬、兼职取酬、滥发补贴和奖金",情节严重的将被开除党籍。2016 年,中国国务院人社部公布了全国 25 省市关于国企限薪实施方案《央企高管全面限薪规定及国企限薪令细则》。

[③] 货币性报酬经历了两个阶段:固定工资制和年薪制。固定工资制的激励系数当然最低,这也是当前军工上市企业的普遍做法。中国从 1995 年开始上市企业试点年薪制,这是真正意义上的激励性报酬。管理层年薪一般通过股东与管理者签订激励性合约确定,一般包括三个部分:固定工资、风险收入和其他收入。固定工资是指底薪,即无论企业经营好坏而定期(通常按月)领取的固定报酬;风险收入是指与经营绩效挂钩的收入;其他收入则指津贴、养老金计划等。

范的信息披露和财务监管法律约束时，激励不当问题更为严重①。

以 2013 年为例，我们比较军工上市企业与沪、深两市 A 股上市企业在经营绩效、管理层薪酬和管理层持股三个指标上的统计值（统计数据来自 iFinD），我们对 323 家样本上市中央企业采用了广义的定义，即经营性质属于中央企业，控制人类型包括国资委、银监会、保监会、证监会、中央国家机关、中央国有企业和大学等。

在表 6-1 中，从"管理层薪酬"指标来看，2013 年沪、深两市上市央企管理层年薪最高值为 869.70 万元，最低为 0 元②，平均值为 77.30 万元；相应地，军工上市企业分别为 129.10 万元、4.37 万元、32.60 万元。在管理层持股上，相当多上市企业管理层几乎不持有企业股票。沪、深两市上市央企管理层持股数平均仅占总股本的 0.0062%，最高为 0.43%；而军工上市企业这一指标值更低，平均值仅为 0.0031%，最大值也只有 0.079%。由此可见，较之一般国有上市企业，军工上市企业管理层薪酬无论在规模还是在结构上，均处于较低水平。特别在薪酬结构上，工资类薪酬占主体，股权类激励比重过小。

表 6-1　经营绩效、管理层报酬和管理层持股（2013 年）

Index	净资产收益率③（%）		管理层薪酬（万元/年）		管理层持股（%）	
	①	②	①	②	①	②
Mean	0.45	0.77	77.30	32.60	0.0062	0.0031
Min	-6.91	-2.06	0	4.37	0	0
Max	0.87	1.21	869.70④	129.10	0.43	0.079
Std. Dev.	0.5535	0.3117	86 571	95 377	0.0224	0.0007
Sample	323	82	323	82	323	82

注：①沪深两市上市央企；②军工上市企业。
数据来源：沪深两市上市央企数据来自 iFinD 数据，军工上市企业数据由作者整理计算得出。

---

①企业财务上，出于稳健性考虑，倾向于低估上市企业经营业绩。对那些长期性投资并对公司市值具有重大影响的支出项目，如研发费、培训费、营销广告费等，会计计量上均作为期间费用从当期营业收入中予以扣除，但事实上很多上市企业将其作为投资看待，其收益期可能延长至未来若干会计期间。此外，单一从利润表相关指标来判断企业运转状况往往会存在误区，因为利润表是基于会计信息的权责发生制和历史成本，但对于投资者而言，可供支配的正向现金流更能够说明企业当前的经营能力和未来的发展潜力。

②事实上，"零薪酬"的高管，要么是持有大量企业股票，要么是从股东单位领取薪酬，要么技领取基本薪酬但不在年报中列示。比如，南方航空年报只列示高管人员的薪酬由公司依据《中国南方航空股份有限公司高级管理人员薪酬管理制度》并经董事会确定后发放，经查实，其中规定总经理基薪为 22.4 万元。

③净资产收益率（ROE）被定义为净利润（息税后）除以平均普通股股东收益。

④中集集团总裁麦伯良以 869.7 万元，不但夺取了央企高管薪酬之冠，而且在所有已披露的上市企业高管薪酬中也位居首位。麦伯良 2012 年曾以 998 万元年薪勇夺央企总经理桂冠，连续两年蝉联央企"打工皇帝"。事实上，麦伯已经连续 4 年年薪超过 500 万元，如 2010 年、2011 年分别为 596.22 万元和 957.74 万元。2010—2013 年，中集集团净利润分别为 28.51 亿元、36.59 亿元、19.30 亿元和 26.34 亿元。

第三节 管理层控制权代理的实证分析

一、研究假设

在剩余控制权和剩余索取权相分离的现代企业制度中,管理层激励理论一般包括最优契约理论和管理层权力理论。以 Jensen & Meckling(1976)为代表的最优契约理论认为,企业所有权合约安排可以激励管理层以股东利益最大化行使权力。而以 Bebchuk & Fried(2002,2004)为代表的管理层权力理论认为,代表股东利益的董事会与股东之间也存在所谓的"监督监督者"代理问题,管理层能够避开董事会而自行决定自身的薪酬,甚至能够运用权力进行寻租,权力大小与盈余操纵的能力成正比。从本质而言,管理层薪酬制度并不必然能够解决控制权代理问题,其本身是控制权代理问题的另一种表现形式。

由于军工上市企业的内外部治理都对管理层薪酬进行了相关规定,对于管理层而言,更安全更有效的方式就是通过粉饰会计报表来包装薪酬机制,加大在职消费在个人报酬中的比重,从而转移公众关注,减少控制权代理成本。一般而言,管理层享有的剩余控制权越大,内部监督和外部管制对其影响就越小,所获得的在职消费就越大。此外,军工上市企业属于非常典型的国有企业,国有股权过于集中,组织结构的行政化管理色彩浓厚。作为国家这一终极控股股东代理链上的重要一极,军工上市企业管理层多数来自行政任命,有着强烈的政治抱负,这就决定了他们的激励补偿不仅包括会计报表列示的工资、奖金及股权等货币性薪酬,更包括职权所带来的荣誉、尊重、满足感、在职消费等隐性的非货币性收益。因此,企业治理机制上的刚性管制,与管理层实际控制权收益之间的弹性发生了不相容,管理层完全有动机也有能力通过行使剩余控制权而获得广义上的薪酬收益。从企业治理环境来看,行政干预、代理人廉价投票权以及企业的预算软约束,造成了管理层对外有强烈的寻租偏好,对内又拥有极大的控制权。加之独立董事的独立性不足,上级主管部门缺乏监管压力,薪酬激励往往是管理层自行议定,备案核查审批问责制度流于形式。最近两年开始执行的"限薪令",虽然一再强调企业管理层薪酬体系要与企业绩效挂钩,但全行业的业绩考评和奖惩机制仍未有效建立,部分上市企业管理层仍然会存在控制权代理等道德风险问题。因此,这里给出实证研究的第一条假设。

假设一:军工上市企业管理层[①]剩余控制权越大,其所获得的控制权收益就越

[①] 中国军工上市企业管理层(总经理和高管人员)持股比重较小,如果仅仅考虑这一持股比例,可能并不能反映问题实质。考虑到军工企业在治理上的特殊性,我们这里对军工上市企业管理层进行广义上的定义,认为它包括总经理、高管、董事、监事等人员。

多，控制权代理问题就越严重。

Bebchuk & Fried（2002，2004）认为，上市企业管理层控制权寻租行为，将对企业市场价值产生明显冲击。如企业投资中的并购活动，能给管理层带来大量的控制权溢出收益，而这些收益本身与投资绩效不存在相关关系（Grinstein & Hriba，2004）。在管理层控制权与企业绩效关系方面，有学者发现两者之间存在非常显著的负相关性，这种情况在国有上市企业中尤为普遍（权小锋，2009）。部分研究发现，当所有权合约无法对管理层经营能力和努力程度进行合理激励补偿时，上市企业往往容易发生投资过度的现象（辛清泉，2007）。也有研究者注意到，如果外部市场缺乏透明的信用体系和健全的法律规范，享有控制权的管理层，其在职消费水平明显偏高，上市企业的价值和投资效率也相对偏低（陈冬华，2005；卢锐，2008）。因此，本研究提出第二条假设。

假设二：军工上市企业管理层行使剩余控制权操控激励补偿越严重，企业市场价值就越低。

二、变量描述

（一）管理层薪酬

会计薪酬（Maccounting）：参照辛清泉（2007）的计算方法，对军工上市企业管理层中薪酬最高的前三位高管，取其会计报表中列示的薪酬的自然对数值作为管理层薪酬的替代指标。

理性薪酬（Mreasonable）：理性薪酬是综合军工上市企业内外部经济因素后计算得出的结果，实证分析将给出具体计量公式。

超额薪酬（Mspill）：该值等于会计薪酬与理性薪酬之间的差额，在一定程度上可以表征管理层控制权的货币性私人收益。

（二）在职消费

实际在职消费（Consumereal）：取值为利润表中管理费用项扣除管理层（总经理、高管、董事、监事）会计薪酬、坏账准备、存货跌价准备之后的余额。

理性在职消费（Consumenormal）：该值根据具体计量模型计算得出。

超额在职消费（Consumespill）：该值等于实际在职消费与正常在职消费之差，衡量的是管理层控制权的非货币性私人收益。

（三）经营绩效

会计绩效（Performaccounting）：以资产收益率来表示企业的盈利状况，取值为净利润与总资产之比。

操控绩效（Performcontrol）：以企业对外公示会计报表中的"股票年收益率"作为衡量指标。

真实绩效（Performreal）：取值为会计绩效中除去操控绩效后的差值。

(四) 剩余控制权

剩余控制权是一种参与董事会决策的制度安排 (杨继国, 2006)。管理层通过董事会设置能够行使对企业的剩余控制权, 并通过薪酬收益 (工资) 和企业股权 (包括现股、期权等) 获得企业的剩余收益。本研究参照 Aghion & Tirole (1997)、Grinstei & Hribar (2004)、Albuquerque & Miao (2007)、Fan et al. (2009)、盛光华与于桂兰 (2003)、傅绍文 (2004)、杨继国 (2006)、陈胜东与黄锦勇 (2006) 等学者的分析方法, 从5个方面界定管理层剩余控制权 (CR)。

执行董事比重 (CR_1): 取值为企业执行董事人数与董事会人数之比。这里, 执行董事是在企业管理团队中任职的董事。该值越大, 则剩余控制权越大。

职能合一 (CR_2): 表示总经理是否兼任董事长或副董事长, 该值反映的是企业人力资本所有者即管理层控制董事会进而拥有剩余控制权的程度。如兼任, 取值为1; 否则, 取值为0。该值越大, 则剩余控制权越大。

任职年限 (CR_3): 取值为总经理在该职位上的任职时间。该值越大, 则剩余控制权越大。

董事会规模 (CR_4): 取值为董事会在位人数。该值越大, 则剩余控制权越大。

金字塔层级 (CR_5): 取值为军工上市企业所在的金字塔股权体系的结构层级数。

主要考虑到军工上市企业股权结构是一种特殊的金字塔型, 国家作为终极股东居于金字塔顶端, 从上至下形成了股权代理链。第三章中我们分析了"剩余控制权与剩余索取权的逆向配置", 按照 Grossman et al. (1986, 1990) 的观点, 剩余控制权在企业各层级之间进行从上至下的转移。处于链条末端的管理层由于远离行政中心, 因此拥有较大的决策自由。链条层级越长, 管理层的控制权自由度就越大。

(五) 控制权收益

我们将管理层控制权收益划分为三部分: 职权性收益 (Rpower)、激励性收益 (Rincentive)、寻租性收益 (Rrent)。

职权性收益: 是指管理层凭借其剩余控制权的影响力所获得的报酬或私人收益, 与企业的经营绩效不存在必然关联, 估算模型为: Rpower = θ_1 CR, CR 是管理层剩余控制权。

激励性收益: 是指管理层实际薪酬中来自企业真实经营绩效回报的部分, 这是现行绩效考核制度下的激励补偿收益, 估算模型为 Rincentive = θ_2 Performreal。

寻租性收益: 是指管理层利用控制权进行盈余操控所获得的收益, 这种收益只是基于会计绩效计量反映出来, 而并非企业真实的经营效果, 估算模型为: Rrent = θ_3 Performcontrol × CR。

(六) 代理成本

Easterbrook (2004) 认为, 企业闲置现金流与内部股权之比可作为测度代理成本的一种指标。Dechow (2006) 考察了包括管理层持股比例、外部股东数量、市场监管力度等因素后，认为用经营费用率（经营费用与主营业务收入之比）和资产利用率（主营业务收入与总资产之比）两项指标可以较好地对代理成本进行估算。中国学者如吕长江（2005），在计量上所选取的指标是管理费用率、营业费用率和总资产周转率（主营业务收入与平均资产总额之比），而陈冬华（2005）等学者直接采用在职消费来衡量代理成本，我们选取经营费用率（FCR）和市净率（PER）来测度。经营费用率在取值上等于"经营费用/主营业务收入"，这里参照了 Dechow（2006），其中经营费用包括企业运营中产生的营业费用、管理费用和财务费用等期间费用。显然，如果管理层因经营不力或因在职消费过大，则期间费用将很高，从而经营费用率将较大。市净率等于"普通股市价×普通股总股数/净资产"，这里普通股市价选用2013 年最后 5 个交易日流通股的平均收盘价。市净率表明股价以每股净资产的若干倍在流通转让，评价股价相对于每股净资产而言是否被高估。市净率越大说明股票市场价值越高，股价的支撑越有保证；反之则市场价值越低。

（七）市场价值

市场价值用 Tobin Q 值（企业总市值与资产重置成本之比）来衡量。企业总市值为流通股市值、非流通股价值与企业负债市值之和。由于直接用股票价格计算非流通股的价值存在问题，本研究尝试用每股净资产代替非流通股的价格。负债的市值用负债的账面值代替，资产重置成本用企业总资产账面值代替。

（八）其他控制变量

财务杠杆（Leverage）：财务杠杆不应被视为单一的融资工具，而更应作为重要的企业治理手段（Williamson，1981）。上市企业所有权与经营权相分离，导致了管理层与股东之间存在利益冲突。管理层在进行财务决策时，更可能从自身利益出发选择低于企业价值最大化目标的杠杆水平（Jesen & Meckling，1976），或投资于净现值小于零的项目（Jesen，1986）。Grossman & Hart（1982）指出，一旦存在破产可能，上市企业通过债务融资能够促使管理层与股东在终极利益上保持一致性。Kahn（1998）也认为，债务的增加提高了企业破产清算和管理层失去控制权的概率，所以财务风险将促使管理层减少私人性消费，增进企业经营绩效。这里，用总负债账面值与总资产账面值的比值来衡量该指标。

长期负债率（LTDebt）：Hart（1995）研究了短期负债和长期负债对上市企业管理层的约束效果，指出由于管理层对控制权本身以及由此延伸的将控制权实体化的"营造商业帝国"（empire - building）有着极其特别的趋好，所以通常意义上的激励计划也许能够激发管理层努力工作，但却不能有效阻止其滥用控制权行为，而短期债务能够提供这样一种约束机制。短期债务使管理层为了避免遭受"被清算"和"被出局"的厄运，从而能够提升企业的短期经营利润；而长期负债则不同，由于其还本付息时限较长，成本相对较高，管理层对长期融入资本的操控余地相对较大，从而增加了企业的代理成本。我们用长期负债账面值与总负债账面值之比来计算长期负债率指标。

股权集中度（Sharedensity）：股权集中度反映军工上市企业股东持股比例及相互关系。Grossman & Hart（1980）的研究表明，股权结构分散条件下，单个股东缺乏监督管理层、积极参与企业治理和驱动企业价值增长的激励。股东对管理层制约机制的失效在很大程度上随着股权的相对分散化而加重，形成通常所谓的"弱股东，强管理层"的格局。Aggarwal（2003）认为，适度提高股东持股份额有利于增强其监控管理层的能力。Shleifer & Vishny（1989）也认为，一定的股权集中度是必要的，因为大股东能够更有效地监督管理层行为，有助于降低控制权代理成本。我们用"第一大股东所持股份/第二大股东所持股份"来测这一变量。

管理层持股（Managershare）：研究表明，管理层持股有利于将管理层利益与股东利益紧密联系起来，可以有效防止管理层的道德风险，激励管理层努力工作以实现股东价值最大化目标（Shleifer & Vishny，1989；Jensen & Meckling，1990；Aggarwal，2003）。Jensen & Meckling（1976）同时强调，提高对企业有控制权的内部股东（管理层）的股权比例，能有效产生管理激励，降低代理成本，提高企业价值。此外，Aharony（1980）、Bethel（1998）、Anderson（2003）等学者，分别从管理层股权性质、企业绩效等不同层面进行了研究。我们用管理层（包括总经理、高管、董事、监事）持股数与普通股股数之比来表示该变量。

经营风险（Risk）：经营风险可以衡量一个企业出现财务困境的可能性，通常认为它同财务杠杆相关。行为金融学认为，行业内企业之间的竞争，除了可以采取常见的Cournot竞争外，还可以采取Bertrand竞争，也就是企业既面临来自产品需求的不确定性，同时还受制于企业成本的不确定性。已有文献对经营风险采取了许多不同的衡量指标，包括销售收入标准差（Booth，2001）、营运现金流对总资产比率的一阶差分（Bradley et al.，1984）、经营收入变化率的标准差（Titman et al.，1988）、现金流波动（姜付秀，2008）等。这里，用某年内军工上市企业"销售收入标准差"来衡量经营风险。

成长性（Growth）：所谓成长性，也就是企业的成长机会。为满足投资需求，企业将利用机会条件进行不同组合的融资。现有研究从不同角度来表示成长性指标，如销售增长的5年均值（Wald，1999）、资本投资除以总资产和研发支出除以销售额（Bradley et al.，1984）、Tobin'Q值（Rajan et al.，1995）、股权的市值除以账面值（Booth et al.，2001）等，我们以军工上市企业销售收入增长率来表征该指标。

企业规模（Size）：军工上市企业规模越大，在进行财务决策时就拥有越大的空间。为此，我们用军工上市企业的年末总资产值的自然对数值作为衡量企业规模的指标。

三、样本描述

我们选取2009—2013年间在上海证券交易所和深圳证券交易所上市并发行A股（包括同时也发行了B股和H股）的军工上市企业作为研究样本，剔除净资产为负和财务数据残缺的企业，实际得到464个有效样本观测值。军工上市企业财务数据和管理层治理数据来自色诺芬公司"一般上市企业财务数据库"和"CCER上市企业治理结构数据库"，部分数据来自于各军工上市企业历年年报，由手工录入完成。

表6-2 描述性统计

Variables	Mean	Median	Max	Min	Std. Dev
Maccounting	68.18	63.33	245.33	46.76	77.17
Consumereal	167.75	160.11	530.12	35.57	81.02
Performaccounting	4.11	4.44	18.85	-10.99	6.76
CR	1.25	1.11	3.11	-1.08	3.30
CR_1	0.45	0.41	0.76	0.23	0.05
CR_2	1.22	1.27	2.23	0.12	0.6
CR_3	3.10	3.05	7.75	1.12	2.0
CR_4	7.76	7.92	14.41	4.88	3.17
CR_5	3.55	3.39	7.00	1.00	0.81
Tobin'Q	0.74	0.76	0.91	0.56	0.07
FCR	0.17	0.15	0.47	0.07	0.07
PER	3.15	2.96	7.63	1.21	1.27
Leverage	0.41	0.51	2.44	0.06	0.20
LTDebt	0.27	0.19	0.62	0.09	0.13
Sharedensity	63.44	67.10	565.39	1.88	76.77
Managershare	0.003	0.00	0.08	1.86E-04	0.008
Risk	34.77	38.81	98.56	17.78	13.63
Growth	18.89	19.91	156.65	-23.39	44.00
Size	21.75	20.80	25.52	16.12	0.93

由表6-2可知,从控制权指标看,内部董事(CR_1)比重均值为0.45,董事会规模(CR_4)为7.76;职能合一(CR_2)指标均值为1.22,表明军工上市企业管理层中高管兼任董事的情况很常见;管理层平均在职时长(CR_3)为3.10年,人力资本流动性相对较快,这意味着管理层可能会发生短期性控制权投机行为;金字塔控制链层级(CR_5)平均为3.55,最长可达7级,这一方面说明军工上市企业产权改革引入了更多的所有权参与主体,一方面也意味着控股股东更容易对中小股东实施控制权代理行为。

从薪酬结构和消费结构看,管理层的在职消费(Consumereal)较之会计薪酬(Maccounting)而言,平均超出约3倍,这表明军工上市企业中管理层的隐性耗损要大大超出正常的政策标准,超额控制下极容易发生肆意铺张用度的现象。用资产收益率衡量的企业会计绩效(Performaccounting),平均值为4.11%。

从控制变量看,经营费用率(FCR)的均值为17%(中位数为15%),最大值为47%,最小值为7%;市净率(PER)的均值为3.15(中位数为2.96),最大值为7.63,最小值为1.21。管理层持股(Managershare)指标显示,中国军工上市企业管理层的股权份额占比均值仅为0.3%。从第一大股东与第二大股东持股份额之比(Sharedensity)来看,平均数为63.44,最大值达到565.39,最小值为1.88。很显然,中国军工上市企业的股权结构中,第一大股东的股权过大问题非常严重。军工上市企业平均负债率(Leverage)为41%(中位值为51%),最大值为244%,最小值为6%。而同一时期,中国沪深两市上市企业平均资产负债率达到了76.49%[①]。从长期负债率(LTDebt)指标看,均值为27%(中位值为19%),最大值为62%,最小值为9%。可见,军工上市企业长期负债占总负债的比重偏小,企业债权融资更多可能来自于短期流动负债。

四、实证分析

(一)管理层理性薪酬

借鉴Core et al.(2008)的方法,同时参照相似行业或地区国有企业标准,初步匡算出军工上市企业管理层理性薪酬的计量模型为:

$$\text{LnMaccounting}_t = \alpha_0 + \alpha_1 \text{Performaccounting}_t + \alpha_2 \text{Performaccounting}_{t-1} + \alpha_3 \text{Growth}_t + \alpha_4 \text{Lnsize}_t + \sum \text{Industry} + \sum \text{Year} + \varepsilon \qquad (6-1)$$

我们的思路是:运用2009—2013年的相关数据对模型(6-1)进行回归分析,以此得到各变量的系数,并用这些系数估算出管理层的理性薪酬Mreasonable。会计薪酬Maccounting与理性薪酬Mreasonable的差值就是管理层的超额薪酬Mspill。

[①] 根据上海证券交易所统计年鉴(2014)和深圳证券交易所统计年鉴(2014)的相关数据计算得出。

(二) 管理层理性在职消费

Luo et al. (2009) 用"倒挤"的方法，也即实际在职消费 (Consumereal) 与理性在职消费 (Consumenormal) 之差来求出管理层的超额在职消费 (Consumespill)。军工上市企业管理层理性在职消费可依据以下计量模型进行匡算：

$$\text{Consumereal}_t = \beta_0 + \beta_1 \text{Sale}_t + \beta_2 \text{Sale}_{t-1} + \beta_3 \text{FAsset}_t + \beta_4 \text{Inventory}_t + \beta_5 \text{Lnsize}_t + \sum \text{Industry} + \sum \text{Year} + \varepsilon \quad (6-2)$$

模型 (6-2) 中，Sale、FAsset、Inventory 分别表示军工上市企业的营业收入 (主营业务收入与其他业务收入之和)、固定资产、存货。对模型 (6-2) 回归分析，得出相关系数和实际在职消费的估计值，再倒挤出管理层超额的在职消费。

(三) 管理层控制权与会计薪酬

这里，我们建立计量模型，分析军工上市企业管理层所享有的控制权与会计报表所列示的管理层薪酬之间的关系。基本模型如下：

$$\text{LnMaccounting}_t = \delta_0 + \delta_1 \text{CR}_t + \delta_2 \text{Performaccounting}_t + \delta_3 \text{FCR}_t + \delta_4 \text{Leverage}_t + \delta_5 \text{LTDebt}_t + \delta_6 \text{Sharedensity}_t + \delta_7 \text{Managershare}_t + \delta_8 \text{Risk}_t + \delta_9 \text{Growth}_t + \delta_{10} \text{Lnsize}_t + \sum \text{Industry} + \sum \text{Year} + \varepsilon \quad (6-3)$$

表 6-3 给出了回归分析结果。我们发现，在 0.01 的显著性水平上，管理层控制权变量 (CR) 与管理层薪酬变量 (Maccounting) 之间存在高度正相关性：控制权越大，所获得的薪酬就越多。同时，军工上市企业绩效 (Performaccounting) 对管理层薪酬产生正的激励。管理层持股 (Managershare) 和企业规模 (Lnsize) 也强烈影响到其薪酬总量。

(四) 管理层控制权与超额薪酬

建立管理层控制权对超额薪酬 (货币性私人收益) 的回归计量模型为：

$$\text{LnMspill}_t = \phi_0 + \phi_1 \text{CR}_t + \phi_2 \text{Performaccounting}_t + \phi_3 \text{FCR}_t + \phi_4 \text{Leverage}_t + \phi_5 \text{LTDebt}_t + \phi_6 \text{Sharedensity}_t + \phi_7 \text{Managershare}_t + \phi_8 \text{Risk}_t + \varphi_9 \text{Growth}_t + \phi_{10} \text{Lnsize}_t + \sum \text{Industry} + \sum \text{Year} + \varepsilon \quad (6-4)$$

模型 (6-4) 的回归分析显示，军工上市企业管理层控制权与超额薪酬 Mspill (货币性私人收益) 关系显著，表明管理层通过行使控制权，能够获取政策规定范围之外的控制权私利。同时发现，股权集中度 (Sharedensity) 越大，管理层超额薪酬就越小，成显著的反向关系，这可能表明股东权力集中，会对管理层形成更大的压力，从而促使管理层将自身利益最大化与股东利益最大化相一致，因此超过规格的绩效回报因强势股东的管制而减弱。这一结论与 Jensen & Meckling (1976)、Hart & Moore (1995)、Zwiebel (1996)、Ross (2004)、Parrino et al. (2005) 等学者的研究一致。

(五) 管理层控制权与超额在职消费

建立管理层控制权对超额在职消费 (非货币性私人收益) 的回归计量模型为：

$$\text{Consumespill}_t = \lambda_0 + \lambda_1 CR_t + \lambda_2 \text{Performaccounting}_t + \lambda_3 \text{LnMaccounting}_t + \lambda_4 \text{PER}_t +$$
$$\lambda_5 \text{Leverage}_t + \lambda_6 \text{LTDebt}_t + \lambda_7 \text{Sharedensity}_t + \lambda_8 \text{Managershare}_t + \lambda_9 \text{Risk}_t + \lambda_{10} \text{Growth}_t +$$
$$\lambda_{11} \text{Lnsize}_t + \sum \text{Industry} + \sum \text{Year} + \varepsilon \qquad (6-5)$$

回归模型（6-5）的分析结果如表6-3所示。研究发现，军工上市企业管理层享有的控制权，能够显著影响到管理层的超额在职消费 Consumespill（非货币性私人收益），这与目前学术界的多数研究是吻合的（Jensen & Meckling, 1976; Holmstrom & Costa, 1986; Scharf & Stein, 1990; Hirshleifer & Thakor, 1992; Chevalier & Ellison, 1999; Baker, 2000）。管理层薪酬（Performaccounting）在总额上，与其所占有的非货币性私人收益存在微弱正向关系。此外，在0.05的显著性水平上，企业会计业绩（Performaccounting）与管理层超额在职消费呈现一种反比关系。

由上述检验分析可知，军工上市企业管理层所拥有的剩余控制权越大，其所占有的控制权收益就越多，从而导致的控制权代理问题也就变得越严重。这一实证结果支持了第一条假设。

表6-3 控制权、薪酬、在职消费、企业价值的混合OLS估计

解释变量 \ 被解释变量	Maccounting (6-3)	Mspill (6-4)	Consumespill (6-5)	Tobin'Q (6-6)
CR	0.088[a] (0.003)	0.112[a] (0.001)	0.0898[a] (0.007)	—
Performaccounting	0.037[a] (0.009)	0.052[d] (0.231)	0.043[d] (0.170)	—
LnMaccounting	—	—	-0.0767[b] (0.045)	
FCR	0.580 (0.49)	0.440 (0.37)		
PER	—	—	-0.211 (0.45)	0.154[b] (0.03)
Leverage	-0.088[c] (0.085)	-0.072 (0.55)	-0.037[a] (0.000)	-0.045[c] (0.077)
LTDebt	-0.081 (0.27)	-0.103 (0.33)	-0.037[c] (0.088)	0.007 (0.86)
Sharedensity	0.077 (0.38)	-0.078[a] (0.002)	-0.011[b] (0.041)	-0.033[a] (0.005)

续上表

被解释变量 解释变量	Maccounting (6-3)	Mspill (6-4)	Consumespill (6-5)	Tobin'Q (6-6)
Managershare	0.212^a (0.006)	0.111^c (0.093)	0.009 (0.69)	0.028^d (0.13)
Risk	-0.156^d (0.144)	0.028 (0.66)	-0.088 (0.70)	-0.117^a (0.001)
Growth	-0.100 (0.35)	0.018 (0.61)	-0.011^a (0.001)	0.009^d (0.18)
Lnsize	0.551^a (0.004)	-0.338^c (0.077)	0.023^b (0.037)	-0.222^b (0.03)
Rpower	—	—	—	-0.087^d (0.17)
Rincentive	—	—	—	0.565^a (0.002)
Rrent	—	—	—	-0.611^a (0.004)
Constant	-6.303^a (0.006)	9.560^b (0.036)	-0.442 (0.45)	0.7116^b (0.029)
Industry	control	control	control	control
Year	control	control	control	control
Adjusted R^2	0.186	0.244	0.272	0.513
F-statistic	6.667^a (0.002)	8.319^b (0.044)	10.222^d (0.18)	7.818^a (0.002)
sample	464	464	464	464

注：①回归估计采用混合普通最小二乘法（OLS）；②a、b、c、d 分别表示 1%、5%、10% 和 20% 的显著性水平；③括号中的数值为双侧 t 检验的 p 值。

(六) 管理层控制权与企业价值

建立管理层控制权对企业价值的回归计量模型为：

$$Tobin'Q_t = \theta_0 + \theta_1 Rpower_{t-1} + \theta_2 Rincentive_{t-1} + \theta_3 Rrent_{t-1} + \theta_4 PER_{t-1} + \theta_5 Leverage_{t-1} + \theta_6 LTDebt_{t-1} + \theta_7 Sharedensity_{t-1} + \theta_8 Managershare_{t-1} + \theta_9 Risk_{t-1} + \theta_{10} Growth_{t-1} + \theta_{11} Lnsize_{t-1} + \sum Industry + \sum Year + \varepsilon \quad (6-6)$$

对管理层控制权、薪酬以及企业价值的回归分析表明，职权性收益（Rpower）、激励性收益（Rincentive）、寻租性收益（Rrent）与军工上市企业的市场价值分别在0.2、0.01、0.05的显著性水平上存在相关关系。其中，激励性收益显著增加了企业价值，这一结论的意义在于，基于绩效的人力资本激励补偿机制，能够有效发挥传导效应，提升上市企业的整体市值。职权性收益和寻租性收益越大，企业价值就越小，表明管理层行使控制权谋取非正常薪酬的私利行为会削弱企业的价值。尤其是管理层的寻租性收益与企业价值显著负相关，意味着管理层通过控制权行为所获得的私利，对上市企业的市场价值带来了明显的冲击。显然，寻租性收益的获取途径由于相对不易察觉，在加大企业内部治理难度的同时，给企业经营绩效和市场价值会产生相当大的损害。这一发现无疑证实了前面提出的第二条假设：军工上市企业管理层行使剩余控制权操控激励补偿越严重，企业市场价值就越低。此外，我们发现股权集中度对企业价值的影响非常显著（0.01的水平），股权越过于集中，则上市企业的价值越易受到负面冲击，可见稀释军工上市企业股权板块化的局面对于提升企业价值将具有非常重要的现实意义。

五、稳健性检验

在稳定性检验部分，我们尝试改变被解释变量的替代指标，如企业价值变量改以"经济附加值"（EVA）来计量。EVA是企业税后净经营利润中扣除债权和股权全部投入资本成本之和的剩余。由于资本融入是有成本的，企业盈利只有高于资本结构成本（股权成本与债权成本之和）时，企业的市场价值才会凸显出来。因此较之传统财务指标，EVA由于综合考虑了融资成本问题而成为测度企业价值以及企业管理层创新能力的良好指标。在稳健性检验中，衡量军工上市企业价值的EVA数据来自国泰君安CSMAR的《中国上市公司EVA数据库》。在控制性变量上，对股权集中度指标改用"军工上市企业前五大股东所持股份占企业总股份的比重"和"军工上市企业前五位大股东持股比重的平方和"（Herfindahl Index）进行计量。在此基础上，我们重新对表6-3中的4个模型作回归分析，结果显示与已有发现并无本质性变化。此外，考虑到财务数据可能出现的"时滞效应"，对回归模型（6-3）~（6-5）的被解释变量作延滞一期处理，回归分析结果显示仍支持已有结论。

六、研究结论

在传统国有企业人力资本激励上,理论研究强调应赋予具有专用性(专业性)人力资本投资的管理层剩余控制权和剩余索取权,将有利于实现代理人利益最大化和股东利益最大化同步,从而减少控制权代理中存在的种种私利行为(Jensen & Meckling, 1976; Hart & Moore, 1995; Zwiebel, 1996; Ross, 2004; Parrino et al., 2005)。但现实情况往往是,相当多的企业尤其是上市企业经营绩效不佳甚至是亏损,而企业管理层却拿着天价薪酬,企业绩效低迷与高管高酬的现象同时存在。

本节实证研究,选取2009—2013年间中国军工上市企业为目标样本,分析企业管理层的控制权行为与管理层薪酬、在职消费以及企业价值之间的关系。我们发现,军工上市企业管理层所享有的剩余控制权越大,其所得到的私人收益就越多,从而会引发更为严重的控制权代理问题。此外,我们将管理层控制权收益划分为职权性收益、激励性收益和寻租性收益三个部分,发现激励性收益和寻租性收益对企业价值影响非常显著,激励性收益能够提升企业价值,而寻租性收益则会损害企业价值。因此,对军工上市企业管理层要进行合理赋权,并从内部治理的监管机制和人力资本的薪酬激励机制双向强化,产生抑制管理层控制权私利操控的制度空间。从这个意义而言,如何有效减弱管理层进行薪酬寻租的动力和能力,是军工上市企业综合治理亟待关注和解决的问题。

从深层次的权力来源和权力异化机制来看,组织权力下放和预算软约束,将导致职业寻租可能性增大和腐败收益增加。而要降低管理层利用职权进行谋私贪腐的水平,就必须减小组织内部隐性租金的规模,硬化企业经营预算软约束,减少代理人权力行使的弹性空间。Stigler(1971)的研究表明,科层组织中个人带来的市场收益和市场损失都可以通过组织实现外部化,除非能够借助某一机制使得腐败者承担的寻租成本超过寻租收益,否则体制性腐败将无法避免。因此,要预防和惩治军工上市企业中管理层的控制权寻租和职业腐败问题,除了要大力营造良好的外部治理环境,强化市场信用体系和职业道德体系的建设,不断推进法律监管、行业监督、制度监察的联动体制之外,在军工上市企业内部治理上,要逐步改革和完善财经人事管理制度和管理层薪酬奖励机制,切实将激励补偿与企业绩效实现捆绑,建立起租金消散机制和惩防耦合机制,加大管理层进行控制权私利行为的交易成本。在具体的实施中,要不断进行企业治理创新,尤其要注重治理理念与治理手段的协同,在正视军工上市企业人力资本激励渠道单一、方式趋同、效果疲软的情况下,要更加大产权改革的力度,对外积极引入军工战略投资者,对内不断创设股权、期权、事业合伙制等复合型人力资本激励机制。

第七章　控制权、金字塔结构与军工上市企业投资行为

众所周知，股权的高度分散化，容易导致股东对管理层的监管失灵，管理层发生道德风险的概率显著增加。如果股权相对集中，出现数个具有一定话语权的大股东，他们将有积极性去搜集信息、监督管理层行为，甚至行使投票权替换，在一定程度上可以减轻股权分散带来的"搭便车"问题。相对于其他股东，控股股东由于持有更大的"赌注"（stake），也就具有占优的投票权，在业绩和利润驱动下，通过对管理层的施压，能够纠偏和抑制管理层的控制权私人行为，降低第一类代理成本。相关的实证研究表明，控股股东的存在对提升上市企业的绩效具有积极作用。Gorton & Schmid（2002）发现，银行和非银行的大股东改善了德国企业的治理绩效；Kaplan & Minton（2003）的研究表明，存在大股东的日本企业在绩效指标走低时更换管理层的几率和频率要更大些。

虽然控股股东能够对上市企业管理层控制权滥用进行纠偏，但在投资理念、行为方式、参与力度、经营决策和剩余分配等方面，控股股东与中小股东往往存在更大的差异，更易激发分歧甚至是冲突。由于控股股东的话语权地位，加之中小股东的从众心理，谁来监控控股股东就显得非常重要。在某种意义上，控股股东的投票权很可能成为发生道德风险的导火索。当控股股东利用信息优势和投票权优势来侵害中小股东利益时，其和企业管理层在本质上具有同质化的行为动机，从而形成控股股东与管理层的合谋。事实上，以中国上市企业为例，由于国有企业的权重较大，政府（包括中央政府和地方政府）作为终极控制人，往往通过行政任命的方式安置内部人员充任企业管理层和董事席位，甚至以股东大会决议的形式将其固定化、合法化和常态化。在这种情况下，第二类控制权代理问题——控股股东与中小股东的代理冲突就更为普遍也更为严重。

第一节　军工上市企业金字塔股权结构

一、成因与特征

国有资本市场上，上市企业一般都有一个处于绝对控制地位的控股股东，"一股独大"的现象是中国上市企业最为显著的特征之一。通过金字塔式的逐层持股，位于塔顶的终极控制人只需少量现金流权即可拥有对上市企业的绝对控制权。一般认为，金字塔方式控制所以普遍，是因为这种股权结构具有融资优势（Almeida et al.，2006），能够降低政府的干预度（Fan，2007），并且控制权收益巨大（Bebchuk et al.,1999)等。研究表明,企业集团的内部市场(如产品市场、资本市场、劳动力市场等)可以看成是外部市场的一种"互补机制"(Khanna,2000)。在现行证券发行制度下,军工企业大多通过资产剥离、分拆以及非完整改制的方式实现股份制改造上市。政府为保持对国有股权的掌控,通过国资委—军工集团公司—军工上市企业的金字塔层级链来间接控制军工上市企业。考虑到资本短缺是制约军工行业发展的一个重要因素,在外部融资受限的情况下,通过发挥金字塔控制的权益杠杆效应,能够形成有利于军工集团整体化运作的内部市场。

金字塔控制的一个最为显著的特征就是能够实现控制权和现金流权的分离(Johnson et al.,2000),继而通过"掏空"(tunneling)或"防御"(entrenchment)来获得更多控制权私益(Morck,2005)。Faccio et al.(2002)认为,终极控股股东以较少资本和现金流权掌握了对上市企业的较大控制权,其转移上市企业资源所带来的收益要远大于因现金流权存在所遭受的损失,从而有强烈"自利性"利益输出动机。控股股东显性(如操纵会计报告和信息披露)或隐性(如自利性关联方交易、再融资等)转移企业资源和利润不仅不可避免,而且具有相当普遍性(卢平和,2004)。Claessens(2000)研究发现,控制权与现金流权的分离是降低上市企业市场价值的重要因素,两权分离程度越大,产生的代理成本也就越大,掠夺效应就越明显,企业市场价值将越低。目前,学界关于终极所有权结构与企业价值之间关系的研究已有众多成果,但同时从企业治理和两权分离度角度来分析的文献并不多见,而关于军工上市企业的相关研究更少。军工上市企业最近20年来发展迅猛,已经成为国民经济体系中一支不容忽视的经济力量,研究其股权结构、治理机制和企业价值之间内在的关联性就更具有现实意义。

二、股权链与分离度

上市企业金字塔股权结构中,控股股东位于金字塔最顶层,而上市企业位于金字塔最底层。Fan et al.(2007)的研究显示,如果终极控制人与最底层上市企业存在多条控制链关系,则选用最长的控制链,并以这两者之间的层级数作为衡量金字塔股权结构复杂程度的替代性指标。如果军工上市企业的终极控制人(国资委)只控制一层企业,则层级数为1,依此类推。

以成飞集成(002190)为例,如图7-1所示。成飞集成的前两大股东分别是成都飞机工业(集团)有限责任公司(68.46%)与成都凯天电子股份有限公司(2.31%),这两家公司同属于中国航空工业集团公司控制。此外,中航投资有限公司和成都飞机设计研究所作为中国航空工业集团公司的全资子公司,各自持有成都凯天电子股份有限公司5.07%的股权,其产权关系是一种典型的金字塔国有法人持股结构。

显然,这一金字塔股权链包含4个层级。"国资委"对金字塔底层军工上市企

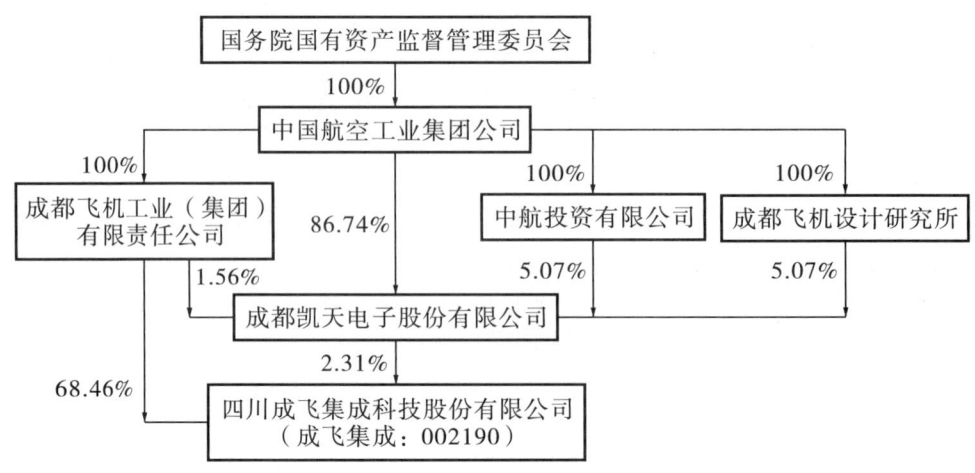

图 7-1 成飞集成金字塔股权链

的控制权为：CR = Min(100%, 100%, 68.46%) + Min(100%, 100%, 1.56%, 2.31%) + Min(100%, 86.74%, 2.31%) + Min(100%, 100%, 5.07%, 2.31%) + Min(100%, 100%, 5.07%, 2.31%) = 76.95%。现金流权（所有权）为：CFR = 100% × 100% × 68.46% + 100% × 100% × 1.56% × 2.31% + 100% × 86.74% × 2.31% + 100% × 100% × 5.07% × 2.31% + 100% × 100% × 5.07% × 2.31% = 70.73%。控制权与现金流权分离度为：Sep = CR/CFR = 76.95%/70.73% = 1.09。通过这种金字塔控制，中国航空工业集团公司凭借 70.73% 的现金流权获得了对成飞集成 76.95% 的决策权。

从两权分离度来看（表 7-1），控制权与现金流权没有产生实质性分离（Sep = 1）的军工上市企业（未分离型金字塔控制）所占比例为 23.20%，同期国有企业比例为 11.27%。经简单汇总可知，Sep ≤ 1.4 的企业，军工为 54.40%，国有为 36.44%；Sep ≤ 3 的企业，军工为 90.40%，国有为 91.55%。这说明，无论是国有上市企业还是军工上市企业，都有超过九成比例的企业，其控制权与现金流权分离度小于 3（Sep 值越大，表示两权分离程度越大）。

表 7-1 军工上市企业控制权与现金流权分离度分布（2017 年）

Sep 分布区间	上市企业数量		所占比例（%）	
	国有上市企业	军工上市企业	国有上市企业	军工上市企业
Sep = 1	120	29	11.27	23.20
1 < Sep ≤ 1.2	133	22	12.49	17.60

续上表

Sep 分布区间	上市企业数量		所占比例（%）	
	国有上市企业	军工上市企业	国有上市企业	军工上市企业
1.2 < Sep ≤ 1.4	135	17	12.68	13.60
1.4 < Sep ≤ 1.6	222	14	20.85	11.20
1.6 < Sep ≤ 1.8	165	7	15.49	5.60
1.8 < Sep ≤ 2	111	11	10.42	8.80
2 < Sep ≤ 3	89	13	8.36	10.40
3 < Sep ≤ 4	76	9	7.14	7.20
Sep > 4	14	3	1.31	2.40
合计	1065	125	100	100

从制度演进角度看，我国政治制度和经济改革进程决定了企业股权结构的初始状态和变迁路径。在经济转型过程中，军工上市企业普遍存在的金字塔股权结构与我国产权制度改革密不可分，但这种金字塔控制不同于自然人控制的上市企业，其主要目的不在于"掏空"上市企业资源，而更多是出于适应体制改革和政策推动的需要，如下放军工国有资产经营权、提高军工企业自主性和经营效率等。目前运行的三级国有资产管理模式，就是这种思维的体现。在具体实施中，政府还往往通过保留各级控股企业和军工上市企业的人事任免权来维系这种绝对控股地位。并且，这种地位因为金字塔控制导致的两权分离度的加深而进一步得到强化。金字塔控制所带来的是两种相反的效果：随着金字塔层级的增加，一方面，控股股东进行"掏空"更加隐蔽和复杂，加之市场信用体系和监管体系的缺位，这种控制权的利益输送能力势必得到加强；但另一方面，政府对军工上市企业的行政干预成本将增加，金字塔系纵向成员企业之间的利益冲突也更突出，顶层实施"掏空"行为更加困难。

第二节 金字塔结构、控制权代理与企业价值

一、研究假设

本节利用 La Porta et al.（2002）的理论模型，同时注意到中国军工上市企业特有的控制权代理问题，建立基本的分析框架。

假设军工上市企业金字塔股权结构中，终极控股股东所享有的控制权为 α，现金流权为 β。由于军工上市企业金字塔结构导致了控制权与现金流权相分离（意味着

$\alpha > \beta$），控股股东很可能通过利益输送方式转移企业资源，从而侵占外部股东的利益，假设侵占比重为 s。控股股东进行控制权代理（连同管理层）行为会付出成本，如在所有权结构链上进行利益输送会产生技术成本（在第三章中，我们分析了剩余索取权从下至上的转移问题），或因规避内部监督所产生的交易成本，或外部企业治理所承担的监管成本等。因此，我们可以假设控股股东的侵占成本为 $C(\alpha,s,g)$，其中 g 是企业外部治理效应。一般地，存在 $C_\alpha < 0$，$C_s > 0$，$C_g > 0$。

对于控股股东而言，其决策是将军工上市企业资源进行投资配置还是利益侵占。这里，给出其决策函数：

$$\text{Max } F = \beta(1-s) + s - C(\alpha,s,g) \tag{7-1}$$

对式（7-1）求导：

$$F_s = 1 - \beta - C_s(\alpha,s,g) \tag{7-2}$$

令 $F_s = 0$，可得：

$$C_s(\alpha,s,g) = 1 - \beta \tag{7-3}$$

进一步，参照 Johnson et al.（2000）的分析范式，假设：

$$C(\alpha,s,g) = \frac{gs^2}{2\alpha} \tag{7-4}$$

联立式（7-3）、式（7-4）得：

$$s^* = \frac{\alpha(1-\beta)}{g} \tag{7-5}$$

显然，满足控股股东利益最大化的侵占比重 s^*，具有以下特征：①$s_\alpha^* > 0$，意味着控股股东的控制权越大，其侵占中小股东利益的程度也会越大；②$s_\beta^* < 0$，意味着控股股东的现金流权越大，其侵占中小股东利益的程度也会越小；③又由于 $\alpha > \beta$，则结合特征①和②易知，金字塔股权结构的两权分离程度越大，控股股东侵占中小股东利益的程度也会越大；④$s_g^* < 0$，意味着企业外部治理机制（治理环境、监管制度、信用体系、法律层面等）运行得越好，控股股东侵占中小股东利益的程度也会越小。

基于以上理论分析，提出实证研究的基本假设。

假设一：金字塔控制下，军工上市企业控股股东通过公司治理上的制度安排来参与企业经营管理，实现控制权与现金流权相分离。

假设二：金字塔控制下，军工上市企业控制权与现金流权分离度越大，控股股东通过行使控制权进行利益输送的可能性就越大，企业市场价值就越小。

假设三：金字塔控制下，军工上市企业控制权与现金流权分离度对企业市场价值的影响呈 U 型。当分离度处于低值段时，分离度的增加将降低企业市场价值，但这种负向效应呈减弱趋势，也即存在一个分离度的最优控制点。

二、实证分析

（一）样本选择与变量定义

实证分析数据包括企业治理数据和财务数据。企业治理数据包括内部治理数据，如控制权、现金流权、金字塔层级、董事会和管理层性质等，数据源自巨潮资讯网公示的上市企业年报；外部治理数据借鉴樊纲（2009）"减少政府干预"指数。此外，参照 La Porta et al. (2002)，将拥有上市企业 10% 投票权的控股人界定为控股股东，并取投票权最大者为终极控股股东。企业财务数据包括财务杠杆、会计收益、主营业务收入增长率等，部分来自色诺芬数据库系统（CCER），部分来自上市企业年报并经计算所得。经过筛选匹配，将 67 家军工上市企业 2003—2011 年间的 590 个年度观测值作为非平衡面板数据，实证模型各变量定义参见表 7-2。

表 7-2 变量说明

变量名称	符号	变量定义
企业价值	Tobin'Q	（流通股市值 + 剩余股本账面权益 + 债务账面价值）/资产账面价值
控制权	CR	$CR = \sum_{i=1}^{n} \text{Min}(C_{i1}, C_{i2}, \cdots, C_{im})$，$C_{ii}$ 为第 i 条控制链的层级间投票权比例
现金流权	CFR	$CFR = \sum_{i=1}^{n} \prod_{j=1}^{m} O_{ij}$，$O_{ii}$ 为第 i 条控制链的层级间所有权比例
分离度	Sep	控制权与现金流权的比值
企业规模	Size	年末总资产自然对数值
财务杠杆	Leverage	年末负债总额/年末资产总额
会计收益	ROA	净利润/总资产平均余额
企业成长性	Growth	取过去五年主营业务收入增长率的均值
金字塔层级数	Layers	终极控股股东与上市企业之间控制链层级数
独立董事	DDsize	外部独立董事占董事会席位比重
参与管理	Management	是否委派关联人员担任企业董事长或总经理（取值为 1/0），为虚拟变量

续上表

变量名称	符号	变量定义
次大股东	Blockholder	是否存在持股比例高于5%的顺位股东（取值为1/0），为虚拟变量
政府干预程度	Government	参照樊纲《中国市场化指数》（2009年报告），取"减少政府干预"指数的相反数
上市年限	Age	取企业公告上市年度到相应年度的差值
年度哑变量	Year	控制年度固定效应，本节涉及9年上市企业数据，可得8个年度哑变量
行业哑变量	Industry	制造业11个二级门类，加上信息技术业（G类）、建筑业（E类）和综合类（M类），合计14个行业，以M类为基准行业，可得13个行业哑变量

（二）样本统计量描述

样本军工上市企业的描述性统计特征如表7-3所示。

表7-3 描述性统计

Variables	Mean	Median	Max	Min	Std. Dev.
Tobin'Q	0.7524	0.7764	0.9046	0.5575	0.0882
CR	0.4754	0.4882	1.0000	0.1544	0.1646
CFR	0.3931	0.3701	0.7073	0.0290	0.1490
Sep	1.3304	1.2360	13.7500	1.0000	1.6156
Size	20.7864	20.7970	23.2414	19.2153	0.8418
Leverage	0.4070	0.4015	0.7284	0.0875	0.1565
ROA	4.3197	4.0112	98.0861	-20.6349	4.7826
Growth	0.2600	0.2315	0.6083	0.0341	0.1316
Layers	3.3725	3.0000	7.0000	2.0000	0.7736
DDsize	0.3544	0.33333	0.4545	0.30000	0.0382
Management	0.9216	1.0000	1.0000	0.0000	0.2715
Blockholder	0.3922	0.0000	1.0000	0.0000	0.4931
Age	7.7647	9.0000	18.000	1.0000	4.1017

统计显示，从均值看，军工上市企业终极控股股东拥有 47.54% 的控制权和 39.31% 的现金流权；两权分离度为 1.33，最大值和最小值分别为 13.75 和 1，说明不同企业间分离度波动较大；金字塔控制层级平均为 3.37，最长控制链达 7 层，这一发现与 Fan et al. (2007) 以及我国民营集团金字塔股权结构（李增泉，2008）的实证结果比较接近。在企业治理方面，一个重要发现是均值高达 92.16% 的军工上市企业，其董事长或总经理直接来自于控股股东的行政任命。另外，约有 39.22% 的军工上市企业其次位股东为非国有法人或自然人，这一数据在一定程度上反映出军工领域近年来产权多元化改革的基本状况。

（三）实证结果分析

实证结果如表 7-4 所示。模型一是分离度的影响因素分析，模型二至模型五是市场价值的影响因素分析。从方程显著性检验结果来看，F 检验在 1% 的水平上高度显著，同时调整的可决系数（Adj. R^2）在 0.3879~0.5117 之间，在小样本的情形下表明 5 个模型都具有较好的拟合优度[①]。就系数显著性检验而言，企业规模与分离度正相关，与托宾 Q 值负相关，且都有一定显著性，说明企业规模越大，可供管理层或控股股东占有私人收益的渠道和资源也就越多，在信息不对称及外部监督成本过高的情况下，两权分离所导致的道德风险也将更加突出，企业价值就越低。Management 变量显示控股股东派驻人员担任管理职位的确加大了两权的分离程度，但对企业市场价值没有明显的统计学影响。Blockholder 系数为负且在 10% 水平上显著，表明引入次大股东有助于减缓两权的分离程度，次大股东对控股股东的"制约效应"超过了"合谋效应"，但该变量对企业价值的影响并不显著。DDsize 系数符号具有统计学意义，但不具备显著性，这意味着军工上市企业独立董事在企业治理上所发挥的作用有限。另外，上市年限和金字塔层级均与两权分离度显著正相关，这反映出两权分离程度与军工上市企业在资本市场的存续时间与集团化组织复杂程度具有一定关联性。

模型二实证结果显示，控制权变量与企业价值是一种正相关关系，并通过了 15% 显著性水平的单尾检验（这一弱显著性可能与样本总数过小有关）。按照假设预期，控制权越大，企业价值应该越小，两者应反向变动。一个可能的解释是，军工上市企业金字塔控制与一般私营性上市企业不同之处在于，由于控制权与现金流权分离程度不是很大，因此控制权变量在很大程度上表现出与现金流权变量近似的性状特征。研究同时发现，国有上市企业这两项指标比例分别为 57.28% 和 91.62%（篇幅所限，这里没有列出具体计算过程）。这一结果再次印证，在沪、深证券交易所上市企业中，军工上市企业金字塔股权体系，其两权分离程度相对而言要弱化一些。

[①] 大量研究文献显示，类似实证分析得出的 Adj. R^2 值，大多在 0.2 左右小幅波动，国内部分学者（如苗宏等）认为该值近似于 0.2 即表明回归方程具有较好的拟合优度。

表7-4 金字塔控制与企业价值

变量	模型一	模型二	模型三	模型四	模型五
Constant	0.4873*** (2.052)	0.7307*** (2.277)	0.7412** (2.331)	0.7764** (2.465)	0.6365** (2.133)
CR	—	0.0369+ (1.319)	—	—	—
CFR	—	—	0.0412* (1.584)	—	—
Sep	—	—	—	-0.0394** (2.078)	-0.0411* (2.149)
Sep^2	—	—	—	—	0.0094** (-1.878)
Size	0.0138** (-1.853)	-0.0248* (2.174)	-0.0276* (-2.250)	-0.0187* (-1.900)	-0.0223** (-2.079)
Layers	0.0144** (-1.937)	-0.0290** (-2.143)	-0.0285** (-2.094)	-0.0296** (-2.181)	-0.0313** (-2.277)
DDsize	-0.1304 (0.549)	0.1031 (0.407)	0.1025 (0.404)	0.0930 (0.366)	0.1122 (0.497)
Management	0.1495* (1.422)	-0.0446 (-1.025)	-0.0475 (-1.089)	-0.0462 (-1.036)	-0.0632 (-1.373)
Blockholder	-0.1100* (1.789)	0.0112 (0.527)	0.0128 (0.583)	0.0092 (0.423)	0.0101 (0.518)
Leverage	—	0.3213*** (3.307)	0.3157*** (3.278)	0.3143*** (3.093)	0.3333*** (3.502)
ROA	—	-0.2144* (-1.537)	-0.2002* (-1.428)	-0.1951* (-1.339)	-0.2271* (-1.773)
Growth	—	-0.0229** (-2.094)	-0.0203** (-2.000)	-0.0234* (-2.191)	-0.0304* (-2.397)
Government	—	-0.0021 (1.172)	-0.0019 (1.129)	-0.0015 (1.089)	-0.0017 (1.107)

续上表

变量	模型一	模型二	模型三	模型四	模型五
Age	0.0139* (-1.741)	0.0023 (0.885)	0.0027 (0.990)	0.0022 (0.820)	0.0035 (1.124)
Year	control	control	control	control	control
Industry	control	control	control	control	control
AdjustedR^2	0.3879	0.4484	0.4479	0.4432	0.5117
F – statistic	4.9303***	5.0651***	5.0557***	4.9803***	5.8827***

注：*、**和***分别表示10%、5%和1%的显著性水平，括号内为 t 值，+ 表示单尾检验显著。

从模型三的情况看，加大现金流权权重有利于提升军工上市企业的市场价值，与前面假设一致。Leverage 在1%水平上对企业价值产生显著的正向影响，说明增大负债比例，有助于多元化军工投资主体身份，遏止军工上市企业股权融资的过度偏好，减少控股股东和管理层利用权益性"壳资源"进行利益输送的机会主义行为。Growth 变量系数为负，且具有5%水平的显著性。次大股东变量、管理层职位变量、独立董事变量以及政府干预变量对企业价值的影响并不显著。金字塔层级变量与企业价值负相关，意味着军工上市企业产权链拉长，其市场价值将被削弱，这也间接说明过长股权链可能更易滋生代理问题。

模型四和模型五是分析分离度对企业价值的影响，这里嵌入了分离度的平方项。结果表明，在显著性水平上，分离度越大，军工上市企业的市场价值越小，其原因是随着两权分离度增加，控股股东进行掏空的动机更为强烈，企业价值受到的冲击也就更大。而且，随着分离度进一步增加，其对企业价值的边际影响呈现递减趋势。此时，分离度对企业价值的影响是一种 U 结构，在分离度较小区段内，分离度增加将导致企业价值减少更为明显。这一实证结果有力地支持了本文的假设三。

（四）稳定性检验

以上实证分析表明，军工上市企业控制权与现金流权分离度与企业治理机制存在关联性，并且企业价值受到分离度等诸多因素的影响。我们进一步借鉴 Dechow (2006)，改变被解释变量，用市净率（PER）指标取代 Tobin'Q 值来测度企业价值。这里，市净率是每股市价与每股净资产的比值。市净率越小说明股票投资价值越高，股价的支撑越有保证，因此该值是判断股票投资价值的重要指针。控制权与现金流权分离度越大，意味着企业资源被掏空的可能性越大，此时在相对有效的资本市场上，投资者会根据股价波动给予相对较低的权益市值，从而市净率值也将越小。采用这一指标进行实证分析，其结果并未改变本书基本结论。篇幅所限，不予赘述。

三、研究结论

在我国资本市场，由于沪、深证券交易所发展的时间较短，相关投资者保护的法律法规体系尚未建立健全，再加之政府作为"隐性保护人"的职能定位，使得相当多上市企业的股权呈现出高度集中化和同构化。军工上市企业股权结构的金字塔化是一种普遍现象。通过分离控制权与现金流权，控股股东通过掏空行为来获取控制权私人收益。本章实证研究发现，2003—2011年间军工上市企业控制权、现金流权和两权分离度均值分别为0.48、0.39和1.33。分离度小于3的企业所占比例达到94.03%，而同期国有上市企业这一比例为91.55%。军工上市企业平均资产负债率为40.70%，似乎同样难以逃脱"股权融资偏好"的选择性怪圈。增大负债比例，有助于减少控股股东的利益掏空和增加企业价值。从企业治理看，控股股东派驻人员担任管理职位会加大两权分离，引入次大股东有助于减缓两权分离，而独立董事在企业治理中作用发挥相对有效。此外，研究发现高达92.16%的军工上市企业，其董事长或总经理直接来自于控股股东的行政性任命，由此可见上市企业中"裙带资本主义"（Claessens，2000）的普遍性。

实证分析结果验证了本文的假设：加大现金流权，有利于提升军工上市企业的市场价值；两权分离度越大，军工上市企业的市场价值越小，但这种边际影响将逐渐减弱。因此从理论上讲，在军工上市企业金字塔股权结构中，控制权和现金流权的分离度区间存在一个最优控制点，这为军工行业进行资本重组和职能部门进行市场监管提供了某种政策性思路。本书研究同时表明，约有39.22%的军工上市企业，其次位股东为非国有法人或自然人，这在一定程度上反映出经过数年股份制改造，军工行业产权形态实现了显著的松绑和松动（"国退民进"），外部资本甚至是外国资本的注入，对于制约国有股"一股独大"所带来的控制权滥用问题（"制约效应"超过"合谋效应"），以及对于完善军工上市企业资本结构和治理机制都具有极强的现实意义。

第三节　融资约束、控制权代理与投资效率

军工企业的投资行为受到内外两方面的影响：行政干预和股东控制。在投资体制上，目前的核准制或备案制虽然为企业自主经营释放了很大的市场空间，但传统的审批制下政企一体的格局并未完全得到解决。即便考察现有投资体制，政府还是能够以大股东身份干预企业的微观投资行为，尤其是在一些高盈利性和高新投资项目上。此外，转型期军工企业治理机制不完善，加之股权结构集中度高，企业投资决策在一定程度上取决于大股东的意志。集中的股权结构，使得控股股东能够"以小搏大"，通过较小现金流权获得较大控制权（典型的如金字塔结构、交叉持股、双重股权等），从而可能出现攫取资源、掏空利益等代理问题。

融资作为军工企业投资的前提,其规模无疑将影响到投资的整体水平。信息完全的资本市场上,企业内外部融资成本相等,不存在融资约束。然而现实中,由于市场摩擦和代理问题的存在,企业更倾向于内部市场(如军工集团内部)的资金融入。一旦自有资金不足以达到投资规模,就容易出现因融资约束而导致的投资不足。另一方面,由于存在代理成本,拥有自由现金流的企业倾向于过度投资。金字塔结构的终极控股股东仅以少量投资便拥有对成员企业全部现金流的控制权,这种股权结构可以在企业集团内形成内部资本市场,实现对成员企业的资金支持和利益转移。

在中国资本市场上,金字塔股权结构具有相当普遍性。上市企业隶属于某个企业集团,集团内部形成内部资本市场。作为十大军工集团公司(终极控股股东是国务院国有资产监督管理委员会,以下简称"国资委")的成员企业,军工上市企业的股权结构更呈现出显著的金字塔特征。那么,军工上市企业的控股股东是否存在控制权与现金流权的偏离?而这种偏离是否可以用来解释军工上市企业投资行为中的非效率?目前学界关于终极控股股东对企业行为影响的研究,大多立足于考察股权结构与企业价值之间的关系,或其对投资现金流敏感性的治理效应,而从金字塔股权结构分析融资约束和投资行为的文献相对较少。投资决策是军工上市企业战略发展的关键环节,是理解企业治理与市场价值的重要媒介,并且借助金字塔体系的企业控制权研究能够从另一个视角追踪军工产权改革的发展脉络,也为评价军工上市企业的投资效率提供一个新的参照。本节借鉴 Richardson(2006)模型并利用相关数据来测度军工上市企业投资效率,同时从投资角度考察金字塔股权结构效应问题。

一、研究假设

假设终极控股人"国资委"可以直接控制军工上市企业 N,现金流权水平为 β;也可通过企业 M 控制企业 N,其在企业 M 的现金流权比率为 α,企业 M 在企业 N 的现金流权比率为 β(金字塔层级超过 2 的情形类推)。现有一投资项目,需要在 $t=0$ 时刻融资 K,在 $t=1$ 时刻可获得收益 Y(暂忽略市场折现率和所得税影响),社会合意的投资决策应满足 $Y>K$。K 有两个来源:从外部市场融资,单位资本报酬率为 r;或由企业 M 向企业 N 提供部分贷款 k($K>k$),由于是内部人控制,资本拆借成本假设为 0。剩余借款 $K-k$ 来自外部市场,单位资本报酬率为 r。

(一)融资约束

先考虑成本约束问题。在直接控股时,当 $Y>K(1+r)$,企业 N 将进行项目投资,此时控股股东的投资收益为:

$$\beta[Y-K(1+r)]>0 \qquad (7-6)$$

在金字塔控股时,当 $Y>(K-k)(1+r)+k$,企业 N 将进行项目投资,此时控股股东的投资收益为:

$$\alpha\beta[Y-(K-k)(1+r)-k]>0 \qquad (7-7)$$

显然，在直接控股时，如果 $K(1+r) > Y > K$，则该项目即便符合企业发展和股东利益需要也因融资约束成本过高而被放弃。

同理，在金字塔控股时，对应的条件是 $(K-k)(1+r) + k > Y > K$。由此可以推论：在 $K(1+r) > Y > (K-k)(1+r) + k$ 也即 $K(1+r) > Y > K(1+r) - kr$ 时，对军工发展合意的投资项目在金字塔股权结构下会被投资而在直接控股结构下会被放弃。于是我们提出如下基本假设。

假设：融资约束能够导致军工上市企业投资不足，而金字塔股权结构能够放松融资约束，弱化企业的投资不足。

（二）控制权代理

再考虑收益分享问题。假设收益 Y 有一部分（Y_1）作为共同收益而被全体投资人享有，而剩余部分（$Y_2 = Y - Y_1$）作为控制权私益被控股股东占有，此时合意的投资决策满足 $Y_1 + Y_2 > K$。容易证明：在直接控股时，如果 $\beta Y_1 + Y_2 > \beta K$ 也即 $Y_1 + \dfrac{Y_2}{\beta} > K$，则项目会被投资。可见，控制权私益的存在将导致投资过度。

同理，在金字塔控股时，项目被投资的条件是 $\alpha\beta Y_1 + Y_2 > \alpha\beta K$ 也即 $Y_1 + \dfrac{Y_2}{\alpha\beta} > K$，此时也出现了投资过度问题。不难发现，终极控股人现金流权水平（$\alpha\beta$）越高，投资过度现象越轻。可以推导：在 $Y_1 + \dfrac{Y_2}{\alpha\beta} > K > Y_1 + \dfrac{Y_2}{\beta}$ 时，金字塔股权结构将导致企业投资过度而直接控股将不会出现这种情况。于是，我们这里给出第二个假设。

假设：控制权代理能够导致军工上市企业投资过度，而金字塔股权结构能够强化企业的投资过度。

在 Edgeworth 方盒中给出了军工上市企业金字塔结构、融资约束和投资行为之间的内在关系，如图 7-2 所示。

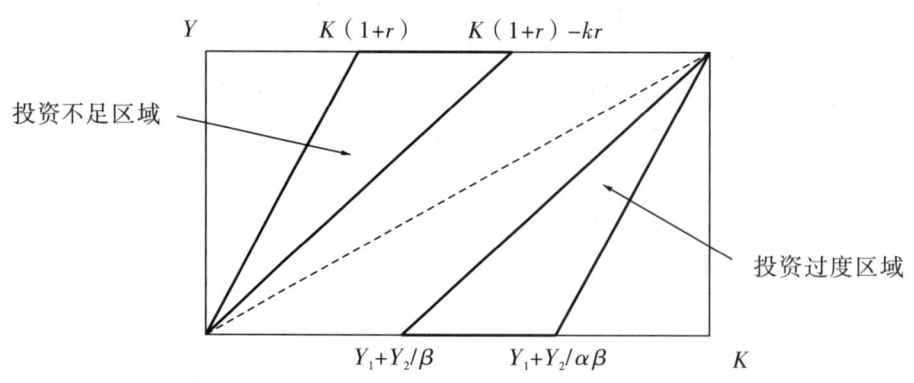

图 7-2 金字塔结构、融资约束与企业投资

二、研究设计

(一) 研究思路

目前,主流文献中度量上市企业投资不足和投资过度的计量模型主要有投资现金流敏感系数模型(Fazzari et al., 1988; Vogt, 1994; 金耿和丁加华, 2001; 饶育蕾和汪玉英, 2006; 连玉君, 2007) 和预期投资支出模型(Hovakimian, 2003; Richardson, 2006; 辛清泉等, 2007; 李青原, 2009; 姜付秀, 2009)。考虑到 Richardson (2006) 模型能够利用估算残差来量化投资不足和投资过度,克服了投资现金流敏感系数模型无法测算变量的不足,因此实证研究部分拟采用该模型进行回归分析。

按照 Richardson (2006) 预期投资模型,总投资包括维持性投资(如折旧和摊销)、预期投资和非效率投资(投资不足和投资过度)三个部分。模型回归拟合值为"预期投资支出",残差相当于"非预期投资支出(投资非效率)",残差小于 0 代表投资不足,残差大于 0 代表投资过度。投资结构分解可参见图 7-3 所示。

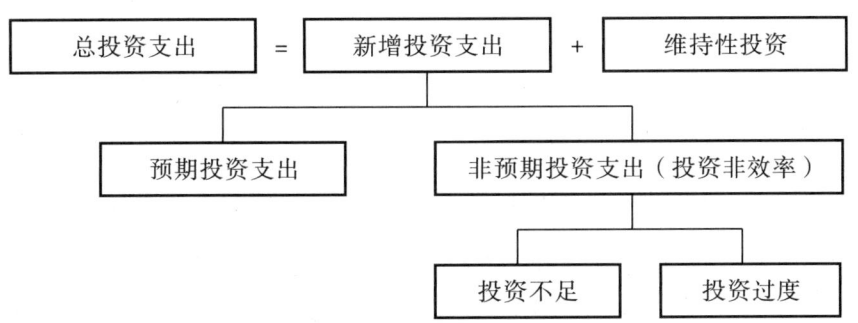

图 7-3 企业投资结构分解

(二) 样本与数据

本节实证研究使用沪、深两市 2009—2013 年 5 年军工上市企业作为初始样本,2008 年的数据用作滞后一期的数据。剔除当期和滞后一期财务数据残缺以及明显表现出异态的样本,经筛选后最终得到 425 个年度观察值。各军工上市企业财务数据来自色诺芬数据库系统(CCER)及各企业年报,部分数据来自巨潮资讯网,部分数据为作者计算所得。

遵循主流文献对控股股东 10% 的基准控制权的界定,如 La Porta et al. (1999); Clasessen et al. (2002、2003); 王鹏和周黎安(2006); 沈艺峰等(2008); 杨淑娥和苏坤(2009)。我们以 10% 作为军工上市企业是否拥有终极控股股东的衡量标准。

(三) 模型与变量

此处实证分析同时考虑了融资约束和控制权代理对军工上市企业投资的影响,预期投资模型为:

$$\text{Invest}_{i,t} = \alpha_0 + \alpha_1 \text{Leverage}_{i,t-1} + \alpha_2 \text{Size}_{i,t-1} + \alpha_3 \text{ROA}_{i,t-1} + \alpha_4 \text{Growth}_{i,t-1} + \alpha_5 \text{Return}_{i,t-1} + \alpha_6 \text{Age}_{i,t-1} + \alpha_7 \text{Cash}_{i,t-1} + \alpha_8 \text{Invest}_{i,t-1} + \sum \text{Industy} + \sum \text{Year} + \varepsilon \qquad (7-8)$$

这里，Invest 表示实际新增投资，是投资活动净现金流量（总投资扣除维持性投资）相反数与年初资产比值；Leverage 为财务杠杆；Size 为年末总资产取自然对数；ROA 为总资产收益率；Growth 为成长机会，用代理变量销售收入增长率表示；Return 为股票年度回报率；Age 为企业上市年限；Cash 为年末货币资金与短期投资之和与总资产的比值；Industy 和 Year 分别为行业、年度哑变量。

$$\Delta\text{Invest}_{i,t} = \beta_0 + \beta_1 \text{FCF}_{i,t} + \beta_2 \text{Layer}_{i,t} + \beta_3 \text{Sep}_{i,t} + \beta_4 \text{CFR}_{i,t} + \beta_5 \text{Centre}_{i,t} + \beta_6 \text{Independant}_{i,t} + \beta_7 \text{MShare}_{i,t} + \beta_8 \text{MFee}_{i,t} + \beta_9 \text{Gov}_{i,t} + \sum \text{Industy} + \sum \text{Year} + \mu \qquad (7-9)$$

通过模型（7-8）分析可获得预期投资，在此基础上构建模型（7-9），进一步分析自由现金流（经营性活动产生的净现金流与模型（7-8）估算出的预期投资之差）和金字塔股权结构对企业投资行为的影响。这里，ΔInvest 表示非效率投资，其中"投资不足"是模型（7-8）中负残差的绝对值，"投资过度"是模型（式7-8）中正残差。FCF 为自由现金流，数值上等于现金流量表中经营性活动现金净流量扣除维持性投资、预期新投资（模型（7-8）的预测值）后再除以年末总资产；Layer 为金字塔股权链层级数；Sep 为控制权与现金流权分离度（比值）；CFR 为现金流权，采取 La Porta et al（2002）的方法计算；Centre 为股权集中度，这里用 Z 值替代，表示第一大股东和第二大股东持股比例的比值；Independant 为董事会结构变量，用独立董事占董事会比例衡量；MShare 为管理层持股；MFee 为管理费占主营业务收入比例；Gov 为政府干预指数，采取樊纲等（2007）报告"减少政府干预"指数（取相反数）计算。相关变量说明具体可见表7-5所示。

表7-5　变量说明

变量名称	符号	变量定义
实际新增投资	$\text{Invest}_{i,t}$	实际新增投资，是投资活动净现金流量（总投资扣除维持性投资）相反数与年初资产比值
非效率投资	$\Delta\text{Invest}_{i,t}$	"投资不足"是模型（7-8）中负残差的绝对值，"投资过度"是模型（7-8）中正残差
控制权	CR	$CR = \sum_{i=1}^{n} \text{Min}(C_{i1}, C_{i2}, \cdots, C_{im})$，$C_{it}$ 为第 i 条控制链的层级间投票权比例

续上表

变量名称	符号	变量定义
现金流权	CFR	$CFR = \sum_{i=1}^{n} \prod_{j=1}^{m} O_{ij}$，$O_{ij}$为第$i$条控制链的层级间所有权比例
分离度	Sep	控制权与现金流权的比值
自由现金流	FCF	现金流量表中经营性活动现金净流量扣除维持性投资、预期新投资后再除以年末总资产
现金持有量	Cash	年末货币资金与短期投资之和与总资产的比值
企业规模	Size	年末总资产自然对数值
财务杠杆	Leverage	资产负债率，为年末负债总额/年末资产总额
会计收益	ROA	净利润/总资产平均余额
成长机会	Growth	Tobin′Q（托宾值）或 ΔSale（销售收入增长率）。其中，Tobin′Q 为市场价值与账面价值之比
管理费用率	MFee	管理费与主营业务收入之比
股票年度回报率	Return	当年5月到t年4月经市场调整后的、以月度计算的股票年度回报率
金字塔层级数	Layers	终极控股股东与上市企业之间控制链层级数
股权集中度	Centre	Z值，表示第一大股东和第二大股东持股比例的比值
董事会结构	Independant	外部独立董事占董事会席位比重
参与管理	Management	是否委派关联人员担任企业董事长或总经理（取值为1/0），为虚拟变量
次大股东	Blockholder	是否存在持股比例高于5%的顺位股东（取值为1/0），为虚拟变量
管理层持股	MShare	管理层（包括总经理、高管、董事、监事）持股数与普通股股数之比
政府干预程度	Gov	参照樊纲《中国市场化指数》（2009年报告），取"减少政府干预"指数的相反数
上市年限	Age	取企业公告上市年度到相应年度的差值
年度哑变量	Year	控制年度固定效应，本节涉及5年上市企业数据，可得4个年度哑变量

续上表

变量名称	符号	变量定义
行业哑变量	Industry	制造业 11 个二级门类,加上信息技术业(G 类)、建筑业(E 类)和综合类(M 类),合计 14 个行业,以 M 类为基准行业,可得 13 个行业哑变量

三、实证结果与分析

(一) 描述性统计

表 7-6 给出了主要变量的描述性统计结果。我们发现,军工上市企业平均投资支出为 0.039,标准差为 0.077,说明投资规模存在一定的波动性。控制权和现金流权均值分别为 0.662 和 0.313,总体而言,中国军工上市企业的两权比重都相对较高。而且,两权分离度平均达到 1.556,说明可能存在着控制权代理问题。

表 7-6 描述性统计

Variables	Mean	Median	Max	Min	Std. Dev.
Invest	0.039	0.034	0.515	-0.228	0.077
Tobin'Q	3.331	3.290	10.011	0.887	2.247
CR	0.662	0.619	1.0000	0.149	0.220
CFR	0.313	0.330	0.696	0.033	0.251
Sep	1.556	1.499	12.674	1.0000	2.176
Size	22.334	21.998	25.020	17.118	1.667
Cash	0.187	0.176	0.772	0.008	0.171
Return	0.695	0.655	14.330	-2.552	8.002
MFee	0.077	0.061	0.334	0.008	0.558

(二) 预期投资模型估计

预期投资模型 (7-8) 的回归结果如表 7-7 所示。这里,两个回归的因变量都为新增投资支出,主要是考虑到利用模型 (7-8) 估算出来的残差来判断企业投资不足和投资过度的状况。

表7-7 预期投资支出模型的回归结果

变量	Growth：Tobin'Q		Growth：ΔSale	
	系数	p 值	系数	p 值
constant	-0.3343^a	0.003	-0.2991^b	0.034
Leverage$_{i,t-1}$	-0.0037^a	0.008	-0.0032^a	0.007
Size$_{i,t-1}$	0.0156^a	0.007	0.0144^a	0.004
ROA$_{i,t-1}$	0.3100	0.300	0.2998	0.330
Growth$_{i,t-1}$	0.0025^a	0.002	0.0027^a	0.003
Return$_{i,t-1}$	0.0330^a	0.005	0.0299^a	0.006
Age$_{i,t-1}$	-0.0043^b	0.042	-0.0039^b	0.032
Cash$_{i,t-1}$	0.1430^a	0.003	0.1515^a	0.004
Invest$_{i,t-1}$	0.2212^a	0.005	0.2020^a	0.004
Industry	control		control	
Year	control		control	
AdjustedR^2	0.2227		0.3278	
F-statistic	3.005^a		4.1180^a	
sample	425		425	

注：①回归估计采用混合普通最小二乘法（OLS）；②a、b、c、d 分别表示1%、5%、10%和20%的显著性水平；③括号中的数值为双侧 t 检验的 p 值。

由模型回归结果可知，除会计收益变量 ROA$_{i,t-1}$ 外，其他自变量都在相应的显著性水平上表现出相关性。上一期的财务杠杆、企业规模、企业成长性、股票回报率、现金持有量、投资支出等变量均对当期新增投资支出产生显著的影响。现金持有量的变化表明军工上市企业更偏向于优先使用企业留存的闲置资金进行投资，以此避免外源性融资可能引起的门槛审核与市场监管。企业规模和成长性指标的影响显著为正，说明军工上市企业进入稳步常态发展阶段时，较之初始阶段所需投资支出要明显减少。财务杠杆是负的影响，意味着军工上市企业不愿采用债权融资的方式筹集投资所需资金，这从一个侧面反映出了中国上市企业普遍存在的偏好股权融资现象。

（三）投资不足的回归分析

模型（7-9）中，取投资不足因变量对各自变量进行回归分析，最终结果如表7-8所示。

Model 1 和 Model 3 是考虑了财务约束因素（自由现金流）对军工上市企业投资不足的影响，Model 2 和 Model 4 则加入了股权结构和企业治理相关变量，旨在考察金字塔结构是否放松了军工上市企业的融资约束，从而减弱了投资不足的强度。正如前面假设一预料的，Model 1 和 Model 3 的回归分析表明，军工上市企业的自由现金流与投资不足显著负相关，同时作为减少自由现金流的管理费用率 $MFee_{i,t}$，与被解释变量投资不足在 0.05 的水平上正相关，说明管理费用的增加会挤占企业资金，从而影响到自由现金流规模而加重了投资不足问题。这一结果支持了前文的假设，即融资约束能够导致军工上市企业投资不足。Model 2 和 Model 4 的结果显示，控制权变量与投资不足均呈反向变化关系，意味着军工上市企业金字塔结构下的控制权代理能够放松企业的融资约束，这正印证了假设一的判断：金字塔股权结构能够放松融资约束，弱化企业的投资不足。

表 7-8　融资约束、控制权代理与投资不足的混合 OLS 估计

解释变量＼被解释变量	Tobin'Q 回归的负残差绝对值		ΔSale 回归的负残差绝对值	
	Model 1	Model 2	Model 3	Model 4
constant	0.043^a（0.007）	0.041^a（0.006）	0.039^a（0.006）	0.044^a（0.005）
$Layer_{i,t}$	—	-0.012^b（0.044）	—	-0.015^b（0.032）
$Sep_{i,t}$	—	-0.055^a（0.004）	—	-0.049^a（0.003）
$CFR_{i,t}$	—	-0.100^b（0.024）	—	-0.112^b（0.031）
$Centre_{i,t}$	—	-0.078^a（0.005）	—	-0.070^a（0.004）
$Independant_{i,t}$	—	0.012^c（0.080）	—	0.014^c（0.078）
$MShare_{i,t}$	—	0.026^b（0.043）	—	0.028^b（0.032）
$Gov_{i,t}$	—	0.012^d（0.170）	—	0.015^d（0.160）
$FCF_{i,t}$	-0.335^a（0.002）	-0.341^a（0.003）	-0.309^a（0.003）	-0.322^a（0.004）
$MFee_{i,t}$	0.008^b（0.042）	0.007^b（0.032）	0.007^b（0.038）	0.006^b（0.045）
Industry	control	control	control	control
Year	control	control	control	control
$AdjustedR^2$	0.164	0.330	0.310	0.448
F-statistic	5.441^a（0.004）	9.030^b（0.037）	8.332^d（0.181）	6.121^a（0.003）
sample	425	425	425	425

注：①回归估计采用混合普通最小二乘法（OLS）；②a、b、c、d 分别表示 1%、5%、10% 和 20% 的显著性水平③括号中的数值为双侧 t 检验的 p 值。

（四）投资过度的回归分析

模型（7-9）中，取投资过度因变量对各自变量进行回归分析，最终结果如表7-9所示。

表 7-9 融资约束、控制权代理与投资过度的混合 OLS 估计

被解释变量 解释变量	Tobin'Q 回归的正残差		ΔSale 回归的正残差	
	Model 5	Model 6	Model 7	Model 8
constant	0.061^a (0.006)	0.055^a (0.005)	0.058^a (0.005)	0.060^a (0.007)
$Layer_{i,t}$	—	0.019^c (0.055)	—	0.017^c (0.063)
$Sep_{i,t}$	—	0.077^a (0.003)	—	0.068^a (0.005)
$CFR_{i,t}$	—	0.212^b (0.040)	—	0.200^b (0.037)
$Centre_{i,t}$	—	0.066^a (0.007)	—	0.056^a (0.006)
$Independant_{i,t}$	—	-0.012^b (0.033)	—	-0.014^b (0.039)
$MShare_{i,t}$	—	-0.026^a (0.005)	—	-0.028^a (0.005)
$Gov_{i,t}$	—	-0.023^d (0.160)	—	-0.028^d (0.155)
$FCF_{i,t}$	0.288^a (0.004)	0.276^a (0.003)	0.309^a (0.003)	0.310^a (0.005)
$MFee_{i,t}$	-0.012^c (0.022)	-0.014^c (0.028)	-0.009^c (0.030)	-0.011^c (0.033)
Industry	control	control	control	control
Year	control	control	control	control
$AdjustedR^2$	0.220	0.285	0.321	0.388
F – statistic	7.111^a (0.003)	7.556^b (0.041)	9.005^d (0.178)	7.030^a (0.006)
sample	425	425	425	425

注：①回归估计采用混合普通最小二乘法（OLS）；②a、b、c、d 分别表示 1%、5%、10% 和 20% 的显著性水平；3. 括号中的数值为双侧 t 检验的 p 值。

同前面的研究思路，这里的 Model 5 和 Model 7，是只考虑自由现金流对投资过度的影响，Model 6 和 Model 8 则同时加入控制权变量，以此考察军工上市企业金字塔股权结构是否加重了企业的过度投资问题。表 7-9 给出了过度投资对融资约束和控制权代理的回归分析结果。我们发现，自由现金流在四个模型中均对投资过度具有显著的正向影响。而且金字塔结构的变量与过度投资变量是一种正向关系，说明金字塔股权的存在，加重了企业的投资过度行为。综合这两方面的分析结果，显然控制权代理行为导致了军工上市企业的投资过度，而金字塔股权结构更加重了这种投资过度。

（五）稳健性检验

在稳健性检验部分，我们尝试着改变变量的替代指标、样本区间以及控制权标准等。第一，对新增投资的计量，改用购建固定资产、无形资产和其他长期资产的支付现金减去处置这些资产回收的现金，再除以总资产的年末值。第二，我们加长样本区间的宽度，选取 2006—2014 年共 9 年的数据重新回归，虽然总体上计算量增加，但更丰富、更有代表性的样本观察值有助于得出更有说服力的实证结果。第三，我们已有的研究假定终极控股股东所享有的控制权下限为 10%，重新选取 20%（Fan et al.，2005）作为控股股东实现有效控制的标准进行检验。重新回归分析并没有实质性改变前面分析的结论，因此我们认为已有的分析比较稳健，两个假设得以证实。

四、结论

本部分研究在方法上借鉴了 Richardson（2006）模型的基本范式，利用 2009—2013 年共 5 年军工上市企业的相关数据，对军工上市企业在投资活动中可能存在的投资非效率问题进行了实证研究。研究结果表明，企业自由现金流与投资不足之间存在显著的反向关系：自由现金流越匮乏，企业投资不足问题就越严重。在单独分析自由现金流因素对投资不足的影响外，我们同时加入了控制权行为变量，旨在分析军工上市企业金字塔股权结构是否有助于降低融资约束，从而减弱投资不足带来的影响。同样的研究思路，我们也是分两步采用两个因变量指标来分析自由现金流、控制权代理与投资过度之间的关系。研究结果显示，控股股东控制权代理行为加剧了军工上市企业投资过度问题，而企业特有的金字塔股权结构又进一步放大了投资过度的程度。

从政策层面看，本研究无疑是具有现实启发性的：企业投资规模是不足还是过度，表面看是与企业自由现金流的多少有关的问题，但投资本身的效率和效果如何，与企业股权结构存在紧密关系。如果上市企业有终极控股股东，则由于控股股东为谋取私利而采取的控制权代理行为，将影响到企业的融资约束程度，并进而影响到企业实际投资效率。研究结果表明，融资约束和控股股东的控制权代理行为，都可能导致上市企业投资发生无效率。为强化军工上市企业的投资效果，应至少从融资约束和控制权代理两个维度改变：一是要加大市场信息的透明性，减少军工上市企业内部市场和外部市场之间的"信息壁垒"，从而有利于减少外源性融资的成本，进一步放松军工上市企业的融资约束；二是加强军工上市企业的综合治理效果，通过机制创设和制度创新，降低控股股东进行控制权寻租行为的概率和强度，切实保证外部股东的权益；三是加速军工产权改革的步伐，通过投资主体多元化，改变军工上市企业一股独大的局面，降低控股股东的控制权权重，从而减弱金字塔股权结构的负面效应。

第八章 军工上市企业控制权的市场化

本课题主要研究了两大类控制权代理问题：在股权分散状态下的股东——管理层代理冲突，以及股权集中状态下的控股股东（管理层）——中小股东代理冲突。我们发现，由于中国资本市场"一股独大"的特殊性，特别是军工上市企业极为特殊的行政属性和金字塔股权结构，在军工上市企业治理和投资行为中，这两类控制权代理问题不仅同时交织存在着，而且成为影响企业经营管理和投融资效率的重要因素。理论分析和实证研究表明，信息不对称、资本结构失衡、企业治理机制不灵以及内外部市场流动性不足等，都能够诱发寻租性控制权代理行为的发生，从而削弱了企业的经营绩效和市场价值。要减少控制权代理所带来的负面效应，除在宏观层面进一步推进国有企业产权改革、加强市场信用体系和法律体系的建设、强化资本市场信息披露、审核、规制等机制外，在企业管理层面更需要不断完善产品结构和资本结构，大力推行企业治理的制度创新，逐步优化企业人力资本的薪酬激励和补偿机制。在此基础上，通过深化军工上市企业内外综合治理，形成可预期的军工人力资本和物质资本的控制权市场流动配置。

第一节 军工产权改革与"两栖"战略

从国际、国内产品市场和资本市场来看，在规模、盈利能力、竞争力、经营效率、管理体制等方面，中国军工行业和军工上市企业与国内外一流的军工、民营企业相比，都存在一定差距。目前制约中国军工上市企业发展的几大瓶颈主要表现为：一是规模不大，盈利能力偏弱；二是绝大部分上市企业的主营业务处在完全竞争性行业，只有少数几家属于具有比较优势的领域，比如船舶工业、航空制造、航天通讯等；三是部分上市企业市场反应迟缓，缺乏应激力和市场活力，从而导致投资决策失误，经营绩效整体不佳；四是上市企业大部分优质资产尚处在集团公司内部，在内部市场进行流通置换，并未注入上市企业之中，从而使得企业不能形成核心竞争力，企业经营效率和市场价值普遍偏低；五是国有股高密化程度依然未得到有效降解，使得军工上市企业在总体上缺乏制衡、纠偏和竞争机制。

造成军工上市企业以上这些困境的原因，大体上有五个，即发展战略、管理体制、组织机制、信息披露以及市场开放程度等。长期以来，由于受到苏联军工发展模式的观念束缚，加之国家财力紧张的客观限制，对军工行业与市场经济的关系上一直存在认知偏误。在"军转民"问题上，传统观点认为是将军工企业的主业与辅业进行剥离，将产品结构由"军民为主"转向"军品民品复合"甚至是"民品优先"。这一思想甚至主导了中国军工企业进行分阶段、剥离式上市的实施路径。在"军民融合发展"国家战略框架之内,这一观念显然已经滞后了。对军工企业的市场定位,不应该再继续停留在传统的"军转民"初级阶段,而应树立军工上市企业"两栖"战略的思维,其基本内涵是军工业务投资主体多元化、军事工业民有化。这一战略再定位和再认知,应成为当前及未来时期军工行业产权改革和市场化推进的一个基本着力点。

一、业务结构扁平化

在战略层面,"两栖"战略的制度前提是对现有军工企业进行股份制改造。在此基础上,实行产品链和资本链的双向延伸,在加快军品向民品市场转化的同时,更要全面推进军工体系民有、民营化的步伐,促使军工产业投资主体多元化。

2008年5月17日,国防科工委、发展改革委、国资委三家联合印发了《关于推进军工企业股份制改造的指导意见》。文件提出,力争用几年的时间,使符合条件的军工企业基本完成股份制改造,实现投资主体多元化,推动军工企业建立现代企业制度和现代产权制度,形成规范的法人治理结构,打造管理高效、机制灵活、决策科学的新型军工企业,建立起有效的激励机制和风险制约机制,使其成为真正的市场主体。分类推进,是军工企业股份制改造的一大步骤。按照武器装备技术的等级和密级程度,中国政府对军工产业投资主体设置了不同的身份等级。如少数核心重点保军企业保持国有独资,允许对其通用设备设施和辅业资产进行重组改制;重点保军企业保持国家绝对控股,鼓励境内资本(内资资本)参与企业的重组、联合或者兼并;其他重点保军企业实行国有绝对控股、相对控股、参股,鼓励引入境内资本和有条件地允许外资参与企业股份制改造;从事军民两用产品的军工企业引入各类社会资本实施股份制改造,并可在国内外资本市场上融资。目前实施的分类推进思路,其本质是将军工系统视为层级化的金字塔式实体,按照权重不同分为四个层级,各层级面向资本市场的政策、制度、规则、流程、途径以及配套措施又存在非常显著的异质性。

事实上,从欧美等地区的发达国家军工企业的经验来看,其军事工业体系类似于"金字塔":"塔尖"是武器装备主系统承包商,其职能是负责系统总体设计、综合协调和总装;"塔腰"是分系统承包商,负责分系统和部件研发,掌握部分关键技术;"塔底"是零配件供应商,负责零部件和原材料的生产配套。贯彻中国军工行业体制和军工上市企业发展战略的全方位变革策略,关键之处在于提升军工体系"塔尖",也即军工企业自主创新能力和综合竞争实力。就目前中国军工与资本市场的对接来看,尚仅限于"塔底"的与军工业务联系不多的部分向社会资本开放,而要真正贯彻"两栖"战略,提高民营资本甚至外资参与军工产权市场化的热情和力度,就必须将目前位于"塔尖"和"塔腰"的"准核心"业务领域适当向社会资本开放,并最终将军工业务结构从金字塔态向扁平态转变。

二、两栖战略推进

在实践层面，"两栖"战略的突破点在于充分接轨和借力资本市场。在具体实施路径上，根据当前中国十大军工集团的市场化改革进程，制定科学、理性、可持续的产权改革清单。大致可分三个阶段推进。

阶段一：完成股份制改造。要按照建立现代企业制度的相关要求，进一步规范和完善军工上市企业的股东会、董事会、监事会等内部治理机制。特别是要加大引入外部独立董事的力度，从规模、资质、标准、流程等环节强化企业内部控制的实效性。在此基础上，按照专业分工和能力聚焦的原则，对军工集团和军工上市企业包括军品、民品和辅业在内的各项业务实行组织架构重塑和业务流程再造，建立大格局的"军工控股集团—基于产品或区域的事业部（子集团）—专业化子公司"的新型组织结构；同时，通过IPO或增股、配股、发行债券等再融资方式进行公众资本注入，培育一批有核心竞争力和专业化运营的军工上市企业群。

阶段二：加大资本化运作。要以军工集团下属的主业核心上市企业为资本运作平台，汇聚市场资源和行业经验，通过窗口示范效应，统一为旗下各项业务进行对外融投资；在条件允许时，可考虑采用兼并、收购、重组等方式吸收其他非重点上市企业，实现私有化退市，从而完成"军工控股集团"的整体性上市。私有化属于主动退市类型，就是上市企业选择主动退出股票市场，以现金或有价证券的方式回购所有流通股，从而使得企业摘牌退市而成为私人企业。从退市动机[①]来看，这是企业发展到一定阶段后进行战略再定位而采取的策略。从军工上市企业而言，立足长期业务开拓和竞争力形成，并纳入进军工集团化管理的整体框架之中，这是其进行私有化退市的一条重要逻辑主线。

阶段三：实现民营化整合。要在完成前一阶段集团整体上市的基础上，相机启动军工行业的适度民营化运作机制。这里所说的"适度"，一是指对象上的适度，主要针对的是十大军工集团旗舰上市企业的资本运作；二是方式上的适度，是要逐步向社会民营资本出让军工上市企业的股权。同时，按照专业化原则，鼓励已整体上市的军工控股集团进行跨行业、跨区域的产业整合（industry integration）。适度民营化，强

---

① "私有化"最早可追溯到20世纪70年代美国大萧条时期，当时许多在牛市时上市的企业为了利用股票价值被低估而获利，开始回购公众持有的股票，从而有了"私有化"一说。现在，私有化已不再是某种纯粹的投机性获利方式，而更多是上市企业进行战略重组和商业运作的重要渠道。关于私有化退市的动机，一般包括四种情形：a. 企业价值被严重低估又无法有效融资，同时还得支付大量的成本费用和接受严苛的市场监管。这时候采取私有化退市，一则是从成本节省角度出发，二则是防止潜在竞争对手或其他投资人进行敌意收购；b. 部分企业考虑PPP（Public–Private–Public，即为上市，退市，再上市），通过在不同资本市场之间转移来寻找市场价值的投资空间；c. 上市企业身份不利于长期业务拓展，基于中长期战略需要的考虑而选择私有化退市。这是上市企业在具有一定发展规模与市场地位之后，立足整体和未来形成核心竞争力的角度所采取的应对之策；d. 纯粹的套现行为。

调的是军工上市企业应具有的"退出意识"。适时而退，择机而退，理性而退，退只是一种手段和中间状态。"军退民进"，是为了实现未来更优质的"军民共进"。退的最终目的，在于引进战略投资人，通过优化军工上市企业的股权结构而完善其治理机制。

三、国家有限控股

Lehman & Weigand（1998）、Gomes & Novaes（2000）等学者指出，多个大股东的制衡在减少管理层私人收益的同时，也防止了控股股东对上市企业资源的地下输送行为。这里的股权制衡是指几个大股东共享上市企业控制权，通过内部监督和牵制，使得任何一个大股东（尤其是终极控制人）无法单独操控企业的经营决策，从而实现基于股东规制和约束的所有权合约安排。本课题经验研究表明，中国军工上市企业过于集中的国有金字塔股权结构，的确诱发和加剧了军工管理层与股东，以及控股股东与外部股东之间的控制权代理行为。基于此，我们提出军工"有限控股"的观点。所谓有限控股，从Tirole（1999）的"实际控制人"角度理解，就是不改变国家作为军工上市企业终极控股股东的法理性地位，按照"分类、互补、共赢"的原则和理念，通过引入非国有法人或自然人注资军工领域，逐步改变军工上市企业股权单极化状态，并通过资本结构的优化来推动企业治理结构的优化，稳步提升军工上市企业的治理绩效和市场价值。

有限控股的思维，其实质是降低军工上市企业股权结构的板结程度，借外力激发企业的潜力和活力，从而释放企业治理效应。作为有限控股的一种匹配机制，要积极引进具有产业关联度的企业作为军工上市企业的战略投资人，提高产业运行效率。这里的战略投资人应具备以下几个方面的资质特征：一是与目标军工上市企业存在产业关联度或互补性；二是追求长期战略共生，不谋求短期的市场投机行为；三是具备一定的综合实力和战略优势，能够与目标军工上市企业在战略、组织、管理、资源、文化等方面产生协同效应；四是有意愿且有能力参与军工上市企业治理和经营，不仅是单纯的金融资本注入，更是强大的产业资本作支撑；五是在股权规模上有比较优势，一般能成为军工上市企业的次位股东或前几位大股东。

为此，必须树立中国军工发展"大资本""大融合""大格局"的战略思维，多举措地鼓励不同经济成分参与军工产权改革，逐渐打破民营私营身份进入军工领域的体制性壁垒。通过股权的多元化稀释，在真正意义上实现军工股权的均衡与制衡。当然，要按照国家相关政策，以"目录管理，分步推进"为逻辑基线，不同产业、不同领域推行差异化的投融资机制。可考虑分段式、节点式的引资策略，即进入阶段实行"滴入式"融资，控制战略投资人（尤其是外资法人）的参股比例；筹备阶段实行"参与式"融资，充分挖掘和整合战略投资人在资金、技术、信息、管理等方面的综合优势；在成熟阶段实行"共生式"融资，对于军民通用技术、军民两用技术以及一般配套产品研制与服务等开放领域，可与战略投资人重签军工所有权合约，允许其相对控股或绝对控股，条件成熟时甚至国有股全部退出，从而真正吸纳、消化战略投资人的比较优势，实现共生双赢的合约关系。

需要特别指出的是，既然是有限控股，这里"有限"的界限或标度是多少？在《2010年中国上市公司控制权报告》中，汪炜和张小茜（2011）首次使用"控制度"和"有效控制份额"指标来测算上市企业的控制权表现。实证研究显示，在普通决议下，最大股东过度持股产生的控制权溢余问题相当严重，说明这些上市企业的控股股东存在着明显的股权资源浪费。然而在特别决议下，控制权溢余和控制权缺失的问题均较突出。目前，尚未有任何文献对军工上市企业中是否存在控制权溢余或控制权缺失现象进行理论研究。在实务中，如何把握有效控制的尺度和边界，往往成为上市企业控制权管理的一大难题。基于理论分析和实证研究之后，本课题提出了国家对军工上市企业有限控股的观点，旨在从政策进路上给出理性思考和经验判断，以期能对未来时期中国军工的产权改革不断走向深化有所助益。

第二节 军工控制权规制与企业治理

如果说股权结构失衡是导致军工上市企业控制权代理问题的内在诱因，企业治理机制失灵则是关键性的外在驱动因素。研究发现，军工上市企业存在控股股东利用金字塔股权结构来攫取控制权私人收益的情况，这与当前企业治理结构以及管理层激励等体制运行不畅有着密切关系。良好的内部治理机制将有助于权力机构对企业实际控制人（控股股东及作为代理人的管理层）私利行为的规制。

一、打造多重、联动、高效的企业治理主体群

在本章第一节中，我们提出了国家对军工上市企业"有限控股"的观点，一方面是为了吸纳更多的资金规模，并通过投资主体的多元化驱动军工上市企业在股权结构和治理结构上的联动效应，另一方面则在于，目前军工上市企业中控股股东对外部中小股东的控制权代理行为，股权分置政策只是这种利益侵占的一个充分而非必要条件，军工股份的"全流通"并不能从根本上解决企业在治理上存在的深层次问题。更为紧迫的，是要尽快建立有效的中小股东的利益保护机制，强化控股股东的法律责任，并通过机构创设和机制生成，将控股股东的这种法律责任进行合约化、制度化和长效化。

首先，要降低中小股东参与控制权表决的交易成本，完善控股股东权力制衡的相应配套机制。如在司法救济方面，需要尽快引入股东集体诉讼和代表诉讼制度。对于涉及不同类别股东（如普通股与优先股、表决权股与非表决权股、流通股与非流通股等）权益的议案，如股份增发、以股抵债、资产重组等重大事项，须本类别股东

及其他类别股东分别审议,并获得各自的绝对多数同意才能通过;当企业利益受到侵害而管理层或董事会怠于或拒绝问责时,具备法定资格的一个或多个股东可代替企业提起诉讼,要求侵权的相关责任人进行赔偿。在技术操作上,可考虑推行委托投票和网络投票制度。鼓励独立董事或其他代理人征集中小股东的投票权进行表决,或进行网络投票,让更多股东通过异地行权来参与股东大会议案的表决,这样不仅可以节约大量的交易成本①,而且推动了"普选""普议""普决"制度的长效生成。

其次,要彰显董事会作为企业治理核心的制度性地位,强化其议事、决策、处置、执行的法定权限。按照中国《公司法》规定,董事会权力包括投融资方案、利润分配、管理层人事任免和薪酬支付等。要切实发挥好董事会的治理作用,必须进行制度层面的补位和加固。如创新旨在保护少数股东权益的累计投票制,就是在股东大会选举两名以上董事或监事时,赋予股东每一股与应选董事或监事人数相同的表决权,从而使得持有较小比例股份的股东也能够获得相应席位。同时,要创设更具时效性的独立董事制。在前面的实证研究中,我们发现对于军工上市企业非效率的过度投资行为,独立董事几乎没有产生实质性的影响和约束效应。在独立董事制度建设上,不仅要注重其规模比重,更要注重其质量构成。要实行受托责任制和问责制,并将其与企业绩效考核、风险投保②等激励机制结合起来;同时要改进独立董事的产生程序,削弱控股股东和管理层的外围影响力。

二、创设动态、弹性、绩效导向的管理层激励文化

行为管理理论认为,人的行为由动机引发,而动机更多出于某种经济或心理上的欲求。机制设计的功效,正在于激发组织中成员的内在动机,使其产生积极的心理预期并采取符合组织利益原则的行动。同理,为更有效解决军工上市企业中存在的两类控制权代理问题(都与管理层有关联),约束其道德风险行为,促使其利益诉求与企业所有者的利益趋同,有必要进一步完善管理层激励的制度性安排。

这里,我们提出四维交互式军工管理层激励机制。所谓四维交互,就是基于物质、情感、尊严、成就满足、自我实现等多向度人性特征,综合运用薪酬激励、控制权激励、声誉激励和流动性激励等不同方式,使其形成合力并产生激励的协同效应,从而将组织愿景与个体目标、即期利益与远期价值统合起来,减少企业经营中制度化寻租和系统性风险产生的资源耗损。

一是优化薪酬激励。前面的实证研究发现,管理层持股对抑制军工上市企业的过

---

① 前文已分析,投资人越分散(B 值越小),其所享有的退出权(E^*)应越大。军工上市企业相当多的股东出于交易成本等方面的考虑,不愿出席股东大会,因此在合约权条款设置上,可考虑增设退出权的替代性行权机制。

② 罗培新(2001)设计了一种独立董事投保机制。他认为,当独立董事由于决策失误(主要是行使监督权)损害到股东利益时,独立董事自行承担部分责任,其余损失交由保险公司赔付。

度投资行为产生了显著作用。不同于一般固定合约支付的工资或奖金这类保健因素，基于企业剩余的风险性收入对管理层的激励效果将大大增强，而这一企业剩余显然与企业经营绩效和市场价值密切相关。包括本课题在内的诸多实证研究揭示了管理层的努力水平和经营能力，与企业业绩之间存在着明显的正关联性。问题在于，管理层的薪酬体系应与哪些绩效指标挂钩？如何进行挂钩？理论研究采用变量替代的方法进行了近似测度，如本课题在衡量军工管理层代理成本时，综合运用了管理层持股、股权集中度、独立董事规模、财务杠杆率以及长期负债率等指标。在实践中，"薪酬—绩效"的匹配度设计以及基于人力资本的最优薪酬设计，尚存在许多技术性问题。更多时候，我们采取的是一种变通的经验做法，比如，建立完全市场化的人力资本配置机制，设置以企业家才能和综合素质为合约条款的管理层选聘和任用规程，完善动态可调、面向业绩生成的管理层激励补偿制度，等等。

二是注重控制权激励。传统上，上市企业在管理层激励上存在双重缺失：①重视收入分配方式的差异化，而忽视控制权的分配与转移。如较少考虑股权和债权在控制权分配上的时序错位差异：债权人在企业无力偿付时行使控制权，股东则在清偿债务后（企业剩余）享有控制权。②重视货币性收入的激励作用，而忽视与控制权关联的非货币性收入的积极效果。在第三章中，我们指出了军工上市企业要实现剩余控制权与剩余索取权的统一配置，因为军工管理层拥有一定权重的剩余索取权，也就意味着能够行使相应程度的剩余控制权。从而使他们不仅仅只是名义上的经营者，更可能成为股东或董事。并且管理层享有的剩余索取权份额越多，其发生控制权代理行为的动机就越小，这无疑会增加企业的绩效和提升企业的价值。以上管理层激励上的双重缺失，正是由于没有将控制权作为激励约束的内生因素加以考虑所致。

三是用活声誉激励。Fama（1980）认为，人力资本市场对代理人具有约束作用。追求良好的职业声誉，是管理层的本性驱动使然。管理层在人力资本合约谈判中的一个重要筹码，就是基于职业生命周期内累计性的经营业绩。通过现期的努力投入，可以提升在职业市场中的声誉权重，从而增加未来现金流入，这就是所谓的声誉效应（reputation effect）。在一个成熟的市场中，声誉效应能够在管理层与投资人之间形成良性稳定的预期。但对于类似军工上市企业这样拥有终极控制人的金字塔组织而言，由于强烈的行政委派和人事任命色彩，军工管理层与控股股东之间有着很大的"利益黏性"，管理层仅需要考虑与控股股东保持利益目标的一致，而较少关心企业绩效和外部股东权益等问题。声誉效应在此蜕化为管理层与控股股东之间经过多次合作博弈所形成的隐性利益共同体。故此，要通过制度约束实现军工管理层与控股股东之间的"去黏性化"，真正使声誉效应成为管理层人力资本的价值之所系，而决非委托代理框架之内的某种"工具理性"。

四是凸显流动性激励。"以脚投票"的人力资本流动制度，一方面加速了要素的自由流转和自我配置，一方面也会对人力资本拥有者的管理层产生隐性的威慑和约束效果。在某种意义上，基于市场竞争的人力资本流动，可视为对管理层控制权机会主义行为的一种终极性制衡。这不仅是因为充分的自由竞争市场其本身就具有信息披露和信息滤化功能，从而能够缓解信息不对称问题，更是因为优胜劣汰的竞争机制对管理层的私利行为会形成杀伤力。由此可见，基于市场竞争的管理层流动性激励，可以诱发控制权激励和声誉激励机制更好地发挥作用，这正是其"终极性制衡"的关键所在，也说明了管理层激励方式应协同作用的机理。一般而言，对管理层控制权代理行为的市场竞争约束，主要包括经理人市场、资本市场和产品市场三个方面。经理人市场通常被认为是最有效率的外部治理机制，经理人之间的充分竞争，能够自主显现其能力水平和努力程度，使之始终处于职业危机感中，从而自觉约束投机行为。资本市场所具有的信号显示和传递功能，以及一整套相对成熟的资本运作程序（兼并、收购、破产接管），都能够对管理层控制权带来威胁。而产品市场上用来衡量企业经营业绩和市场价值的会计指标，在一定程度上能够描述出管理层的人力资本绩效，并据此制约着管理层的道德风险行为。长期形成的计划性、行政性的管理层人事安排传统，使得军工上市企业的人力资本流动表现出严重的盲目性、随意性和寻租性。伴随着军工产权改革引向深入的还应有军工上市企业的人事制度改革，其基本思路是从行政化管理过渡到市场化调控，从看重资历级别过渡到注重经营能力和努力水平，降低管理层与控股股东的行政隶属度，创新人力资本进入和退出的弹性机制，才不失为上策。

第三节 军工控制权边界与投资人保护

研究军工上市企业的控制权治理问题，不仅要关注股权结构所引致的代理冲突，还要关注内嵌在股权结构之中的更为深层次的制度环境维度，比如行政力量对市场主体的干预问题、市场信用文化问题、投资人法律保护问题、市场化进程问题等。只有加快军工上市企业的产权市场化进程、提高投资人的法律保护力度、营造良性的企业治理内外部环境、创设公平诚信的市场信用体系，才能有效发挥军工上市企业的综合治理效应，进而缓解控股股东与外部股东的控制权利益冲突，提升企业的市场价值。

一、框定行政化配置与市场化配置的合理边界

在军工上市企业的金字塔股权链中，作为企业的直接托管人，也就是作为终极控制人的第一级代理人的政府，在面临统治集团租金最大化与交易成本最小化的选择时，会理性地在现实收益与潜在收益之间寻求均衡。显然，军工上市企业的独特身份以及企业融投资行为背后所蕴涵的强烈的国家军事和经济安全战略导向，使得政府在制度规制之外，不可能放弃现有的行政规制，以期通过控制军工上市企业的资本结构、治理结构、融投资决策、资源配置等层面，实现间接性干预。当前，政府在资本

市场可谓"身兼数职":既是市场监管者,又是军工上市企业超级股东,同时还是中小股东的利益保护人。政府"三位一体"式的职能聚合,使之同时对军工上市企业和对市场投资人扮演着"隐性保护人"角色。比如对以民品生产为主营业务的军工上市企业,政府采取鼓励、引导、放开的产业政策而不予干涉;而一旦产品专用性增强,政府对市场准入将采取相机调控策略:事关国家战略安全的军工核心投资项目实行绝对干预,事关国防整体建设的军工重点投资项目实行相对干预。而所谓绝对干预和相对干预,本身并无明确的技术标准。

更为严重的是,业绩考核和控制权私利驱动的行政力量干预,不仅带来了经济资源配置的错位和失效,而且使得军工上市企业成为利益寻租和利益输送的通道,在扭曲企业投融资决策的同时,也损害了外部股东的合法性权益。军工上市企业金字塔股权结构下的两权分离,更是加剧了委托人的这种控制权代理问题。一方面,要加速政企分割,弱化行政对市场行为的干预,使政府这只"有形之手"成为市场这只"无形之手"的有益补充;另一方面,要切实发挥制度的刚性约束作用,合理划分与调整政府与市场、政府与企业的边界,严厉打击隐藏在经济运行外衣之下的行政性寻租行为,明确在市场失灵状况下政府启动应激性干预的范围和程度。

二、创新救济和惩治互补的法律保护机制

第七章的理论模型表明,军工上市企业外部治理机制(治理环境、监管制度、信用体系、法律层面等)运行得越好,控股股东侵占中小股东利益的程度也会越小($s_g^* < 0$),实证分析的结果也证实了这一见解。在资本市场上,投资人利益法律保护得越完善,控股股东侵占私利的成本就越大,就越能约束其控制权代理行为。但总体而言,目前中国资本市场对外部投资人的法律保护体系建设仍存在着较大的提升空间。为此,在立法层面,要逐步建立和完善投资人司法保护制度,禁止控股股东利用控制权地位损害外部股东的利益,并最终建立起对控制权代理行为的预警、监督、惩罚机制。第六章的模型分析表明,如果建立某种控制权代理惩治机制,使得代理人进行权力寻租的机会成本增大,则权力寻租能够得到有效遏制。此外在司法上,可考虑引入类似"集体诉讼""辩方举证"等制度,强化对中小股东的司法救济,降低中小股东对控股股东提起诉讼的技术难度和交易成本。

三、构建立体式、全程化的反寻租反腐败监控体系

第六章规范分析、实证分析以及第七章的实证分析均表明,增设外部性市场监管机制,能够改善软约束的企业治理结构。而且,监管概率的增加,能够弱化控制权私利性寻租诱因。抑制和防止控股股东对企业利益相关者的代理行为,是企业治理尤为重要的内容。而要达到预期效果,就必须追溯到控股股东实施私利寻租行为的根源性因素上,这就是其进行利益侵占的动机和能力。建立立体式网络态的资本市场监管体

系，是有效制约控股股东控制权代理问题的重要制度安排。一方面，要借鉴外国资本市场管理的成功经验，构建证监会、银监会、行业协会、中介机构等构成的具有极强互补性的大监管体系，同时积极引入社会监管这一第四方市场力量。另一方面，要优化动态监管系统，实施前馈控制、反馈控制与实时控制的有机耦合。同时，要加强疑点追踪和重点区位的监控布防，尤其要强化对关联方交易行为的关注力度和监管力度，从而极大提高控股股东进行控制权私利行为所产生的交易成本。

四、强化信息监管和信息披露制度

第七章的分析显示，正是因为信息不对称引起的融资约束问题，导致了军工上市企业的投资不足。信息的公开透明，减少市场参与者之间的交易成本、支撑和强化行为主体的投资决策效率都有着十分重要的意义。中国军工上市企业股权国有化的程度相对较高，再加上金字塔控股方式，使得位于塔顶的控股股东尤其是终极控制人，有很强的动机（控制权私利）和条件（身份虚化）进行资源输送和利益侵占等寻租行为。相当普遍的与控股股东之间的关联交易和其他控制权代理行为，在一定程度上损害了市场投资信心和中小股东利益。因此，加强对军工上市企业的信息监管，实行严格的会计报表披露制度，有助于约束军工管理层和控股股东的机会主义行为，从而能够更好服务于外部股东的市场投资决策。具体而言，可从可靠性、全面性和易读性等方面来综合提高军工上市企业信息披露的质量。所谓可靠性，是指信息要真实准确地反映其经营成果和财务状况，而此时建立金融服务中介机构及其从业人员的信誉机制就显得非常迫切和重要。所谓全面性，是指可能影响到投资人决策行为的重要信息都务必尽可能公布和披露。所谓易读性，是指军工上市企业信息披露的内容和方式要按照证监会的相关要求发布，要符合投资人的使用习惯。

第九章 研究结论与研究展望

一、研究结论

本课题主要研究了军工上市企业的两类控制权代理问题：管理层与股东的控制权代理，以及控股股东与外部股东的控制权代理。围绕以上两条主线，课题从所有权合约安排（剩余控制权与剩余索取权的配置与性态），控制权、合约退出权与资本结构，控制权、管理层薪酬体系与企业治理，控制权、金字塔股权链与企业投资、控制权配置的市场化等不同角度，对军工上市企业所有权合约框架内的行为主体的特征、关系及其影响效果进行了比较系统的分析。在研究方法上，注重规范分析与实证分析相结合。理论模型的构建，能够更精确地描摹出控制权代理行为主体之间的关联，并得出合乎现实逻辑性的数理分析结果；实证模型在变量的选择和界定上，注重全面性、代表性与合理性相统一。

本课题以 2003—2015 年尤其是 2007 年以来中国沪深两市的军工上市企业为研究样本，因为 2007 年是中国军工产权市场化改革的"政策年"，一系列重大举措的推出势必引发骨牌效应，从而带动军工上市企业在资本结构、投融资体制、企业治理、经营管理等层面的深刻变革。本课题旨在探讨并回答五个方面的问题。第一，在军工所有权合约安排中，剩余控制权与剩余索取权之间处于一种什么状态？其各自的权重如何？在军工企业生命周期的不同阶段，军工所有权合约的性态如何演变？第二，如果退出权成为军工所有权合约的重要条款，其与控制权之间如何发生作用？又如何影响到军工上市企业的资本结构？第三，控制权在股东与管理层之间的配置，对管理层薪酬造成何种影响？进一步将管理层薪酬进行剥离，则管理层控制权对超额薪酬和超额消费各自产生了怎样的影响？这些影响又如何影响到企业市场价值？第四，在军工上市企业普遍存在金字塔控股的情况下，控股股东乃至终极控制人如何利用这种特殊的股权结构实现控制权代理行为？金字塔结构是否和怎样影响到企业投资？如果同时考虑到因信息不对称产生的融资约束问题，则金字塔结构对企业投资行为的影响是否和如何发生变化？第五，既然控制权条款已成为军工所有权合约的核心问题，在实践层面该如何通过制度创新和机制设计来有效预防和约束军工上市企业中存在的这两类控制权代理问题？在宏观市场层面，军工行业战略推进和产权改革，该如何作为？本课题按照以上五个层面的逻辑结构在实证研究中逐步推进，主要研究结论可概括如下。

（一）军工所有权合约安排

（1）军工企业本质上是一系列合约缔结而成的经济组织，其法人治理结构的核心是控制权的配置以及在此基础上的制衡。

（2）军工企业可视为军工人力资本和军工物质资本共同签订的合约，因此军工所有权合约可认为是军工物质资本和军工企业共同签订的、代表和拥有的是一种创造未来有利现金流能力的制度安排。

（3）军工上市企业存在"双中心缔约人"，即企业股东和管理层。正是中心缔约人的博弈，带来了最为重要的两类控制权代理问题。由于军工企业法律虚构化，国家作为终极控制人与外部中小股东在控制权安排上的非对称性博弈，使得控制权代理成为军工上市企业这类典型国有企业尤为突出的问题。

（4）本研究模拟比较了军工所有权合约中剩余索取权和剩余控制权配置的7种性态，基本观点包括：①全员共享——资本共融、风险共担、剩余共享。②员工持股——形成内部股权交易市场，员工持股（而非全员持股）对象是企业管理层和企业骨干，持股方式是"存量不碰，增量为主"。③管理层持股（第一类代理）：赋予享有控制权的管理层一定比重的资本剩余；人力资本的"非人力资本化"是解决管理层代理问题的强剩余激励；军工管理层"行政黏性"，使得第一类控制权代理相对弱化。④唯一剩余索取者（第二类代理）：企业剩余索取权和剩余控制权分别归于军工股东和管理层所有，是目前的常态。⑤唯一支配人：剩余索取权和剩余控制权呈集中式对称形态，此时股东与管理层的关系由合同制转变为行政制。⑥剩余分成：对管理层进行剩余分成，可相机采取弱剩余激励和强剩余激励。⑦同等权利：股东与管理层对剩余权重的博弈。

（5）研究发现，军工上市企业控制权与现金流权相分离所产生的"超常控制"现象普遍存在。因此，要重新认识人力资本保险机制的价值，弱化管理层固定合约支付的权重，创新弹性的管理层薪酬体系，增强人力资本激励的效果；在减少管理层拥有剩余控制权的同时，加大其剩余索取权比重；加大企业内外部监管力度，实现军工企业管理层市场化与产权市场化的同步。

（二）控制权、合约退出权与资本结构

（1）股权的数量充其量只是法理意义上控制权分配，真正能够提升军工上市企业价值的驱动力，是技术效率以及能够释放这一技术效率的制度安排。一个帕累托最优意义上的股权结构，不仅应是交易成本、代理成本和股权集中性背后利益共同体之间博弈权衡的结果，更应是基于治理环境和法治基础之维的、处于状态依存的相机抉择过程。

（2）本研究表明，从控制权代理行为的角度来看，提高财务杠杆和管理层持股比例有助于减弱退出权弹性；而如果股权过于集中，或者军工企业在筹资方式上过于依赖长期负债，则将动摇投资人的市场信心。此外，良好的企业绩效和发展潜力，也是吸引和稳定投资人的重要因素。其实践指导意义在于，要确保军工产权改革持续推进，军工上市企业除应加强内部综合治理外，还必须在市场外围进行融资、融技、融智、融制的"四融一体"式战略创新,这是服务于军民融合国家战略的必然选择。

(3) 本研究提出旨在强化股权制衡的"有限控股"概念,即不改变国家终极控股股东的法理性地位,按照"分类推进,突出重点"的原则,对军工上市企业进行战略重组和资本整合,培育和引进优质的相对控股股东,形成对国有控股股东常态化的制衡机制。

(三) 控制权、管理层薪酬体系与企业治理

(1) 私利性寻租诱因,主要取决于寻租收益(正关联)和监管概率(负关联)。如果建立某种控制权代理惩治机制,使得代理人进行权力寻租的机会成本增大,则权力寻租能够得到有效遏制。

(2) 实证研究表明:军工上市企业管理层剩余控制权越大,其所获得的控制权收益就越多,控制权代理问题就越严重;军工上市企业管理层行使剩余控制权操控激励补偿越严重,企业市场价值就越低。

(3) 激励性收益和寻租性收益对企业价值影响非常显著,激励性收益能够提升企业价值,而寻租性收益则会损害企业价值。对军工上市企业管理层要进行合理赋权,并从内部治理的监管机制和人力资本的薪酬激励机制双向强化,产生抑制管理层控制权私利操控的制度空间。

(4) 从深层次的权力来源和权力异化机制来看,组织权力下放和预算软约束,将导致职业寻租可能性增大和腐败收益增加。而要降低管理层利用职权进行谋私贪腐的水平,就必须减小组织内部隐性租金的规模,硬化企业经营预算软约束,减少代理人权力行使的弹性空间。

(5) 要预防和惩治军工上市企业中管理层的控制权寻租和职业腐败问题,除了要大力营造良好的外部治理环境,强化市场信用体系和职业道德体系的建设,不断推进法律监管、行业监督、制度监察的联动体制之外,在军工上市企业内部治理上,要逐步改革和完善财经人事管理制度和管理层薪酬奖励机制,切实将激励补偿与企业绩效实现捆绑,建立起租金消散机制和惩防耦合机制,加大管理层进行控制权私利行为的交易成本。

(四) 控制权、金字塔股权链与企业投资

(1) 军工上市企业股权结构的金字塔化是一种普遍现象。通过分离控制权与现金流权,控股股东通过掏空行为来获取控制权私人收益。

(2) 2003—2017 年间军工上市企业控制权、现金流权和两权分离度均值分别为 0.48、0.39 和 1.33。分离度小于 3 的企业所占比例达到 90.40%,而同期国有上市企业这一比例为 91.55%;高达 92.16% 的军工上市企业,其董事长或总经理直接来自于控股股东的行政性任命,由此可见上市企业中"裙带资本主义"的普遍性;从企业治理看,控股股东派驻人员担任管理职位会加大两权分离,引入次大股东有助于减缓两权分离,而独立董事在企业治理中作用发挥相对有效。

（3）本课题实证研究支持了以下4个假设：①金字塔控制下，军工上市企业控股股东通过公司治理上的制度安排来参与企业经营管理，实现控制权与现金流权相分离；②金字塔控制下，军工上市企业控制权与现金流权分离度越大，控股股东通过行使控制权进行利益输送的可能性就越大，企业市场价值就越小；③融资约束能够导致军工上市企业投资不足，而金字塔股权结构能够放松融资约束，弱化企业的投资不足；④控制权代理能够导致军工上市企业投资过度，而金字塔股权结构能够强化企业的投资过度。

（4）融资约束和控股股东的控制权代理行为，都可能导致上市企业投资发生无效率。在政策层面，一是要加大市场信息的透明性，减少军工上市企业内部市场和外部市场之间的"信息壁垒"，从而有利于减少外源性融资的成本，进一步放松军工上市企业的融资约束；二是加强军工上市企业的综合治理效果，通过机制创设和制度创新，降低控股股东进行控制权寻租行为的概率和强度，切实保证外部股东的权益；三是加速军工产权改革的步伐，通过投资主体多元化，改变军工上市企业一股独大的局面，降低控股股东的控制权权重，从而减弱金字塔股权结构的负面效应。

（五）控制权配置的市场化

（1）树立军工上市企业"两栖"战略的思维：军工业务投资主体多元化，军事工业民有化。为此，要将目前位于"塔尖"和"塔腰"的"准核心"业务领域适当向社会资本开放，并最终将军工业务结构从金字塔态向扁平态转变。

（2）建立大格局的"军工控股集团—基于产品或区域的事业部（子集团）—专业化子公司"的新型组织结构；采用兼并、收购、重组等方式吸收其他非重点上市企业，实现私有化退市，完成"军工控股集团"的整体性上市；相机启动军工行业的适度民营化运作机制。

（2）树立中国军工发展"大资本""大融合""大格局"的战略思维，积极引入战略投资人。以"目录管理，分步推进"为逻辑基线，不同产业、不同领域推行差异化的投融资机制，具体可分为"滴入式""参与式"等融资方式。

（4）在军工企业内部治理上，要打造多重、联动、高效的企业治理主体群，创设动态、弹性、绩效导向的管理层激励文化（灵活运用薪酬激励、控制权激励、声誉激励和流动性激励等4种管理层激励方式）。

（5）在军工企业外部治理上，要合理划分行政与市场的边界，创新救济和惩治互补的法律保护机制，构建立体式、全程化的反寻租反腐败监控体系，强化信息监管和信息披露制度。

二、研究展望

本课题尝试运用数理规范分析和计量实证分析的基本方法，从军工上市企业的资本结构、企业治理、企业价值、企业投资、融资约束、管理层薪酬等维度切入，探讨两大类控制权代理与这些变量之间的内在关系，以期从中梳理出具有代表性和实践价值的观点与结论。但由于篇幅所限，加之本人研究视野和研究能力尚显不足，许多问题依然觉得意犹未尽，没有很好地触及和深入地展开。本课题的研究还存在着一定局限性，有待后续阶段作进一步扩展研究。

第一，关于剩余控制权与剩余索取权的度量的研究。尽管目前学术界已有对剩余控制权和剩余索取权进行测度的文献成果，而且本研究也基本遵循了前人的研究范式，但实际计量分析中仍觉得相对粗糙，不同替代变量之间的细微差别是什么？对因变量的影响将怎样？对于军工上市企业而言，其特殊所有权合约结构下的剩余控制权和剩余索取权的界定和表述有无特殊性？如果有，该用什么更合适的变量进行衡量？这些都是值得关注和进一步思考的细节问题。

第二，关于有限控股度的测度的研究。本研究提出了国家"有限控股"的观点，正如在前面研究中论及的，"有限"的边界是什么？有没有合理具有普适性的标准？如何去计量？尽管目前这一问题无论是在学术界还是在实务界均未能达到共识，但不影响我们在研究军工上市企业中提出自己的思考。而且可以乐观预期的是，如能从实证角度给出"有限控制度"的一个理性预估，则无疑对指导以军工上市企业为代表的国有上市企业的产权改革具有十分重要的实践价值。

第三，关于军工集团内部市场投资的研究。内部资本市场是同外部资本市场相对应的一个概念。内部资本市场在缓解企业融资约束的同时，也因控制权代理冲突而引发资源配置的低效率。军工集团公司作为一个超级规模的母公司，集团内部各子企业之间、子企业与母公司之间存在着各种资金往来关系。是否存在军工集团公司利用军工上市企业为集团内部子企业进行融资的代理行为？集团内部各子企业（包括军工上市企业）之间在内部资源争夺中是否存在寻租性代理行为？内部市场的融资效率与企业对外投资行为是一种怎样的关系？内部市场融资和投资问题，的确是一个颇具诱惑性和挑战性的研究视角，未来研究兴趣可以部分转移到这一领域。

第四，关于未分离型金字塔与控制权代理的研究。所谓未分离型金字塔，是指控制权与现金流权未发生分离，从而两权分离度为1的金字塔股权结构。第七章实证分析发现，2010年未分离型金字塔占军工上市企业的比重为22.39%。我们只是给出了描述性统计，而没有对未分离型金字塔控股与军工上市企业治理结构、企业价值以及投融资行为之间的关系进行进一步研究。后续研究的基本设想是，将军工上市企业划分为分离型金字塔和未分离型金字塔两组进行实证分析，以考察在两种异质态的两权关系之下军工上市企业各变量所表现出来的变动趋势和差异程度。

第五，关于企业投资战略和管理层特征的研究。本课题在分析军工上市企业管理层控制权行为和企业投资行为时，是将管理层和各企业均视为一个整体进行技术处理，其好处在于能够直接聚焦目标去分析，减少噪音变量的干扰。然而现实中，不同企业有各自独特的投资战略，如多元化投资、专一化投资、激进型投资、保守型投资等等；从管理层特征看，自负型性格的管理层更愿意加大投资规模而很可能造成企业投资过度，稳重型性格的管理层则相对谨慎，在企业融资规模、融资方式以及投资决策上会更趋保守，从而有可能导致企业投资不足。显然，这些行为特征对企业经营和管理往往会产生重要影响，本课题尚未涉及对组织和人力资本"行为"层面的研究，这无疑为后阶段的跟进研究提供了一个较好的视点。

第六，关于军工上市企业与非军工国有上市企业以及民营上市企业的比较研究。到目前为止，我们的实证模型研究所采用的样本都是军工上市企业，所进行的是基于时间序列的分析，但未能同时进行横向比较研究，如与同为国有控股的其他上市国企甚至与民营私营上市企业分组分析。部分章节内容虽然也有比较性的描述统计，但无法纳入模型实证环节，从而无法更深入地探析两者或三者之间的内在关联性和差异性。

第七，关于金字塔结构与融资约束的再研究。第七章的规范分析和实证分析表明，信息不对称所导致的企业融资约束问题，会因上市企业的金字塔股权结构而弱化。由此可见，尽管在资本市场中发生的诸多起恶性违规事件，与金字塔结构有着密切联系，但绝不能因此将金字塔视为某种怪物，否则就无法解释，为什么至今为止金字塔结构普遍存在于世界范围内的上市企业中，而且大多数军工上市企业并未因自身是金字塔控股而出现违法、违规和破产等情形。那么，在金字塔结构的这种特异性与其对企业融资约束的"松动效应"之间，是否存在某种传导机制发生作用？对这一视角的研究，无疑会丰富已有的金字塔结构相关文献。

参考文献

[1] 安同良. R&D 补贴对中国企业自主创新的激励效应 [J]. 经济研究, 2009 (10): 95.

[2] 白津夫. 推进国有企业产权多元化 [J]. 产权导刊, 2005 (1): 9-11.

[3] 白万纲. 军工企业集团管控分析 [EB/OL]. 管理资讯. 融资网. [2008-07-10]. http://www.pbcrz.com/.

[4] 陈冬华, 陈信元, 万华林. 国有企业中的薪酬管制与在职消费 [J]. 经济研究, 2005 (2): 92-101.

[5] 陈信元, 陈冬华, 朱凯. 股权结构与公司业绩: 文献回顾与未来研究方向 [J]. 中国会计与财务研究, 2004 (4): 36-40.

[6] 邓建平. 上市企业家族控制与股利决策研究 [J]. 管理世界, 2005 (7): 139-147.

[7] 范肇臻. 中国军工改革与发展金融支持研究 [M]. 北京: 经济科学出版社, 2008.

[8] 冯根福, 韩冰, 闫冰. 中国上市企业股权集中度变动的实证分析 [J]. 经济研究, 2002 (8): 12-18.

[9] 冯根福, 马亚军. 上市企业高管人员自利对资本结构影响的实证分析 [J]. 财贸经济, 2004 (6): 16-22.

[10] 樊纲, 王小鲁. 中国市场化指数——各地区市场化相对进程 (2007 年度报告) [M]. 北京: 经济科学出版社, 2007.

[11] 樊纲, 王小鲁. 中国市场化指数——各地区市场化相对进程 (2009 年度报告) [M]. 北京: 经济科学出版社, 2009.

[12] 高欢迎. 大型国有企业股份制改革中的股权结构与股权制衡 [J]. 经济问题探索, 2006 (11): 97-99.

[13] 韩德宗, 叶春华. 控制权的理论与实证研究 [J]. 统计研究, 2004 (2): 56-61.

[14] 郝颖. 上市公司大股东控制下的资本配置行为研究 [J]. 财经研究, 2006 (8): 81-93.

[15] 胡潇滢. 格力董事长成 A 股薪酬之王 [N]. 证券日报, 2009-03-18 (5).

[16] 胡旭阳. 上市企业控制权私人收益及计量: 以中国国有股权转让为例 [J]. 厦门大学学报 (哲学社会科学版), 2000 (3): 34-39.

[17] 黄福广, 齐寅峰. 控股组织结构下的控制权与控制利益问题研究 [J]. 管

理世界，2001（1）：203-205.

［18］黄泰岩. 个人收入分配制度的突破与重构［J］. 经济纵横，1998（11）：36-40.

［19］贾小漫，王春青. 军工企业债券融资的必要性分析及发展建议［J］. 科技和产业，2013（1）：112-117.

［20］姜付秀，刘志彪，李焰. 不同行业内公司之间资本结构差异研究——以中国上市企业为例［J］. 金融研究，2008（5）：179.

［21］姜付秀. 中国上市企业投资行为研究［J］. 北京：北京大学出版社，2009.

［22］李晶. 我国军工上市公司治理结构与公司绩效关系研究［D］. 哈尔滨：哈尔滨工程大学，2008.

［23］李书勤. 创建中外合资企业是军工企业建新制、转机制的好途径. 航天工业管理［J］. 1996（4）：8-10.

［24］李树贤. 军工企业产权制度的改革［J］. 航天工业管理，1994（11）：11-14.

［25］李涛. 混合所有制公司中的国有股权：论国有股减持的理论基础［J］. 经济研究，2002（8）：19-27.

［26］李增泉，余谦，王晓坤. 掏空、支持与并购重组［J］. 经济研究，2005（1）：95-105.

［27］李增泉. 金融发展、债务融资约束与金字塔股权结构［J］. 管理世界，2008（1）：123-135.

［28］林心武. 我国军工上市公司股权结构、公司治理与经营绩效的实证研究［D］. 暨南大学硕士学位论文，2011.

［29］林毅夫. 现代企业制度的内涵与国有企业改革方向［J］. 经济研究，1997（3）：3-10.

［30］刘刚. 企业的异质性假设——对企业性质和行为基础的演化论解释［J］. 中国社会科学，2002（2）：56-61.

［31］刘建昌等. 工业经济论坛. DOI：10.11970/j. issn. 2095-7866.2015.07.012：121.

［32］刘建昌，石秀，张晓倩，等. 我国军工企业融资模式研究［J］. 工业经济论坛，2015（4）：118-129.

［33］刘楠. 我国军工上市公司资本结构影响因素研究［D］. 天津大学，2009.

［34］刘少波，戴文慧. 中国上市企业募集资金投向变更研究［J］. 经济研究，2004（5）：95.

［35］刘芍佳，孙霈，刘乃全. 终极产权论、股权结构及公司绩效［J］. 经济研

究，2003（4）：51-62.

[36] 刘炜玮. 基于面板数据的我国军工上市公司资本结构影响因素研究［D］. 南京：南京航空航天大学，2010.

[37] 刘星，窦炜. 基于控制权私有收益的企业非效率投资行为研究［J］. 中国管理科学，2009（5）：156-165.

[38] 刘智超. 中国军工上市公司经营绩效评价研究［D］. 吉林：军需科技学院，2015.

[39] 刘智超，张立芳. 中国军工上市公司经营绩效实证研究［J］. 经济研究导刊，2015（12）：93-94.

[40] 罗开元. 我国军工企业如何走股份制道路［J］. 航天技术与民品，1999（3）：23-26.

[41] 罗群英. 股权结构与经济绩效关系研究——以中国军工上市公司为例［D］. 南京航空航天大学硕士学位论文，2009.

[42] 罗仲伟. 军事工业主体的特性与产业组织分析［J］. 中国工业经济，2003（2）：30-38.

[43] 吕长江. 公司治理结构与股利分配动机——基于代理成本和利益侵占的分析［J］. 南开管理评论，2005（3）：23-28.

[44] 卢平和. 大股东如何掏空上市企业［J］. 中国经济周刊，2004（27）：28-29.

[45] 陆正飞，叶康涛. 中国上市公司股权融资偏好解析［J］. 经济研究，2004（5）：50-59.

[46] 罗培新. 论独立董事制度［J］. 证券市场导报，2001（2）：48-53.

[47] 马伟伟. 军工上市公司财务简析［J］. 航天工业管理，2011（9）：32-35.

[48] 梅锦萍. 军工上市企业股权结构对经营绩效的影响研究［D］. 长沙：国防科学技术大学，2007.

[49] 孟俊婷. 公司治理因素对公司绩效影响的实证研究——基于我国航天军工上市公司［J］. 会计之友，2012（2）：89-91.

[50] 苗建军，孙健. 国防产业的结构分析［J］. 长治学院学报，2005（8）：20-22.

[51] 饶育蕾，汪玉英. 中国上市公司大股东对投资影响的实证研究［J］. 南开管理评论，2006（5）：67-73.

[52] 任冷. 公司治理的内部机制和外部机制［J］. 南开经济研究，1999（3）：20-24.

[53] 阮晓萌. 军工上市公司资产重组绩效研究［D］. 长沙：国防科学技术大

学，2011．

[54] 阮永平．寻租、护租与企业最优融资合约 [J]．电子科技大学学报（社科版），2006（1）：10-13．

[55] 沈艺峰，况学文，聂亚娟．终极控股股东超额控制与现金持有量价值的实证研究 [J]．南开管理评论，2008（1）：15-23．

[56] 盛光华，于桂兰．人力资本谈判力的影响因素分析 [J]．管理评论，2003（7）：58-61．

[57] 苏启林．上市企业家族控制与企业价值 [J]．经济研究，2003（8）：36-45．

[58] 唐宗明，蒋位．中国上市企业大股东侵害度实证分析 [J]．经济研究，2002（4）：44-50．

[59] 田宛毅．军工企业整体上市对盈利能力的影响 [J]．特区经济，2014（11）：128-129．

[60] 童盼，陆正飞．负债融资，负债来源与企业投资行为 [J]．经济研究，2005（1）：3-9．

[61] 王珍．国企高管薪酬：双轨制下两难抉择 [N]．第一财经日报，2009-04-08（3）．

[62] 吴迪．上市融资——实现国防科技工业产权多元化 [J]．中国军转民，2005（6）：49-51．

[63] 吴风来．积极稳妥推进军工企业产权制度改革 [N]．中国证券报，2007-12-25（4）．

[64] 吴少华，徐学文．军工上市公司资本结构与绩效关系的实证研究 [J]．军事经济研究，2010（1）：24-28．

[65] 魏锋，孔煜．融资约束、不确定性与公司投资行为——基于我国制造业上市公司的实证分析 [J]．中国软科学，2005（3）：43-49．

[66] 夏立军，方轶强．政府控制、治理环境与公司价值 [J]．经济研究，2005（5）：40-51．

[67] 肖腾文．上市企业控制权问题研究 [J]．证券市场导报，2000（7）：44-48．

[68] 辛清泉，林斌，王彦超．政府控制、经理薪酬与资本投资 [J]．经济研究，2007（8）：110-122．

[69] 辛清泉，郑国坚，杨德明．企业集团，政府控制与投资效率 [J]．金融研究，2007（10）：123-142．

[70] 许冰梅等．关于我国军工企业集团资本运作的几个问题 [J]．国有资产管理，2003（5）：36-39．

[71] 徐晓东,陈小悦. 第一大股东对公司治理、企业业绩的影响分析 [J]. 经济研究,2003 (2):64-74.

[72] 杨凌霄. 我国军工企业治理结构与技术创新关系研究 [J]. 科技进步与对策,2012 (2):70-74.

[73] 杨其静. 财富、创业者才能与最优融资契约安排 [J]. 经济研究,2003 (4):42.

[74] 杨其静. 创业者的最优融资契约安排研究 [J]. 经济科学,2004 (4):33-45.

[75] 杨瑞龙,周业安. 一个关于企业所有权安排的规范性分析框架及其理论含义——兼评张维迎、周其仁及崔之元的一些观点 [J]. 经济研究,1997 (1):19.

[76] 杨少鲜,王秀素. 我国军工企业上市融资发展研究 [J]. 科技和产业,2013 (1):49-54.

[77] 杨威. 从"资产用途"的角度看军工国防资产的特性——军工国防资产的概念及范围界定 [J]. 国防科技工业,2003 (12):24-25.

[78] 叶勇等. 控制权和现金流量权偏离下的公司价值和公司治理 [J]. 管理工程学报,2007 (1):71-76.

[79] 叶勇,淳伟德,黄雷. 不同行业的上市公司终极控制权、现金流量权和公司绩效 [J]. 软科学,2007 (5):42-44.

[80] 喻丽心. 我国军工企业融资模式研究 [D]. 长沙:中南大学,2005.

[81] 袁舒. 推动国防科技工业军民融合深度发展——访国防科工局发展计划司司长龙红山 [J]. 国防科技工业,2015 (2):13-18.

[82] 章波. 我国军工上市公司资本结构与绩效研究 [D]. 南京:南京航空航天大学,2006.

[83] 张春霖. 论国有企业的债务问题 [J]. 改革,1996 (1):23-27.

[84] 张晖明. 高级管理人员激励与企业绩效 [J]. 世界经济文汇,2002 (4):60-65.

[85] 张建华等. 试论军工企业财务管理的中心地位问题 [J]. 国防科技工业,1997 (1):42-43.

[86] 张维迎. 企业的企业家——契约理论 [M]. 上海:上海三联书店,上海人民出版社,1995.

[87] 张维迎. 所有制、治理结构与委托代理关系 [J]. 经济研究,1996 (9):24-28.

[88] 张维迎. 企业理论与中国企业改革 [M]. 北京:北京大学出版社,2000.

[89] 张维迎. 论企业家——经济增长的王国 [M]. 北京:北京三联书店,2004.

[90] 张旭等. 军工企业多元融资方式综合评价——基于模糊网络分析法 [J]. 技术经济, 2013 (11): 81-87.

[91] 张兆国. 论利益相关者合作逻辑下的企业财权安排 [J]. 会计研究, 2004 (2): 47-51.

[92] 赵青冬, 朱武详. 上市企业资本结构影响因素经验研究 [J]. 南开管理评论, 2006 (2): 11-18.

[93] 赵文胜等. 关于军工企业产权改革的思考 [J]. 科技导报, 1997 (4): 15-17.

[94] 赵英. 军事工业需求探讨 [J]. 中国工业经济, 2002 (7): 34.

[95] 赵燕. 我国军工企业融资多元化策略分析 [J]. 会计之友, 2010 (7): 76-77.

[96] 钟强, 刘雪飞. 我国军工上市公司财务分析简况 [J]. 现代商贸工业, 2015 (1): 101-102.

[97] 周炯. 军工上市公司股权结构与经营绩效关系的实证研究 [J]. 华东经济管理, 2012 (1): 110-112.

[98] 周其仁. 市场里的企业: 一个人力资本与非人力资本的特别合约 [J]. 经济研究, 1996 (6): 34-38.

[99] 周其仁. "控制权回报"和"企业家控制的企业"——"公有制经济"中企业家人力资100. 本产权的个案研究 [J]. 经济研究, 1997 (5): 34-38.

[100] 朱卫平. 以企业家为中心签约人的创业企业融资契约模型 [J]. 学术研究, 2005 (10): 42.

[101] 朱武祥. 产品市场竞争与财务保守行为——以燕京啤酒为例的分析 [J]. 经济研究, 2002 (8): 28-36.

[102] 朱武祥, 宋勇. 股权结构与企业价值——对家电行业上市企业实证分析 [J]. 经济研究, 2001 (12): 66-72.

[103] Aggarwal, R. & A., Samwick. Why Do Managers Diversify Their Firms? Agency Reconsidered. Journal of Finance, 2003 (58): 71-118.

[104] Aghion, P. & P. Bolton. An Incomplete Contrates Approach to Financial contracting. Review of Economic Studies, 1992 (59): 473-494.

[105] Aghion, Jean Tirole. Formal and Real Authority in Organization. Journal of Political Economy, 1997, 105 (1): 1-29.

[106] Aharony, Joseph, and Itzhak Swary. Quarterly Dividend and Earnings Announcements and Stockholder Returns: An Empirical Analysis. Journal of Finance, 1980 (35): 1-12.

[107] Alchain A., and Demsetz H. Production, Information Costs, and Economic

Organization. American Economic Review, 1972 (62): 777 – 795.

[108] Alchian, A. and Demsetz, H. Production, Information Costs, and Economic Organization. American Economic Reviw, 1972: 145 – 160.

[109] Almeida, H. and D. Wolfenzon. A Theory of Pyramidal Ownership and Family Business Groups. Journal of Finance, 2006 (61): 2637 – 2680.

[110] Amey, L.. Diversified Manufacturing Business. Journal of Royal Statistical Society, 1964 (127): 251 – 290.

[111] Anderson, Ronald C., and David M. Reeb. Founding – Family Ownership and Firm Performance: Evidence from the S & P 500. forthcoming in Journal of Finance, 2003.

[112] Atanasov, V., Valuation of large blocks of shares and the private benefits of control. Unpublished working paper, Pennsylvania State University, http: // www. personal. psu. edu/staff/v/a/vaa3/valueofblocks. pdf, 2002.

[113] Attig, N., Fischer, K. and Gadhoum, Y. On the Determinants of Pyramidal Ownership: Evidence on Dilution of Minority Interests. Working Paper, Laval University, 2003.

[114] Azariadis. Implicit Contracts and Unemployment Equilibrium, Journal of Political Economy, 1975 (83): 1183 – 1202.

[115] Bae, Kee – Hong, Jun – Koo Kang, et al. Tunneling or Value Added? Evidence from Mergers by Korean Business Groups. Journal of Finance, 2002 (57): 2695 – 2740.

[116] Bai, Liu and Song. Value of Corporation Control: Evidenve from China's Distressed Firms. 2002, working paper.

[117] Bai, Chong – en, Qiao Liu, et al. The Value of Corporate Control: Evidence from Chinese ST Frims, Working Paper, CCFR. University of Hong Kong, 2002.

[118] Bai, C., Q. Liu, J. Lu, et al. Corporate Governance and Market Valuation in China. Journal of Comparative Economics, 2004 (32): 599 – 616.

[119] Baily. Wages and Employment with Uncertain Demand, Review of Economic Studies, 1974 (41): 37 – 54.

[120] Balakrishnan, S., I. Fox. Asset Speciality, Firm Heterogeneity, and Capital Structure. Journal of Strategic Management, 1993 (14): 3 – 16.

[121] Barca, Fabrizio. On corporate governance in Italy: Issues, facts, and agency. Manuscript, Bank of Italy, Rome, 1995.

[122] Barclay, Michael J. & Clifford G. Holderness. Negotiated Block Trades and Corporate Control. Journal of Finance, 1989 (46): 861 – 878.

[123] Barney, J. B. Resources and Sustained Competitive Advantage. Journal of Man-

agement, 1991 (17): 99 – 120.

[124] Barclay, M. J., and C. G. Holderness. The law and large – block trades. Journal of Law and Economics, 1992 (35): 265 – 294.

[125] Barclay, Michael J., Clifford W. Smith, et al. The determinants of corporate leverage and dividend policies. Journal of Applied Corporate Finance, 1995 (7): 4 – 19.

[126] Bebchuk, L. A., Efficient and inefficient sales of corporate control. Quarterly Journal of Economics, 1994. 109: 957 – 993.

[127] Bebchuk, Lucian, Reinier Kraakman, et al. Stock Pyramids, Cross – Ownership and Dual Class Equity: The Creation and Agency Costs of Separating Control from Cash Flow Rights. Working Paper, Harvard Law School, 1998.

[128] Bebchuk, Lucian, Reinier Kraakman, et al. Stock Pyramids, Cross – ownership and Dual Class Equity: The Creation and Agency Costs of Separating Control from Cash Flow Rights. Working paper 6951, National Bureau of Economic Research, Cambridge, MA. 1999.

[129] Bebchuk, Lucian, Reinier Kraakman, et al. Stock Pyramids, Cross – Ownership and Dual Class Equity. Randall M., ed., Concentrated Corporate Ownership, University of Chicago Press.

[130] Beck, T., Levine, R., and Loayza, N., Finance and the sources of growth. Journal of Financial Economics, 2000 (58): 261 – 300.

[131] Becker, G. S. and G. J. Stigler. Law Enforcement, Corruption and Compensation of Enforcers, unpublished paper presented at the Cnference on Cpitalism and Feedom, 1962.

[132] Berger, G. Philip, Eli Ofek, et al. Managirial Entrenchment and Capital Structure Decisions. Journal of Finance, 1997 (52): 1411 – 1438.

[133] Bergstrom, C., and Rydqvist, K., Ownership of equity in dual – class firms. Journal of Banking and Finance, 1990 (4): 237 – 253.

[134] Berle, A. and G. Means. The Modern Corporate and Private Property, MacMillan, New York, N. Y. 1932: 123 – 154.

[135] Bertrand, Marianne, Mehto, et al. Ferreting Out Tunneling: An Application to Indian Business Groups, Quarterly Journal of Economics, 2002 (117): 121 – 48.

[136] Bethel, J. E., J. P. Liebeskind, and T. Opler. Block Share Purchases and Corporate Performance. Journal of Finance, 1998 (53): 605 – 634.

[137] Booth, Laurence, Varouj Aivazian, Asli Demigguc – kunt, and Vojislav Maksimovic. Capital Structure in Developing Countries. Journal of Finance, 2001 (56): 87 – 130.

[138] Bradley, Michael, George A. Jarrell, et al. On the Existence of an Optimal Capital Structure: Theory and Evidence. Journal of Finance, 1984 (39): 857–880.

[139] Burkart, Mike, Denis Gromb, et al. Why higher takeover premia protect minority shareholders. Journal of Political Economy, 1998 (106): 172–204.

[140] Cestone G. and C. Fumagalli. Internal Capital Markets, Cross–Subsidization and Product Market Competition. Working Paper, 2001.

[141] Chang, Sea Jin. Ownership structure, expropriation, and performance of group-affiliated companies in Korea. The 2nd Asia Corporate Governance Conference Program. http://biz.korea.ac.kr/~aicg/paper_2nd/ownership_structure_exploration_and.pdf, 2002.

[142] Chaplinsky, Susan and Greg Niehaus. Do Inside Ownership and Leverage Share Common Determinants. Quarterly Journal of Business and Economics, 1993 (32): 51–65.

[143] Chen, Zhiwu & Peng Xiong. Discounts on Illiquid Stocks: Evidence from China. Yale ICF Working Paper, No. 00–56, 2001.

[144] Cheung Steven. Transaction Costs, Risk Aversion, and The Choice of Contractual Arrangements. Journal of Law economics, 1969 (12): 23–42.

[145] Cheung Steven. The Theory of Share Tenancy, the University of Chicago Press, 1969.

[146] Cheung Steven. The Contractual Nature of The Firm. Journal of Law and Economics, 1983 (26): 1–21.

[147] Cho, M. H., Ownership structure, investment and the corporate value: an empirical analysis. Journal of Financial Economics, 1998 (47): 103–121.

[148] Chung, Kee H. and Jeong–Kuk Kim. Corporate ownership and the value of a vote in an emerging market. Journal of Corporate Finance, 1999 (5): 35–54.

[149] Claessens, Stijn, Simeon Djankov, et al. The expropriation of minority shareholders: Evidence from East Asia, World Bank, Washington, DC, 1999.

[150] Claessens, S., S. Djankov & H. P. Lang. The Separation of Ownership and Control in East Asian Corporations. Journal of Financial Economics, 2000 (58): 81–112.

[151] Claessens, S., S. Djankov, J. Fan, et al. Disentangling the Incentive and Entrenchment Effects of Large Shareholdings. Journal of Finance, 2002 (56): 2741–2771.

[152] Coase, Ronald. H. The Nature of the Firm. Economica, 1934 (6): 390.

[153] Cronqvist, Henrik, and Mattias Nilsson. Agency costs of controlling minority shareholders. Journal of Financial and Quantitative Analysis, 2003 (38): 695–719.

[154] Dechow, P., Sloan, R. and Sweeney, A., Causes and Consequences of

Earnings Manipulation: an Analysis of Firms Subject to Enforcement Actions by the SEC. Contemporary Accounting Research, 2006 (13): 1 - 36.

[155] Demsetz, Harold. The structure of ownership and the theory of the firm. Journal of Law and Economics, 1983 (26): 375 - 390.

[156] Demsetz H., Lehn K.. The Structure of Corporate Ownership: Causes and Consequences. Journal of Political Economics, 1985 (93): 1155 - 1177.

[157] D. Johan and P. Coffee. Corporate Governance and Firm Profitability: Evidence from Korea before the Economic Crisis. Journal of Financial Economics, 2003 (68): 287 - 322.

[158] Denis, D. and Mcconnell J. International Corporate Governance, Journal of Financial and Quantitative Analysis, 2003 (38): 1 - 36.

[159] Doidge, C., U. S. Cross - Listings and the private benefits of control: Evidence from dual - class firms. Journal of Financial Economics, forthcoming, 2003.

[160] Dow and Gregory. Why Capital Hires Labour: A Bargaining Perspective. American Economic Review, 1993 (83): 118 - 134.

[161] Dyck, A. & L., Zingales. Private Benefit of Control: An International Comparison, 2001, NBEB working paper series.

[162] Dyck, I. J. Alexander, and Luigi Zingales. The Corporate Governance Role of the Media. Chap. 7 in The Right to Tell: The Role of Mass Media in Economic Development, edited by Roumeen Islam. (Washington: The World Bank), 2002.

[163] Dyck, A. and L. Zingales. Private benefits of control: An International Comparison. Journal of Finance, forthcoming, 2004.

[164] Easterbrook, Frank. Two Agency Cost Explanations of Dividends. American Economic Review, 2004 (74): 650 - 659.

[165] E. F. Fama. Efficient of Capital Markets: A Reunion of Theory and Empirical Works, Journal of Finance, 1970 (5): 82 - 90.

[166] Faccio, Mara, Larry Lang, et al. Dividends and Expropriation. American Economic Review, 2001, 91 (1): 54 - 78.

[167] Faccio, Mara and Larry Lang. The Ultimate Ownership of Western European Corporations. Journal of Financial Economics, 2002 (65): 365 - 395.

[168] Fama, E. Agency Problems and the Theory of the Firm. Journal of Political Economy, 1980 (88): 288 - 307.

[169] Fama E. and French K., Disappearing dividends: changing firm characteristics or lower propensity to pay? Journal of Financial Economics, 2001 (60): 3 - 43.

[170] Fan, Joseph P. H. and T. J. Wong. Corporate Ownership Structure and The In-

formativeness of Accounting Earnings in East Asia. Journal of Accounting and Economics, 2002 (33): 401 – 425.

[171] Fan P. H., T. J. Wong and T. Zhang. The Emergence of Corporate Pyramids in China. Working Paper, 2007.

[172] Franks, Julian, and Colin Mayer. Corporate ownership and control in the UK. Germany, and France, Journal of Applied Corporate Finance, 1997 (9): 30 – 45.

[173] Friedman, E., S. Johnson and T. Mitton. Propping and Tunneling. Journal of Comparative Economics, 2003 (31): 732 – 750.

[174] Frye Timothy & Schleifer Andrei. The Invisible Hand and the Grabbing Hand. American Economic Review, 1997 (87): 354 – 358.

[175] Gallop, F. M., Monahan, J. L. A Generalized Index of Diversification Trends in U. S. Manufacturing. The Review of Economics and Statistics, 1991 (73): 318 – 330.

[176] Gomes A. and W. Novaes. Sharing of Control as a Corporate Governance Mechanism, manuscript. Wharton School and University of Washington, CARESS working paper 01 – 06.

[177] Gordon. The Economic Theory of a Common – Property Resource: The Fishery, Journal of Political Economy, 1974 (8): 56 – 68.

[178] Grossman. S and Oliver Hart. The Costs and Benefits of Ownership: A Theory of Vertical and Lateral Integration. Journal of Political Economy, 1986 (94): 691 – 719.

[179] Grossman, Sanford & Oliver Hart. Takeover Bids, the Free – Rider Problem and the Theory of the Corporation. Bell Journay of Economics, 1980 (20): 42 – 64.

[180] Grossman, S., O. Hart. Corporate Financial Structue and Managerial Incentives. In J. J. McCall, ed., The Economics of Information and Uncertainty. Chicago: University of Chicago Press, 1982.

[181] Grossman S. J., Hart O. D. One Share – One Vote and the Market for Corporate Control. Journal of Financial Economics, 1988 (20): 175 – 202.

[182] Hanouna P., Sarin A., Shapiro. Value of Corporate Control: Some International Evidence. Working Paper, Marshall School, 2001.

[183] Harris, M. & A. Raviv. Corporate Control Contests and Capital Structure. Journal of Financial Economics, 1988 (20): 55 – 86.

[184] Harris, Milton and Artur Raviv. Corporate Governance: Voting Rights and Majority rules. Journal of Financial Economics, 1988 (20): 203 – 235.

[185] Hart, Oliver and Begnt, et al. The Theory of Contracts, in Bewley, T., eds: Advances in Economic Theory, 1987.

[186] Hart. O, Moore J. Property Rights and Nature of Firm. Journal of Political Econ-

omy, 1990, 98 (6): 1119-1139.

[187] Hart Oliver. Corporate Governance: Some Theory and Implicarion. Journal of Economics, 1995 (105): 678-689.

[188] Hart, O. Firms, Contracts, and Financial Structure. Oxford University Press, 1995.

[189] Haw, I. M., Bingbing, H. Lee-Seok, H. et al. Ultimate Ownership, Income Management and Legal and Extra-Legal Institutions. Journal of Accounting Research, 2004 (42): 423-462.

[190] Hayward L. A. M. & Donald C. Hambrick. Explaining the Premiums Paid for Large Acquisitions: Evidence of CEO Hubris. Administative Science Quarterly, 1997 (42): 103-127.

[191] Hermalin, B. & M. Weisbach. Board of Directors as an Endogenously-Determined Institution: A Survey of the Economic Literature. Economic Policy Review, 2003 (9): 7-26.

[192] Holderness, C. and D. Sheehan. The role of majority shareholders in publicly held companies. Journal of Financial Economics, 1988 (20): 317-346.

[193] Holderness, C. G., R. S. Kroszner, and D. P. Sheehan. Were the Good Old Days That Good? Changes in Managerial Stock Ownership since the Great Depression. Journal of Finance, 1999 (54): 435-469.

[194] Holderness C. A Survey of Blockholders and Corporate Control. Economic Policy Review, 2003 (4): 51-64.

[195] Holmstrom. Aggregation and Linearity in The Provision of Intertemporal Incentives, Econometrica, 1987 (55): 303-328.

[196] Holmstrom, Bengt and J. Tirole. The Theory of the Firm, in Schmalensee, R. and R. Willig eds, Handbook of Industrial Organization, North Holland, 1989.

[197] Jesen, M. C. & W. H. Meckling. Theory of the Firm: Managerial Behavior, Agency Costs and Capital Structure. Journal of Financial Economics, 1976 (3): 305-360.

[198] Jesen, M. C. Agency Costs of Free Cash Flow, Corporate Finance and Takeovers. American Economic Review, 1986 (76): 323-329.

[199] Jensen, Michael C., and Kevin J. Murphy. Performance Pay and Top-management Incentive. Journal of Political Economy, 1990 (98): 225-264.

[200] Joh, Sung Wook. Corporate governance and firm profitability: evidence from Korea before the economic crisis. Journal of Financial Economics, 2003 (68): 287-322.

[201] John, Kose, and Joseph Williams. Dividends, dilution, and taxes: A signaling equilibrium. Journal of Finance, 1985 (40): 1053-1070.

[202] Johnson S., R. La Porta, F. Lopez – de – Silanes, A. Shleifer. Tunneling. American Economic Review, 2000 (90): 22 – 27.

[203] Joseph, P. H. Fan, T. J. Wong and Tianyu Zhang. The Emergence of Corporate Pyramids in China. CIG Working Paper Series, 2005.

[204] Kahn, C. and A. Winton. Ownership Structure, Speculation, and Shareholder Intervention. Journal of Finance, 1998 (53): 99 – 129.

[205] Kang, Jun – Koo, and Anil Shivdasani. Firm Performance, Corporate Governance, and Top Executive Turnover in Japan. Journal of Financial Economics, 1995 (38): 29 – 58.

[206] Kaplan, Steven N. & Per Stromerg. Venture Capitalists as Principals: Contracting, Screening and Monitoring. The American Review, 2001 (49): 426 – 430.

[207] Karl Shell. Towards a Theory of Incentive Activity and Capital Accumulation. American Economic Review, 1966 (5): 62 – 68.

[208] Kathleen M. Kahle & Ralph A. Walkling. The Impact of Industry Classifications on Financial Research. Journal of Financial and Quantitative Analysis, 1996 (31): 309 – 335.

[209] Kenneth J., Arrow. The Economic Implications of Learning by Doing. Review of Economic Studies, 1962 (6): 155 – 173.

[210] Khanna, T., Palepu, K. Is Group Membership Profitable in Emerging Markets? An Analysis if Diversified Indian Business Groups. Journal of Finance, 2000 (55): 867 – 891.

[211] Klein, Crawford and Alchian. Vertical Integration, Appropriable Rents and the Competitive Contracting Process. Journal of Law and Economics, 1978 (21): 297 – 326.

[212] Klein, April. Audit committee, board of director characteristics, and earnings management. Journal of Accounting and Economics, 2002 (33): 375 – 400.

[213] Knight, F. Risk, Uncertainty and Profit. Reprints of Economics Classics, New York: Augustus M. Kelley, 1964.

[214] Kornai. The Place of The Soft Budget Constraint Syndrome in Economic Theory, Journal of Comparative Economics, 1980 (26): 11 – 17.

[215] La Porta, Rafael, Florencio Lopez – de – Silanes, et al. Legal Determinants of External Finance. Journal of Finance, 1997 (52): 1131 – 1150.

[216] La Porta, Rafael, Florencio Lopez – de – Silanes, et al. Law and Finance. Journal of Political Economy, 1998 (106): 1113 – 1155.

[217] La Porta, Rafael, Florencio Lopez – de – Silanes, F, et al. Corporate Ownership Around The World. Journal of Finance, 1999 (54): 471 – 518.

[218] La Porta, R., Lopez – de – Silanes, F., Shleifer, A. and R. Vishny. Investor Protection and Corporate Governance. Journal of Financial Economics, 2000 (58): 3 – 27.

[219] La Porta, Rafael, Florencio Lopez – de – Silanes, et al. Investor Protection and Corporate Valuation. Journal of Finance, 2002 (57): 1147 – 1170.

[220] Lan, Yingcong and Neng Wang. Investor Protection and Investment, working paper. University of Rochester, 2003.

[221] Larsson, R. Co – oidination of Action in Mergers and Acquisitions, Lund University Press.

[222] Lease, Ronald C, McConnell, et al. The Market Value of Control in Publicly – Traded Corporations. Journal of Financial Economics, 1983 (11): 439 – 471.

[223] Lease, Ronald C., John J. McConnell, et al. Mikkelson. The Market Value of Differential Voting in Closely Held Corporations. Journal of Business, 1984 (57): 443 – 467.

[224] Lehman C. and Weigand H. Performance of Czech Companies by Ownership Structure. The Davidson Institute Working Paper Series No. 186. University of Michigan Business School, 1998.

[225] Lemmon, M. and Lins, K., Ownership structure, corporate governance, and firm value: evidence from the East Asian financial crisis. Journal of Finance, forthcoming, 2003.

[226] Levy, Haim. Economic Evaluation of Voting Power of Common Stock. Journal of Finance, 1983 (38): 79 – 93.

[227] Lins, Karl V. Equity Ownership and Firm Value in Emerging Markets. Journal of Financial and Quantitative Analysis, 2003 (38): 159 – 184.

[228] Marris, Robin. The Economic Theory of Managerial Capitalism (Free Press, Glencoe, Illinois), 1964.

[229] McConnell, John J. and Henri Servaes. Additional evidence on equity ownership and corporate value. Journal of Financial Economics, 1990 (27): 595 – 612.

[230] McConnell, John J. & H. Servaes. Equity Ownership and the Two Faces of Debt. Journal of Financial Economics, 1995 (39): 131 – 157.

[231] Mike Sibley. The Search for Industry Financing Patterns. American Business Review, 1991 (1): 85 – 91.

[232] Miller, Merton, and Franco Modigliani. Dividend policy, growth, and the valuation of shares. Journal of Business, 1961 (34): 411 – 433.

[233] Miller, Merton, and Kevin Rock. Dividend policy under asymmetric information. Journal of Finance, 1985 (40): 1031 – 1051.

[234] Miller, Merton and Myron Scholes. Dividends and taxes. Journal of Financial Economics, 1978 (6): 333 –364.

[235] Modigliani, F. & M. Miller. The Cost of Capital, Corporation Finance and the Theory of Investment. Amecican Economic Review, 1958 (48): 261 –275.

[236] Morck, R, Shleifer, A. , and Vishny, R. Management Ownership and Market Valuation: An Empirical Analysis. Journal of Financial Economics, 1988 (20): 293 –315.

[237] Morck, R. Why Some Double Taxation Might Make Sense: The Special Case of Inter – Corporate Dividends. Working Paper, University of Alberta, 2003.

[238] Morck R. , D. Wolfenzon, B. Yeung. Corporate Governance, Economic Entrenchment and Growth. Journal of Economic Literature, 2005 (43): 655 –720.

[239] Myers, Stewart. Outside equity financing. MIT Working Paper, 1998.

[240] Myers, Stewart. Outside Equity. Journal of Finance, 2000 (55): 1005 –1037.

[241] Nenova, Tatiana. The Value of Corporate Vote and Control Benefit: A Cross – country Analysis. Harvard University, 2000.

[242] Nenova, Tatiana. The value of corporate voting rights and control: A cross – country analysis. Journal of Financial Economics, 2003, 68 (3): 325 –351.

[243] Novaes, Walter & Zingales, et al. Capital Structue Choice When Managers are in Control: Entrenchment versus Efficiency. NBER working paper, 1995.

[244] Rafael La Porta, Florencio Lopez de Silanes, Andreier, et al. Corporate Ownership around the WorldJournal of Finance, 1999, 54 (2): 471 –517.

[245] Rajan, Raghuran G. and Luigi Zingales. What Do We Know about Capital Structure? Some Evidence from International Data. Journal of Finance, 1995 (50): 1421 –1460.

[246] Rajan, Raghuran G. and Luigi Zingales. Financial dependence and growth. American Economic Review, 1998, 88 (3): 559 –586.

[247] Richardson S. Over – investment of Free Cash Flow. Review of Accounting Studies, 2006, 11 (2/3): 159 –189.

[248] Rumelt, R. P. Strategy, Structure and Economic Performance. Harvard Business School Press, Boston, MA. , 1974 和 Park, C. Prior Performance Characteristics of Related and Unrelated Acquirers. Strategic Management Journal, 2003 (24): 471 –480.

[249] Schmalensee, Richard. Do Markets Differ Much? American Economic Review, 1985 (75): 341 –351.

[250] Schultz. T. W. Institutions and The Rising Economic Value of Man. American

Journal of Agricultural Economics, 1968 (50): 1113 - 1122.

[251] Shleifer, Andrei, and Robert Vishny. Large shareholders and corporate control. Journal of Political Economy, 1986 (94): 461 - 488.

[252] Shleifer A., Vishny R. Management Entrenchment: the Case of Manager - Specific Investments. Journal of Financial Economics, 1989 (25): 123 - 140.

[253] Shleifer, A. and R. W. Vishny. A survey of corporate governance. Journal of Finance, 1997 (52): 737 - 783.

[254] Shleifer, Andrei and Daniel Wolfenzon. Investor Protection and Equity Markets. Journal of Financial Economics, 2002 (66): 3 - 27.

[255] Stiglitz. J. Incentives and Risk Sharing in Sharecropping. Review of Economic Studies, 1974 (41): 219 - 256.

[256] Stulz, R. Managerial Control of Voting Rights: Financing Policies and the Market for Coporate Control. Journal of Financial Economics, 1988 (20): 25 - 54.

[257] Tian, Lihui. Government Shareholding and the Value of China's Modern Firms. William Davidson Institute Working Paper, 2001: 395, University of Michigan Business School.

[258] Tirole, Jean. Incomplete Contracts: Where Do We Stand? Econometrica, 1999 (67): 741 - 781.

[259] Tirole J. Corporate Governance. Econometrica, 2001, 69 (1): 1 - 35.

[260] Telser. A Theory of Self - Enforcing Agreements, Journal of Business, 1980 (53): 217 - 44.

[261] Titman, Scheridan and Roberto Wessels. The Determinants of Capital Structure Choice. Journal of Finance, 1988 (43): 1 - 19.

[262] Wald John K. How Firm Characteristic Affect Capital Structure: an International Comparison. Journal of Financial Research, 1999 (22): 161 - 187.

[263] Wernerfelt, Birger and Cynthia A. Montgomery. Tobin's Q and the Importance of Focus in Firm Performance. American Economic Review, 1988 (78): 246 - 250.

[264] Williamson, O. E. Markets and Hierarchies: Analysis and Anti - Trust Implications. New York: The Free Press, 1975.

[265] Willianson, O.. The Economics of Organization: The Transaction Cost Approach. American Journal of Sociology, 1981 (87): 548 - 577.

[266] Williamson, O. E.. The Economic Institutions of Capitalism, New York: Free Press, 1985.

[267] Yang, Xiaokai & Ng, Yew - Kwang. Theory of the Firm and Structure of Residual Rights. Journal of Economic Behavior and Organization, 1995 (26): 107 - 128.

[268] Wolfenzon, D., A theory of pyramidal structures. Working paper, Harvard University, 1999.

[269] Yeh, Y. H. Do Controlling Shareholders Enhance Corporate Value? Corporate Governance: An International Review, 2005 (13): 313 –325.

[270] Zhang. Decision Rights, Residual Claim and Performance: A Theory of How the Chinese Economy Works, mimeo, Nuffield College, Oxford, 1993.

[271] Zingales, L., The value of the voting right: A study of the Milan Stock Exchange experience. Review of Financial Studies, 1994 (7): 125 –148.

[272] Zingales, L., What determines the value of corporate votes? Quarterly Journal of Economics, 1995 (110): 1047 –1073.

[273] Zwiebel, J., Block investment and partial benefits of corporate control. Review of Economic Studies, 1995 (62): 161 –185.

[274] Zwiebel, Jeffrey. Dynamic Capital Structure under Management Entrenchment. American Economic Review, 1996 (86): 1197 –1215.

附 录

附录1 中国十大军工集团上市企业一览表(共97家,数据截至2015年12月)[①]

控股股东	序号	股票名称	股票代码	股票类别	上市时间	持股比例%	主营业务
中国航天科技集团公司	1	航天机电	600151	A股	1998-06-05	25.24	民用航天、汽车机电、太阳能
	2	中兴通讯	000063	A股	1997-11-18	35.49	手机、通信传输、终端
	3	航天动力	600343	A股	2003-04-08	39.35	液力变矩器、特种泵
	4	四维图新	002405	A股	2011-09-17	51.32	新型材料、能源
	5	航天电子	600879	A股	1995-11-15	60.72	运载火箭、卫星应用
	6	中国卫星	600118	A股	1997-09-08	50.11	卫星、航天技术应用
	7	乐凯胶片	600135	A股	2004-03-21	26.78	胶卷、感光器材
	8	乐凯新材	300446	A股	2006-07-09	31.13	感光器材设备
	9	康拓红外	300455	A股	2012-04-22	33.21	红外线仪器仪表
	10	航天工程	603698	A股	1997-09-02	55.67	民用航天、通信
	11	航天控股	HK00031	港股	1998-08-11	73.10	注塑、液晶、视听产品
	12	亚太卫星	KH01045	港股	2007-05-25	42.53	卫星转发、卫星广播、电讯
	13	中国航天万源	HK01185	港股	2008-09-20	53.28	通信、智能交通、宽带、风电
	14	中兴通讯	HK00763	港股	2010-06-23	35.52	手机、通信传输、终端

[①] 本一览表依据中航证券军工市值周报及色诺芬数据库相关资料编制整理。97家上市企业中,A股83家(占比85.57%),港股有11家(占比13.34%),境外股有3家(占比3.09%)。

续上表

控股股东	序号	股票名称	股票代码	股票类别	上市时间	持股比例/%	主营业务
中国航天科工集团公司	1	航天发展	000547	A股	1997-04-10	48.11	民用航天、通信、航天技术应用
	2	航天信息	600271	A股	2003-07-11	45.50	电子、通信、信息技术
	3	航天晨光	600501	A股	2001-06-15	47.01	特种车、管件、仪器、压力容器
	4	航天电器	002025	A股	2004-07-26	19.15	机电设备、仪器仪表
	5	航天通信	600677	A股	1993-09-28	27.75	轻纺产品、贸易、通信设备
	6	航天长峰	600855	A股	1994-04-25	34.69	计算机、机床数控、医疗器械
	7	航天科技	000901	A股	1999-04-01	58.05	智能控制、工业机器人
中国航空工业集团公司	1	中航光电	002179	A股	2007-11-01	45.93	高可靠光电连接器、接触件
	2	深天马A	000050	A股	1995-03-15	45.62	液晶显示器
	3	中航飞机（西飞国际）	000768	A股	1997-06-26	57.07	飞机整机、飞行器零部件
	4	中航重机（力源液压）	600765	A股	1996-11-06	55.77	机载设备与系统
	5	洪都航空	600316	A股	2000-12-15	48.01	教练机、通用飞机
	6	成飞集成	002190	A股	2007-12-03	68.46	汽车模具、航空零件
	7	*ST昌河	600372	A股	2001-07-06	43.20	涡浆涡轴
	8	中航三鑫	002163	A股	2007-08-23	33.28	特种玻璃
	9	中航地产	000043	A股	1994-09-28	50.14	房地产
	10	飞亚达A	000026	A股	1993-06-03	41.49	钟表
	11	中航机电（中航精机）	002013	A股	2004-07-05	37.79	汽车座椅调角器等零部件
	12	贵航股份	600523	A股	2001-12-27	47.64	汽车、摩托车零部件
	13	成发科技	600391	A股	2001-12-12	50.31	航空发动机及零部件
	14	中航动控（ST宇航）	000738	A股	1997-06-26	46.88	通用飞机、无人机
	15	中航飞机	000768	A股	2012-10-16	70.11	通用飞机、直升机

续上表

控股股东	序号	股票名称	股票代码	股票类别	上市时间	持股比例%	主营业务
	16	中直股份（哈飞股份）	600038	A股	2000-12-18	50.05	航空产品及零部件
	17	东安动力	600178	A股	1998-10-14	22.16	发动机
	18	中航黑豹（东安黑豹）	600760	A股	1996-10-11	15.97	专用车辆
	19	中航重机	600765	A股	1999-07-11	51.85	锻铸、液压、风电、燃机
	20	中航电子	600372	A股	1996-08-26	65.33	航电系统
	21	天虹商场	002419	A股	2010-06-09	39.52	商场百货零售
	22	中航电测	300114	A股	2009-07-29	69.99	传感器、应变计、衡器
	23	中航资本	600705	A股	2011-11-12	44.30	航空产品、发动机
	24	中航高科	600862	A股	2012-06-22	65.16	航天器、电子仪表
	25	中航动力（航空动力）	600893	A股	1996-04-08	53.23	航空发动机及零部件
	26	中航投资		A股	2012-08-12	51.00	金融控股、证券、租赁、信托、财务公司等
	27	宝胜股份	600973	A股	2013-03-14	33.00	电子元器件、地产
	28	中航科工	HK02357	港股	2009-08-11	56.70	民用航空制造、航空零部件
	29	幸福控股	HK00260	港股	2011-10-13	57.01	经营汽车加气站、生产天然气
	30	中航国际控股（深圳中航集团股份）	HK00161	港股	2012-07-26	58.29	电子元器件、高档消费品、地产
	31	中国航空工业国际	HK00232	港股	2011-05-15	38.54	航空技术应用、能源、直升机
	32	中国国际船舶控股	O2I	美股	2011-03-17	66.14	航天技术应用、电子元器件
	33	AVIC INTL INVESTMENT LTD. NPV	AT00000FACC2	新加坡	2011-06-08	73.87	船舶制造营销
中国航天科工集团公司	34	KHD Humboldt Wedag International AG	DE0006578008	德国	2012-09-16	20.00	水泥设备研制、生产线建造

续上表

控股股东	序号	股票名称	股票代码	股票类别	上市时间	持股比例%	主营业务
中国船舶工业集团公司	1	中船防务（广船国际）	600685	A股	1993-10-28	40.00	船舶、集装箱、机械
	2	中国船舶	600150	A股	1998-05-20	62.56	船舶、柴油机、机电
	3	钢构工程（中船股份）	600072	A股	1997-06-03	35.71	建筑钢结构、机械装备
中国船舶重工集团公司	1	风帆股份	600482	A股	2004-07-14	34.00	车用、船用、工业用蓄电池
	2	乐普医疗	300003	A股	2011-08-14	65.13	高端医疗器械
	3	鑫茂科技	000836	A股	1997-09-29	53.55	光学仪器仪表
	4	中国重工	601989	A股	2009-12-16	47.45	舰船、海洋工程、能源
中国兵器工业集团公司	1	华锦股份（辽通化工）	000059	A股	1997-01-30	51.14	无机化工、石油及石油化工
	2	江南红箭	000519	A股	2012-07-09	73.59	内燃机气缸套、铝活塞
	3	光电股份	600184	A股	2003-19-21	38.02	光电材料器件、光伏太阳能
	4	北方国际	000065	A股	1999-09-12	58.87	国际工程、铝业
	5	新华光	600184	A股	2003-11-06	60.13	光电材料
	6	北方创业	600967	A股	2004-05-18	26.55	铁路货车、梁架轴等零部件
	7	晋西车轴	600495	A股	2004-05-26	37.01	铁路车轴、专用翻车、轮对
	8	凌云股份	600480	A股	2003-08-15	46.71	汽车零部件、塑料管道
	9	北方国际	000065	A股	1998-06-05	57.31	多功能车
	10	长春一东	600148	A股	1998-05-20	51.14	汽车离合器、卡车液压翻转
	11	北方股份	600262	A股	2000-06-30	65.17	自卸矿山汽车、工程机械
	12	北方导航（中兵光电）	600435	A股	2003-07-04	35.44	精密光机电、遥感、智控
	13	北化股份	002246	A股	2008-06-05	37.95	硝化棉系列产品
	14	安捷利实业	HK08298	港股	2014-10-08	66.67	柔性电路板、电子元器件

178

续上表

控股股东	序号	股票名称	股票代码	股票类别	上市时间	持股比例%	主营业务
中国兵器装备集团公司	1	长安汽车	000625	A股	1997-06-10	51.10	汽车及发动机、零部件
	2	中国嘉陵	600877	A股	1995-10-13	64.80	摩托车、电动自行车
	3	ST天仪	000710	A股	1997-04-22	45.55	汽车和摩托车仪表、零部件
	4	利达光电	002189	A股	2007-12-03	37.00	光学元件、光学镜头、投影器材
	5	中原特钢	002423	A股	2007-09-10	31.43	特殊钢锻件、特殊钢材料
	6	西仪股份	002265	A股	2008-08-18	70.86	汽车发动机连杆、机床
	7	湖南天雁（*ST轻骑）	600698	A股	1993-12-06	58.86	摩托车及零部件
	8	保变电气（天威保变）	600550	A股	2001-02-28	54.29	输变电设备、风电机组
	9	长安民生物流	HK1292	港股	2013-10-19	24.08	国际国内物流、零部件仓储
	10	建摩B	200054	A股	2012-07-03	25.51	摩托车及零部件、电子仪器仪表
	11	东安动力	600178	A股	2006-06-22	44.09	汽车发动机
	12	江铃汽车	000550	A股	2010-10-16	43.31	汽车发动机、汽车
中国电子科技集团公司	1	卫士通	002268	A股	2008-08-11	42.23	信息网络与终端系统
	2	华东电脑	600850	A股	1994-03-24	42.61	计算机信息系统、软件开发
	3	太极股份	002368	A股	2014-04-25	48.82	电子计算机、IT服务
	4	海康威视	002415	A股	2013-10-09	37.36	摄像机、光端机及安防系统
	5	国睿科技（ST高陶）	600562	A股	2003-05-07	42.28	高性能陶瓷
	6	杰赛科技	002544	A股	2013-09-13	37.70	高性能陶瓷
	7	四创电子	600990	A股	2004-05-10	27.33	雷达、通信、北斗导航

续上表

控股股东	序号	股票名称	股票代码	股票类别	上市时间	持股比例%	主营业务
中国核工业集团公司	1	中核科技	000777	A股	1997-07-10	47.20	工业用阀门
	2	中核国际	HK02302	港股	1997-8-23	62.70	海外铀资源业务、压铸部件
中国核工业建设集团公司	0	—	—	—	—	—	—

附录

附录2 中国军工股上市企业（非十大军工集团）一览表（共116家，数据截至2015年12月）[①]

控股股东	序号	股票名称	股票代码	主营业务	序号	股票名称	股票代码	主营业务
	国务院国资委军工概念股								
中国电子信息产业集团	1	深科技	000021	集成电路与关键元器件	7	长城信息	000748	电脑、电子仪器
	2	上海贝岭	600171	软件与系统集成	8	长城电脑	000066	计算机及核心零部件
	3	彩虹股份	600707	高新电子	9	中电广通	600764	通信终端产品
	4	国民技术	300077	移动通信终端与服务	10	深桑达A	000032	电子商贸与工程
	5	中国软件	600536	软件研发	11	华东科技	000727	电子元器件
	6	南京熊猫	600775	系统集成				
中国第二重型机械集团	12	二重重装	601268	核电、水电、风电、火电				
中国机械工业集团	13	轴研科技	002046	航天特种轴承				
中国南方机车车辆工业集团	14	南方汇通	000920	特种专用货车				
中国钢研科技集团	15	钢研高纳	300034	高温合金制品				

[①] 本表依据中航证券军工市值周报及色诺芬数据库相关资料编制整理。

续上表

控股股系	序号	股票名称	股票代码	主营业务	序号	股票名称	股票代码	主营业务
国务院国资委军工概念股								
中国中材集团	16	中材科技	002080	特种纤维复合材料				
中国电子信息产业集团	17	长城信息	000748	高新电子显示设备				
地方国资委军工概念股								
北京市国资委	1	七星电子	002371	集成电路设备制造				
天津市国资委	2	百利电气	600468	钨钼产品、配供电发射设备				
烟台市国资委	3	泰和新材	002254	芳纶生产				
绵阳市国资委	4	四川九洲	000801	数字电视设备				
辽宁省国资委	5	抚顺特钢	600399	国防军工产业配套材料				
山西省国资委	6	太原重工	600169	列车车轮车轴				
陕西省国资委	7	宝钛股份	600456	钛材、大飞机、军舰制造				
湖南省国资委	8	湘电股份	600416	电机				
江西省国资委	9	联创光电	600363	LED封装				
云南省国资委	10	贵研铂业	600459	贵金属加工				

续上表

控股股东	序号	股票名称	股票代码	主营业务	序号	股票名称	股票代码	主营业务
中南大学	1	博云新材	002297	先进复合材料				
中科院	1	奥普光电	002338	国防光电测控仪器设备	44	太阳鸟	300123	复合材料
	2	机器人	300024	机器人	45	同方股份	600100	电子设备制造
民营军工概念股	1	宁波华翔	002048	汽车座椅零件	46	启明星辰	002439	光电产品
	2	华力创通	300045	仿真应用开发服务	47	信威集团	600485	通信通讯设备
	3	旭光股份	600353	发射管	48	特发信息	000070	电子元器件
	4	歌尔声学	002241	微电声	49	中原内配	002448	特种材料及设备
	5	威海广泰	002111	航空地面电源	50	宗申动力	001696	发动机
	6	太阳电缆	002300	电线电缆	51	*ST星马	600375	电缆、电子器材
	7	天通股份	600330	软磁龙头	52	华讯方舟	000687	通讯终端
	8	银河科技	000806	航天器材	53	电科院	300215	系统集成、电子电路
	9	高德红外	002414	红外线设备	54	三爱富	600636	航空器材
	10	振芯科技	300101	电子芯片	55	东方精工	002611	精密仪器生产加工
	11	海兰信	300065	航海电子	56	永贵电器	300351	电子显示器材
	12	北斗星通	002151	航空零配件	57	徐工机械	000425	重型运输车辆
	13	中国一重	601106	重型机械及零配件				
	14	东华测试	300354	电子仪器仪表及服务				

续上表

控股股东	序号	股票名称	股票代码	主营业务	序号	股票名称	股票代码	主营业务
中科院	15	宝鼎科技	002552	电线电缆	58	三一重工	600031	重型运输车辆、电子
	16	天津普林	002134	仿真软件	59	巨力索具	002342	特种电缆
	17	中鼎股份	000887	系统集成	60	巨星科技	002444	软件、系统设计
	18	日发精机	002520	精密仪器设备	61	浪潮信息	000977	移动通讯
	19	振华科技	000733	电子机控	62	通达动力	002576	汽车发动机
	20	中信海直	000099	电子通讯产品	63	通光线缆	300265	电缆电路仪器材料
	21	华天酒店	000428	连锁服务业	64	科大讯飞	002230	通讯终端
	22	秦川机床	000837	车床、加工机器	65	久联发展	002037	遥感技术
	23	菲利华	300395	电机仪表	66	通裕重工	300185	机载设备与系统
民营军工概念股	24	苏州固锝	002079	锝材设备与产品	67	横店东磁	002056	软磁技术产品
	25	欧比特	300053	电子产品	68	万讯自控	300112	数控智控
	26	宏达新材	002211	新材料、纳米技术	69	云南锗业	002428	锗产品
	27	雷达防务	002413	大型车辆、发动机	70	东材科技	601208	新材料合成
	28	银河电子	002519	微电子技术	71	康达新材	002669	特种材料
	29	万安科技	002590	系统集成及软件	72	远光软件	002063	软件研发与服务
	30	海格通信	002465	军事通信北斗导航	73	达刚路机	300103	大型工程机械
	31	中海达	300177	测绘地理信息技术	74	英飞拓	002528	轮轴、电控传导
	32	大立科技	002214	轮轴技术	75	伟星股份	002003	特殊钢锻件
	33	耐威科技	300456	防火器材	76	楚江新材	002171	柔性电路板

184

续上表

控股股东	序号	股票名称	股票代码	主营业务	序号	股票名称	股票代码	主营业务
民营军工概念股	34	金信诺	300252	通信器材	77	圣阳股份	002580	通信传输、终端
	35	四川九州	000801	电子器材仪表	78	积成电子	002339	电路集成
	36	烽火电子	000561	集成电路	79	利源精制	002501	高端仪器制造
	37	全信股份	300447	系统集成、软件服务	80	新光圆成	002147	电子元器件
	38	天河防务	300397	汽车、摩托车、发动机	81	骆驼股份	601311	特殊钢材料
	39	盛路通信	002446	通信材料	82	天海防务	300008	光端机及安防系统
	40	银邦股份	300337	数字技术	83	远程电缆	002692	光电连接器
	41	湘电股份	600416	数字电视及服务	84	大西洋	600558	精密光机电
	42	泰豪科技	600590	海洋挖掘技术、大型设备制造	85	东方锆业	002167	锆概念产品
	43	中国动力	600482	发动机及技术服务	86	*ST 中特	002423	信息系统及软件开发

中科院

附录 3 国防军工板块和国防军工相关板块（共 104 家，数据截至 2015 年 12 月）①

国防军工板块

序号	股票代码	股票名称	序号	股票代码	股票名称	序号	股票代码	股票名称
1	600038	中直股份	23	600967	北方创业	45	002214	大立科技
2	600118	中国卫星	24	600990	四创电子	46	002246	北化股份
3	600135	乐凯胶片	25	601989	中国重工	47	002253	川大智胜
4	600150	中国船舶	26	000519	江南红箭	48	002265	西仪股份
5	600151	航天机电	27	000547	航天发展	49	002268	卫士通
6	600184	光电股份	28	000561	烽火电子	50	002338	奥普光电
7	600316	洪都航空	29	000733	振华科技	51	002368	太极股份
8	600343	航天动力	30	000738	中航动控	52	002414	高德红外
9	600372	中航电子	31	000748	长城信息	53	002465	海格通信
10	600391	成发科技	32	000768	中航飞机	54	002519	银河电子
11	600435	北方导航	33	000777	中核科技	55	002544	杰赛科技
12	600456	宝钛股份	34	000801	四川九州	56	300024	机器人

国防军工相关板块

序号	股票代码	股票名称	序号	股票代码	股票名称
1	600072	钢构工程	20	600973	宝胜股份
2	600148	长春一东	21	603698	航天工程
3	600171	上海贝岭	22	000021	深科技
4	600178	东安动力	23	000026	飞亚达 A
5	600262	北方股份	24	000032	深桑达 A
6	600271	航天信息	25	000050	深天马 A
7	600480	凌云股份	26	000059	华锦股份
8	600495	晋西车轴	27	000065	北方国际
9	600523	贵航股份	28	000066	长城电脑
10	600550	保变电气	29	000550	江铃汽车
11	600558	大西洋	30	000625	长安汽车
12	600698	湖南天雁	31	000727	华东科技

① 资料来源：根据中国上市企业协会网站整理。

续上表

国防军工板块						国防军工相关板块		
序号	股票代码	股票名称	序号	股票代码	股票名称	序号	股票代码	股票名称
13	600482	风帆股份	57	300034	钢研高纳	32	002163	中航三鑫
14	600501	航天晨光	58	300045	华力创通	33	002167	东方锆业
15	600536	中国软件	59	300065	海兰信	34	002189	利达光电
16	600562	国睿科技	60	300101	振芯科技	35	002190	成飞集成
17	600677	航天通信	61	300114	中航电测	36	002415	海康威视
18	600685	中船防务	62	300252	金信诺	37	002423	*ST 中特
19	600765	中航重机	63	300302	同有科技	38	300177	中海达
20	600855	航天长峰	64	300324	旋极信息			
21	600879	航天电子	65	300353	东土科技			
22	600893	中航动力	66	300397	天河防务			